KB262117

아시아학술연구총서 5
알타이학시리즈 1

알타이어 속의 한국어, 한국어 속의 알타이어

아시아학술연구총서 5
알타이학시리즈 1

알타이어 속의 한국어, 한국어 속의 알타이어

초판 인쇄 2013년 12월 30일 | **초판 발행** 2013년 12월 30일
지은이 도수희 외
펴낸이 이대현 | **편집** 박선주 | **디자인** 이홍주
펴낸곳 도서출판 역락 | **등록** 제303-2002-000014호(등록일 1999년 4월 19일)
주소 서울시 서초구 동광로 46길 6-6(반포동 문창빌딩 2F)
전화 02-3409-2058, 2060 | **팩시밀리** 02-3409-2059 | **전자우편** youkrack@hanmail.net
ISBN 978-89-5556-509-6 94700
      978-89-5556-053-4 (세트)

정가 16,000원

* 잘못된 책은 구입처에서 교환해 드립니다

● 이 도서의 국립중앙도서관 출판예정도서목록(CIP)은 서지정보유통지원시스템 홈페이지(http://seoji.nl.
go.kr)와 국가자료공동목록시스템(http://www.nl.go.kr/kolisnet)에서 이용하실 수 있습니다.(CIP제어번
호: CIP2013029100)

아시아학술연구총서 5
알타이학시리즈 1

알타이어 속의 한국어, 한국어 속의 알타이어

도수희 외

역락

| 간행사 |

이 책은 가천대학교 아시아문화연구소가 한국가스공사의 지원에 힘입어 착수한 "알타이언어문화연구사업"의 일환으로 간행되었습니다. 2022년 12월까지 약 10년간에 걸쳐 수행될 이 사업은 지난 2012년 11월 '한국가스공사·가천대학교업무협정', 그리고 2013년 1월 한국가스공사와 가천대학교 산학협력단의 '알타이언어문화권에 대한 공동연구사업 수행을 위한 업무약정'의 체결에 의해 시작되었습니다. 가천대학교 아시아문화연구소는 2013년 1월부터 '알타이학연구실'을 설치하여 전담 연구교수와 연구원, 연구보조원을 배치하고 고문과 자문위원단을 두어 연 1회의 국제학술대회와 수차례의 전문가초청강연회 개최, 해외 연구기관과의 국제협력 및 학문후속세대 양성, 알타이어 사전 편찬과 알타이 관련 자료 수집, 관련 총서 간행작업 등을 동시적으로 전개하고 있습니다.

가천대학교 아시아문화연구소 알타이학연구실의 1차적 목표는 알타이학(altaic studies / altaiology)의 국제적 허브를 구축하는 것입니다. '알타이'라는 명칭은 서(西)시베리아로부터 몽골에 이르는 알타이산맥에서 유래했습니다. 현재 러시아연방의 알타이공화국과 중국 신장위구르자치구의 알타이지구 및 알타이시(市), 그리고 몽골의 고비·알타이현(縣) 등지에서 '알타이'라는 명칭이 공식 지명으로 사용되고 있습니다. 알타이인(人)이라고 하면 보통 시베리아에 거주하는 튀르크계 민족을 가리키며 이들의 언어를 알타이어(語)라고 부르기도 합니다. 하지만 이와 별도로 알타이어는 알타이어족(語族) 가설에 포함되는 제(諸)언어를 총칭하기도 합니다. 알타이어족에는 퉁구스어군(語群)과 몽골어군, 튀르크어군을 포괄하는 꽤 넓은 언어집단이 포함되는 것으로 보는 것이 일반적입니다. 한국어는 일본어와 함께 계통적으로 이 알타이어족에 속하는 언어로 이야기되는 경우가 있으나 아직 그 친족관계가 명확히 밝혀져 있지 않습니다. 다시 말해 한국어와 일본어가 동일 계통이라는 것과 둘 다 알타이어족에 속한다는 것은 심증은 있으나 확실한 물증이 없어서 정설이 세워져 있지 않은 상태인 것입니다.

현재 모어(母語)로서 한국어의 사용자수는 약 7천 5백만 명으로 세계 12위 전후, 일본어는 약 1억 2천 5백만 명으로 8위 내외에 해당하며, 두 언어 사용자를 합하면 2억이 넘는 거대한 언어집단입니다. 뿐만 아니라 한국과 일본은 세계굴지의 무역대국이면서 교육과 문화 수준이 높아, 이 두 언어는 경제적인 면에서나 문화적인 면에서 사용 빈도가 많고 통용 범위도 넓어서 영향력이 매우 강한 주요 언어라 할 수 있습니다. 그러나 세계적으로 볼 때 한국어와 일본어는 아직까지도 다른 언어에 비해 그 기원을 정확히 모르며 계통이 불분명한 언어에 속합니다. 그 이유는 무엇이겠습니까? 남아 있는 자료가 불충분하다는 점을 제외하면, 이 두 언어의 계통에 대한 연구방법에서 개선되어야할 부분이 있다고 보며, 크게 다음 두 가지 요인을 꼽아 볼 수 있을 것입니다.

하나는 언어 내적 특징을 바라보는 시각의 문제에서 비롯됩니다. 알타이어족 내의 3대 언어 그룹인 튀르크어군이나 몽골어군, 퉁구스어군이 모두 서로 간의 공통점이 많지 않고 한국어와 일본어는 더욱 달라서 이들이 오랜 기간 동안 어떻게 분화하고 변해왔는지를 살펴보는 일이 쉽지 않다는 것입니다. 이들 언어 간에는 두음법칙과 모음조화를 가진 교착어로서 SOV형(주어+목적어+술어)의 어순이라는 것 외에는 워낙 공통점이 적어서 인도유럽어족처럼 하나의 어족(語族)으로 인정될 정도까지 손에 잡히는 특징을 갖고 있지 못합니다. 수사(數詞)와 신체어 등의 기초어휘가 유럽의 여러 언어들과 같이 연속적인 스펙트럼을 형성하고 있다면 언어 간의 친연성(親緣性)을 따지는 데에 있어서 대단히 편리할 것입니다. 그러나 알타이어족 특히 한국어와 일본어는 이러한 면에서 서로 간의 관계를 설명하기에 너무나 많은 어려움을 갖고 있다는 것입니다.

여기서 우리는 이러한 계통연구 방법 자체에 의문을 제기하지 않을 수 없습니다. 기초어휘의 스펙트럼을 놓고 따지는 방법은 유럽 언어의 계통연구에는 들어맞겠지만 그 외의 지역에서도 똑같이 통용될 수 있겠습니까? 수천 년간 동일한 대평원 위에서 통합과 분리를 반복하면서 살아온 종족들이 현재에도 서로 조밀하게 붙어서 사는 유럽 제민족의 언어들에서는 당연히 하나의 조상어(祖上語)에서 출발하여 여러 갈래로 분화되어 나온 흔적이 잘 드러날 것입니다. 그러나 광대한 지역을 이동해온 종족들이 산과 고원과 바다로 격리되어 살면서 그들과는 전혀 다른 이질적인 집단들과 불연속적인 이합집산을 거듭해온 유라시아 대륙 중앙부와 동북부의 언어 상황은 유럽과는 매우 다를 것입니다. 그렇다면 각 언어 그룹에는 그 언어에 맞는 방법론이 개발되어야 좀 더 정확한 계통연구가 가능하지 않겠습니까? 인도유럽어족 연구의 방법론이 결코 인류의 모든 언어에 천편일률적으로 적용될 수 있는 보편이론은 아닐 것입니다.

또 하나는 언어 외적 제반 요소에 대한 학제간 연구의 문제입니다.

언어 계통연구의 많은 문제들은 대부분의 경우 언어 내적 연구만으로는 해결되지 않는 것이 당연하겠지요. 언어학과 민속학, 고고학, 인류학, 역사학, 신화학, 방언학, 문자학 등 문화연구 제반 학문의 협력과 동행에 의해서만 제대로 된 연구가 가능할 것입니다. 역사를 하나의 원인과 하나의 결과를 연결하여 단선적으로 이해할 수 없듯이 언어의 변화 양상을 기술함에 있어서도 인간과 환경의 모든 요소가 종합적으로 고려되어야 합니다. 문제는 이러한 제반 학문 분야를 어떻게 동원하고 망라하여 통섭하는가 하는 것입니다. 오랜 기간을 두고 긴 호흡으로 조그마한 실마리를 찾아 엉킨 실타래를 차근차근 풀어가야 할 것입니다.

본 연구소는 우선 알타이학의 국제적 허브를 구축하여 이러한 제반 학문과 각기 다른 방법론을 한 자리에 모이게 하고 각국의 연구자들과 머리를 맞대고 이 문제를 하나하나 해결해 가려 합니다. 이러한 가운데 한국어와 한민족의 기원을 밝혀내고 몽골 및 중앙아시아에 대한 문화적 이해를 도우며 유라시아 대륙 여러 민족의 언어 및 문화에 관해서도 지금까지 밝혀지지 않았던 새로운 내용의 지식을 얻을 수 있을 것이라 생각합니다. 알타이 언어와 알타이 문화에 대한 지식이 지금보다 좀 더 체계화되면 몰랐던 우리의 과거를 밝힘으로써 현재를 확인하게 하고 미래를 열어가는 데에 도움을 줄 것입니다. 이는 곧 한국과 주변국들이 어떻게 해야 더욱 조화롭게 살아갈지를 깨닫게 하고, 그럼으로써 동아시아 그리고 세계의 평화와 공동 번영에 이바지하게 될 것으로 기대합니다.

이 책의 내용은 2013년 11월 15일 가천대학교 국제어학원 1층 국제홀에서 8개국의 관련 분야 학자들이 참가한 가운데 개최되었던 국제학술대회 "알타이어 속의 한국어, 한국어 속의 알타이어"에서 발표된 논문들을 수정 보완하여 엮은 것입니다. 이미 2012년 11월에는 알타이 계통의 언어들과 이 언어를 사용하는 여러 민족들의 역사·문화에 대한 연구를 한데 모아 '오래된 미래, 새로운 알타이학의 모색'이라는 제목으로 국제학술대회를 개최하여 국내외 알타이 관련 언어·역사·문화의 연구 성과를 개괄한 바 있습니다. 이에 대해 2013년 대회의 성격은 한국어와 알타이 여러 언어들과의 계통적 관련에 관한 문제를 중심으로 좀 더 깊이 있는 논의가 되도록 언어 분야에 초점을 맞추었습니다. 그 내용은 다음과 같습니다.

도수희 선생님의 「백제 전기어에 대하여」는 방언자료 및 고문헌들의 차자 지명 자료를 근거로 백제어의 면모를 심도 있게 추적했으며, 김양진 교수의 「滿文史料 <琿春副都統衙門檔>에 대하여」는 국내에서 본격적인 연구가 막 시작된 <훈춘 부도통아문 문서(琿春副都統衙門檔)>의 사료들을 언어학적 관점에서 소개하고 앞으로의 연구방향을 제시하고 있습니다. 민속적 문화적 언어적 배경에 대한 지식을 바탕으로 세 강의 명칭에 대해 설명하고 있는 블라디미르 베르홀랴크 교수님의 「黑龍江, 鴨綠江, 白馬江 등의 강 이름에 사용된 단어에 대하여」는 인간의 삶에서 매우 중요한 지리적 참조항의 하나인 강에 대해 여러 민족이 각각 나름의 이유와 사연에 따라 다르게 부르게 된 양상을 독특한 방식으로 풀어갑니다. 바츨라프 블라체크 교수의 「알타이어의 관점에서 본 한국어 수사」는 여러 문헌을 바탕으로 한국어 고유어 수사를 인접한 다른 언어와 비교하여 재구성함으로써 알타이 언어들과 한국어와의 관련성을 논하고 있습니다.

정광 선생님의 「파스파 문자의 모음자와 훈민정음 중성의 모음조화」

는 파스파 문자의 체계와 훈민정음의 체계를 비교함으로써 한국어의 모음조화에 대한 기존의 견해를 회의적 견지에서 논의하고 있습니다. 대표적인 반알타이어주의자 알렉산더 보빈 교수의 「왜 한국계 언어와 퉁구스계언어가동일 기원이라는 것을 실증할 수 없는가?」는 한국어의 기원을 알타이어족과 관련시키는 데 일조했던 근거들을 분류하여 하나씩 반박하고 있습니다. 쓰마가리 도시로 교수의 「퉁구스어, 니브흐어를 포함한 일본어와 한국어의 명사결합 유형비교」는 한국어, 일본어 및 니브흐어를 비롯한 퉁구스어의 명사합성 유형의 분류체계를 세워 비교하는데, 합성은 보편적인 언어현상이지만 각 언어의 형태통사적인 특성에 따라 개별적인 면모가 다양하다는 점을 보여주고 있습니다. 마지막으로 마르티네 로베츠 교수의 「한국어를 기타 트랜스 유라시아 언어와 이어주는 동사 형태론」에서는 계통적 관련을 검증하는 새로운 방법론으로 한국어와 일본어 및 다른 알타이 계통의 언어에서 보이는 동사 형태론 특히 정형동사 활용의 유형을 비교하여 정형동사 활용 표지의 변천이 보이는 공통점을 찾고자 시도하고 있습니다.

　이렇게 세계적인 권위자들을 한 자리에 모아 새로운 자료와 방법론을 놓고 함께 논의하게 된 이번의 성과는 한국 내 알타이학 연구의 중요한 전환점을 만들어 줄 것으로 기대합니다. 향후 수년간에 걸쳐 펼쳐질 본 연구소의 알타이학 관련 국제학술대회 및 학술총서 발간 등 일련의 연구 작업을 통해 알타이 여러 민족 및 고대 한국의 언어·역사·문화에 있어서 풀리지 않던 문제들이 조금 더 정리되고 밝혀지게 될 것입니다. 부디 많은 관심을 갖고 성원해 주실 것을 부탁드리는 바입니다.

　끝으로 본 '알타이언어문화연구' 프로젝트를 지원해주고 계시는 한국가스공사 측에 깊은 감사를 드리며, 본 사업이 향후에도 소기의 목적을 달성하고 많은 성과를 내도록 격려해주시고 지켜봐주시길 부탁드립니다. 아울러 처음부터 큰 뜻을 가지고 이 사업의 계기를 마련해주신 한국가스연맹 주강수 명예회장님께 머리 숙여 감사의 뜻을 전합니다. 회장님이 아니었던들 아무도 이렇게 중요한 일을 할 엄두를 내지 못했을 것입니다. 또 내용적으로 늘 본 사업의 방향을 잡아주시는 러시아 극동대학의 블라디미르 베르홀랴크 교수님께도 진심으로 감사의 말씀을 올립니다. 그리고 이 책이 나오기까지 집필을 맡아주신 모든 선생님들께 마음으로부터 감사드립니다. 뿐만 아니라 선뜻 출판을 맡아주신 도서출판 역락의 이대현 사장님과 꼼꼼하게 교정과 편집을 해주신 박선주님의 열의와 노고에도 무한한 고마움을 느끼며, 본 사업의 공동연구원 선생님들을 비롯한 모든 멤버들, 특히 연구교수 김현주 박사님, 연구원 권희주 박사님, 유수정 박사님, 최재준 박사님, 연구보조원 이수연 양과도 간행의 기쁨을 함께 하고 싶습니다.

2013년 12월
가천대학교 아시아문화연구소장 **박진수**

차 례

백제 전기어에 대하여

도 수 희

1. 머리말

백제사 678년(B.C.18-660)은 공주 천도 시기(475)를 분기점으로 공주 (63년)·부여(122년) 시대(185년간)와 그 이전 시대(493년간)로 양분할 수 있다. 편의상 여기서는 이렇게 전기(493년)와 후기(185년)로 나눈다. 일 반적으로 백제사에 대한 인식이 공주·부여 시대에 편중되어 왔다. 그 래서 백제사 ¾(493년간)에 해당하는 장기간의 漢城 시대의 역사는 거의 망각되어 왔다. 이는 偏僻된 역사 인식으로 말미암은 일대 착각이다. 우리는 우선 이러한 선입견이나 편견에서 벗어나야 한다. 그래야만 이 글을 바르게 이해하고 새롭게 인식할 수 있을 것이다.

도수희(1977)은 백제 후기어(475~660)에 대하여 연구한 박사학위 논 문이다. 이 논문을 작성하면서 필자는 백제 전기어에 대하여 비상한 관심을 갖게 되었다. 백제 전기 시대인 493년간의 언어는 도대체 어디 에 있는 것인가? 이 의문의 답을 찾는데 몰입(沒入)하게 된 것이다. 후 기어가 쓰인 백제의 판도는 충남·전남북 지역이었다(<도표 1>의 C지역).『삼국사기』지리3·4에 적혀 있는 지명들이 곧 백제 후기어에 해당한다. 그러면 전기어가 쓰인 영역은 어디였던가? 그것은 한홀(당시 수도)을 중심으로 한 황해도·경기도·강원도(嶺西)에 해당하는 지역이었다(<도표 1>의 A@b지역). 이 지역에서 493년 동안 쓰인 토착어가 곧 백제 전기어이다. 그 동안 필자는 비장(秘藏)되어 있는 백제 전기어를 지속적으로 탐색하여 왔다.

〈도표 1〉 삼국의 전기 및 말기의 판도

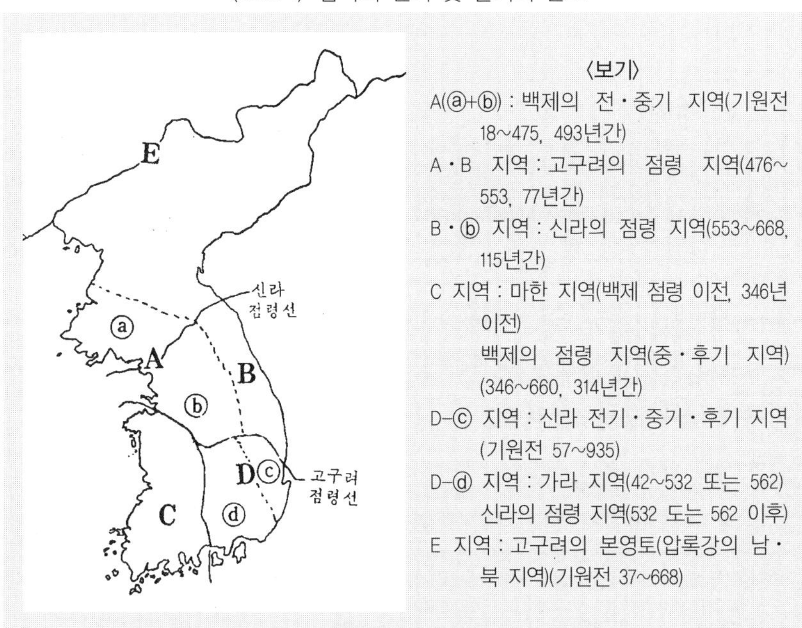

본고는 백제 전기어(토착어)를 찾아서 그 특징을 밝히는 데 목적이 있다. 아울러 찾아낸 전기어 어휘의 분포와 그 특징을 파악한 다음 이웃의 예맥어(<도표 1> B의 상부지역)와 신라어(<도표 1> B의 중·하부지역)

의 어휘 특징과 비교 분석하여 동질성 여부를 밝히고 나아가 가야어의 어휘특징과도 비교 분석하여 상호 관계를 규명하려는 데 또한 목적이 있다. 아울러 고대 일본어와의 관계도 약술하려고 한다.

2. 백제 전기어의 여러 문제

2.1 고구려어로 착각한 백제 전기어

『삼국사기』 지리2,4의 '고구려 지명'이란 표제(겉)를 철석같이 믿고 그 속에 숨겨진 고유 지명까지 고구려어로 착각하고 이 자료를 토대로 삼아 '고구려어와 고대 일본어의 관계'를 비교 고찰한 초기의 학자들은 일본의 시라토리 구라키치(1896)·나이토 고난(1907)·가네자와 쇼자부로(1910, 1912) 등이었다. 이어서 신무라 이즈루(1916)가 '고구려어와 고대 일본어의 수사'란 논제로 본격적인 연구를 하였다. 이와 같은 『삼국사기』 지리4의 '지명=고구려어'라는 최초의 주장이 지난 반세기 동안 신기할 만큼 그대로 신봉되어 왔다. 아직까지도 국어사학계의 일각은 그 믿음의 굴레를 벗지 못하고 있는 실정이니 참으로 안타깝기 그지없다.

그러나 필자가 『삼국사기』 지리4의 복지명 중 고유지명이 "고구려어로 착각한 백제 전기어"라는 단서를 처음 포착한 것은 도수희(1977 : 46-47)에서였다. 이 단서를 기반으로 필자는 연구를 거듭하여 왔다.(도수희 1977, 1979~80, 1982, 1984, 1985 등) 비슷한 시기에 김방한(1980, 1981ab, 1982)도 지리4의 고유 지명이 고구려어가 아님을 주장하였다. 다만 '미지의 언어'라고 주장한 김방한과 '백제 전기어'라고 추정하는 필자 사이에 견해차가 있을 뿐이다.

백제 전기 시대의 영역은 고구려가 남침하여 강점한 고대 한반도의 중부 지역(지리 2, 4의 漢州·朔州)이었다(<도표 1>의 A@ⓑ지역). 이 빼앗긴 지역의 토착민(백제인)은 그들의 고유 지명을 사용하였다. 따라서『삼국사기』지리4의 토착지명은 백제 전기어임에 틀림없다. 그리고 이 고유지명에 대응되는 지명은 점령 후 고구려가 개정한 고구려식 漢譯 지명이다. 그럼에도 불구하고 일본 학자들은 이 고유지명(백제 전기어)을 고구려어로 착각하였다. 그러므로 만일 필자의 주장을 부정할만한 결정적인 이의가 제기될 수 없다면 이제까지 고구려어로 착각한 언어자료를 바탕으로 작성한 "**고구려어의 XXX에 관한 연구**"란 논제는 "**백제 전기어의 XXX에 관한 연구**"로 바뀌어야 마땅하다. 그 연구에 이용한 지명 자료가 실질적으로 '**백제 전기어**'이기 때문이다.

2.2 백제어(전기)·예맥어·신라어의 어휘 자료

『삼국사기』지리2,4의 154개 지명의 위치를 일일이 찾아서 <도표 1>의 A(漢州·朔州)와 B(溟州) 지역에 배치하면 다음 <도표 2>와 같다.

2.3 경덕왕(757) 이전의 지명 개정

일반적으로 한국지명사에서 고유지명이 漢語지명으로 개정된 최초의 작업이 신라 경덕왕 16년(757)에 단행된 것으로 잘못 알려져 왔다. 물론 경덕왕이 거국적으로 행정구역을 재조정하고 縣 단위 이상의 큰

〈도표 2〉 고대 한반도 중부(A·B)지역의 지명 분포도

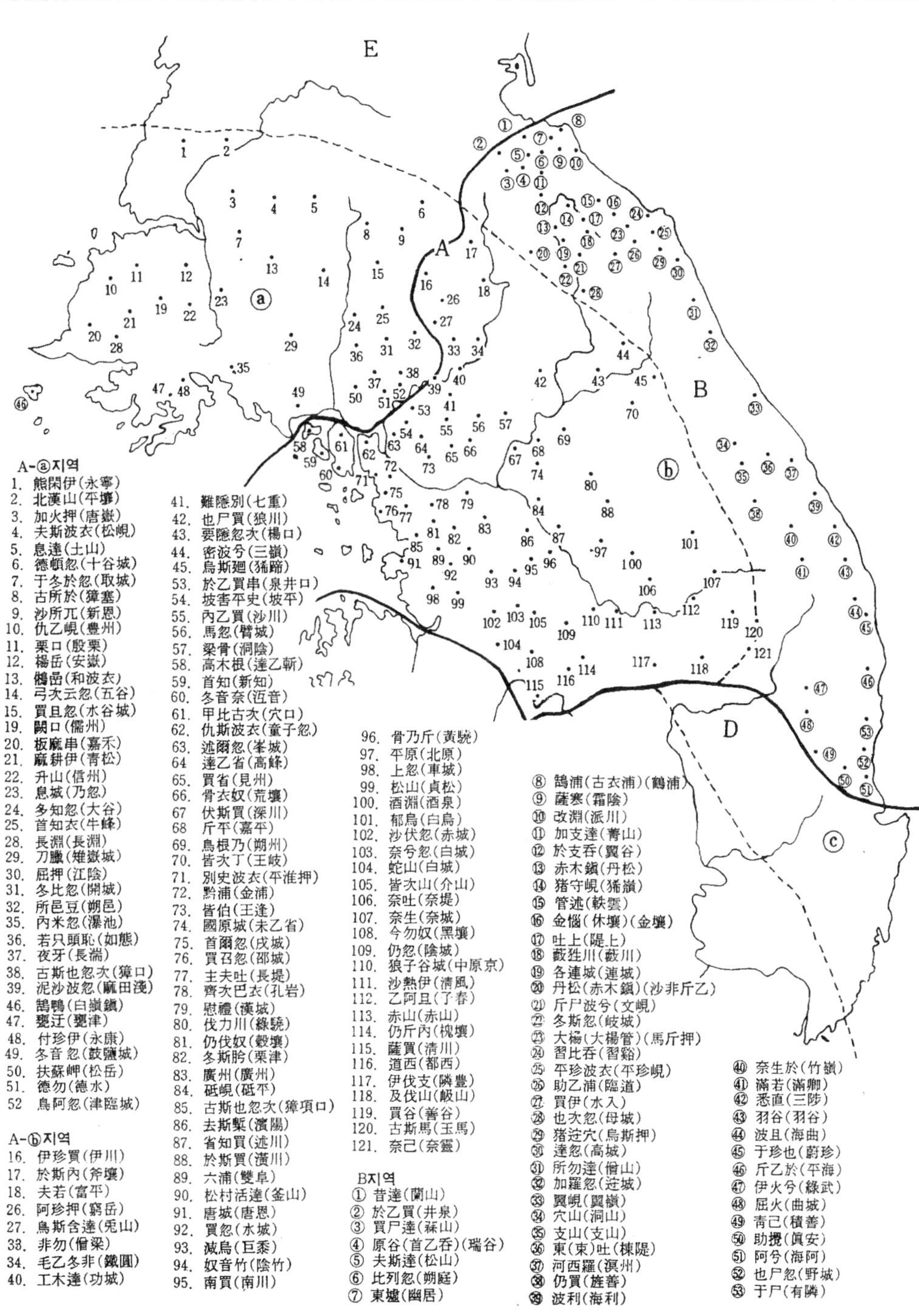

A-ⓐ지역
1. 熊閑伊(永寧)
2. 北漢山(平壤)
3. 加火押(唐嶽)
4. 夫斯波衣(松峴)
5. 息達(土山)
6. 德頓忽(十谷城)
7. 于多於忽(取城)
8. 古所於(獐塞)
9. 沙所兀(新恩)
10. 仇乙峴(豊州)
11. 栗口(殷栗)
12. 楊岳(安嶽)
13. 鵠岳(和波衣)
14. 弓次云忽(五谷)
15. 買且忽(水谷城)
19. 闕口(儒州)
20. 板麻串(嘉禾)
21. 麻耕伊(青松)
22. 升山(信州)
23. 息城(乃忽)
24. 多知忽(大谷)
25. 首知衣(牛峰)
28. 長淵(長淵)
29. 刀臘(雉嶽城)
30. 屈押(江陰)
31. 多比忽(開城)
32. 所邑豆(朔邑)
35. 內米忽(瀑池)
36. 若只頭恥(如羆)
37. 夜牙(長湍)
38. 古斯也忽次(獐口)
39. 泥沙波忽(麴田淺)
46. 鵠鵲(白嶺鎭)
47. 甕迁(甕津)
48. 付珍伊(永康)
49. 多音忽(鼓鹽城)
50. 扶蘇岬(松岳)
51. 德勿(德水)
52. 鳥阿忽(津臨城)

A-ⓑ지역
16. 伊珍買(伊川)
17. 於斯內(斧壤)
18. 夫若(富平)
26. 阿珍押(窮岳)
27. 鳥斯含達(兎山)
33. 非勿(僧梁)
34. 毛乙冬非(鐵圓)
40. 工木達(功城)

41. 難隱別(七重)
42. 也尸買(狼川)
43. 要隱忽次(楊口)
44. 密波兮(三峴)
45. 烏斯廻(猯蹄)
53. 於乙買串(泉井口)
54. 坡害平史(坡平)
55. 內乙買(沙川)
56. 馬忽(臂城)
57. 梁骨(洞陰)
58. 高木根(達乙斬)
59. 首知(新知)
60. 多音奈(洰音)
61. 甲比古次(穴口)
62. 仇斯波衣(童子忽)
63. 迊爾忽(峯城)
64. 達乙省(高烽)
65. 買省(見州)
66. 骨衣奴(荒壤)
67. 伏斯買(深川)
68. 斤平(嘉平)
69. 鳥根乃(朔州)
70. 皆次丁(王岐)
71. 別史波衣(平淮押)
72. 黔浦(金浦)
73. 皆伯(王逢)
74. 國原城(未乙省)
75. 首爾忽(戌城)
76. 買召忽(邵城)
77. 主夫吐(長堤)
78. 齊次巴衣(孔岩)
79. 慰禮(漢城)
80. 伐力川(綠驍)
81. 仍伐奴(穀壤)
82. 多斯肹(栗津)
83. 廣州(廣州)
84. 砥峴(砥平)
85. 古斯也忽次(獐項口)
86. 去斯斬(濱陽)
87. 省知買(述川)
88. 於斯買(潢川)
89. 六浦(雙阜)
90. 松村活達(釜山)
91. 唐城(唐恩)
92. 買忽(水城)
93. 減鳥(巨黍)
94. 奴音竹(陰竹)
95. 南買(南川)

96. 骨乃斤(黃驍)
97. 平原(北原)
98. 上忽(車城)
99. 松山(貞松)
100. 酒淵(酒泉)
101. 郁鳥(白鳥)
102. 沙伏忽(赤城)
103. 奈兮忽(白城)
104. 蛇山(白山)
105. 皆次山(介山)
106. 奈吐(奈堤)
107. 奈生(奈城)
108. 今勿奴(黑壤)
109. 仍忽(陰城)
110. 狼子谷城(中原京)
111. 沙熱伊(清風)
112. 乙阿旦(丁春)
113. 赤山(赤山)
114. 仍斤內(槐壤)
115. 薩買(清川)
116. 道西(都西)
117. 伊伐支(隣豊)
118. 及伐山(岋山)
119. 買谷(善谷)
120. 古斯馬(玉馬)
121. 奈己(奈靈)

B지역
① 昔達(蘭山)
② 於乙買(井泉)
③ 買尸達(蒜山)
④ 原谷(首乙呑)(瑞谷)
⑤ 夫斯達(松山)
⑥ 比列忽(朔庭)
⑦ 東墟(幽居)
⑧ 鵠浦(古衣浦)(鶴浦)
⑨ 薩寒(霜陰)
⑩ 改淵(派川)
⑪ 加支達(菁山)
⑫ 於支呑(翼谷)
⑬ 赤木鎭(丹松)
⑭ 猪守峴(猯嶺)
⑮ 管述(軼雲)
⑯ 金惱(休壤)(金壤)
⑰ 吐上(隄上)
⑱ 藪狌川(藪川)
⑲ 各連城(連城)
⑳ 丹松(赤木鎭)(沙非斤乙)
㉑ 斤尸波兮(文峴)
㉒ 多斯忽(岐城)
㉓ 大楊(大楊管)(馬斤押)
㉔ 習比呑(習谿)
㉕ 平珍波衣(平珍峴)
㉖ 助乙浦(臨道)
㉗ 買伊(水入)
㉘ 也次忽(母城)
㉙ 猪迂穴(烏斯押)
㉚ 達忽(高城)
㉛ 所勿達(僧山)
㉜ 加羅忽(逆城)
㉝ 翼峴(翼嶺)
㉞ 穴山(洞山)
㉟ 支山(支山)
㊱ 東(柬)吐(棟隄)
㊲ 河西羅(溟州)
㊳ 仍買(旌善)
㊴ 波利(海利)
㊵ 奈生於(竹嶺)
㊶ 滿若(滿卿)
㊷ 悉直(三陟)
㊸ 羽谷(羽谷)
㊹ 波且(海曲)
㊺ 于珍也(蔚珍)
㊻ 斤乙於(平海)
㊼ 伊火兮(綠武)
㊽ 屈火(曲城)
㊾ 青己(積善)
㊿ 助攬(眞安)
51. 阿兮(海阿)
52. 也尸忽(野城)
53. 于尸(有隣)

지명을 漢語식 2字(漢字) 지명으로 개정한 것만은 틀림없는 사실이다.

따라서 어떤 의미에선 개정이라기보다 대대적인 개혁이었다고 하여도 과언이 아닐 것이다. 그러나 보다 훨씬 이른 시기에 누구의 소행인지는 알 수 없지만 고유지명이 산발적으로 漢譯 개정된 사례가 너무나 많았다. 뿐만 아니라 개정자가 알려진 경우도 경덕왕보다 훨씬 앞선 일이었기 때문이다.

한국지명사에서 개정을 대폭적으로 단행한 최초의 인물은 고구려 安臧王(519~529)이었던 것으로 추정된다. 고구려의 광개토왕과 장수왕(392~491) 父子가 국토를 최대한으로 확장한 뒤에 적당한 시기에 전국의 지명을 調整하고 고구려식으로 개정하였을 가능성이 농후하다. 백제는 잠시 후퇴하였을 뿐 切齒腐心하여 그 빼앗긴 영토를 收復하려고 끊임없이 北伐하였고, 신라 또한 잃은 嶺東 지역(<도표 2> B의 중·하부)을 復舊하려고 지속적으로 북진을 도모하였다. 두 나라의 北進挾攻으로 고구려는 드디어 점령지역을 포기하고 본래의 영토인 대동강 이북으로 回歸한다.[1] 그러므로 고구려가 적당한 시기에 점령 지역의 토착지명(고유지명)을 漢譯한 것이었다. 그 알맞았던 시기가 안장왕(519~529) 때로 추정된다. 이 개정은 고구려 지명에 대한 唐나라 고종의 개정(669)보다 150여 년이나 앞서고, 경덕왕의 개정(757)보다는 240년이나 앞선다. 唐나라의 고종이 서기 669년에 李勣으로 하여금 고구려의 男生과

---

1) 長壽王十五年 移都平壤 歷年一百五十六年 平原王 二十八年 移都長安城 歷年八十三年. (『三國
   史記』 地理 4 序文)
   위와 같이 平壤移都 156년 만에 다시 후퇴하여 보다 북부인 長安으로 천도하였다.
   이는 백제와 신라의 北伐挾攻으로 못 견디어 國都의 守護를 위하여 할 수 없이 이
   도한 것인데 前都 平壤이 위협을 받기 시작한 것은 보다 훨씬 앞서는 시기이었을
   것이다. 따라서 존속기간 156년 중 거의 절반은 불안정한 상태이었을 것이다.

상의하여 고구려 지명을 개정토록 하였다는 記事가 『삼국사기』 지리4
에 있다. 그러나 그 개정지명을 수록한 地誌가 전해지지 않아 안타깝
다. 만일 전해졌다면 고구려의 역사와 언어를 연구하는데 요긴한 기본
자료가 되었을 것이기 때문이다. 다만 鴨淥水 이북의 고구려 지명 중
未降 11城, 已降 11城, 逃亡城 7, 打得城 3 등 모두 32개 城名만 『삼국사
기』 지리4의 末尾에 남아 있을 뿐이다. 이 32개 城은 당시에 아직 分割
이 불가능하여 안동도호부에 예속시키지 못한 고구려 지명들이다. 이
32개 城名에 대한 개정(669)은 경덕왕 16년(757)의 개정보다 88년이나
앞선다.

2.4 고구려 안장왕(519~529)의 漢譯지명

고구려식 漢譯지명(519~529)의 古訓(ⓐ=고유지명, ⓑ=한역지명)

于乙買串ⓐ~泉井口ⓑ　　⇒ 어을(於乙): 泉, 매(買): 井, 고지(串): 口
買旦忽ⓐ~水谷城ⓑ　　⇒ 매(買): 水, 단(旦): 谷, 홀(忽): 城
買忽ⓐ~水城ⓑ　　⇒ 매(買): 水, 홀(忽): 城
伏斯買ⓐ~深川ⓑ　　⇒ 복ᄉᆞ(伏斯): 深, 매(買): 川
密波兮ⓐ~三峴ⓑ　　⇒ 밀(密): 三, 바혜(波兮): 峴

于次呑忽ⓐ~五谷(城)ⓑ ⇒ 우ᄎᆞ(于次): 五, 단(呑): 谷, 홀(忽): 城
難隱別ⓐ~七重ⓑ　　⇒ 나ᄂᆞᆫ(難隱): 七, 별(別): 重
德頓忽ⓐ~十谷(城)ⓑ　　⇒ 덕(德): 十, 돈(頓): 谷, 홀(忽): 城

와 같은 방식으로 고구려가 漢譯한 지명자료를 정리하면 다음과 같다.

우선 근·현대 한자음으로 추독한다.

(가) 백제전기지명 > 고구려漢譯名   백제전기지명 > 고구려漢譯名

(固有地名)	> (漢譯地名)	(固有地名)	> (漢譯地名)
조바의(租波衣)	> 鵂巖	한홀(漢忽)	> 漢城
수디의(首知衣)	> 牛嶺	도랍(刀臘)	> 雉嶽
굴어압(屈於押)	> 江西	약지두지(若只頭恥)	> 朔頭, 衣頭
야야,야아(耶耶,夜牙)	> 長淺城	야시매(也尸買)	> 狌川
요은홀자(要隱忽次)	> 楊口	밀바혜(密波兮)	> 三峴
됴사(鳥斯)	> 猪足	마홀(馬忽)	> 臂城
수지(首知)	> 新知	동음내(冬音奈)	> 休陰
달을성(達乙省)	> 高烽	복사매(伏斯買)	> 深川
개자정(皆次丁)	> 王岐	사바의(別史波衣)	> 平淮押
미을성(未乙省)	> 國原城	동사(冬斯)	> 栗木
고사야홀자(古斯也忽次)	> 獐項	남매(南買)	> 南川
멸오(滅烏)	> 駒城	성지매(省知買)	> 述川
어사매(於斯買)	> 橫川	거사잠(去斯斬)	> 楊根
매홀(買忽)	> 水城	송촌활달(松村活達)	> 釜山
고사야홀자(古斯也忽次)	> 獐項口	구사바의(仇斯波衣)	> 童子忽
개백(皆伯)	> 王逢,王迎	난은별(灘隱別)	> 七重
어을매곶(於乙買串)	> 泉井口	모을동비(毛乙冬非)	> 鐵圓
비물(非勿)	> 僧梁	공목달(功木達)	> 熊閃山
어사내(於斯內)	> 斧壤	아달압(阿珍押)	> 窮嶽
니사바홀(泥沙波忽)	> 麻田淺	됴아홀(鳥阿忽)	> 津臨城
갑비고자(甲比古次)	> 穴口	달을잠(達乙斬)	> 高木根
매단홀(買旦忽)	> 水谷城	덕돈홀(德頓忽)	> 十谷
우차단홀(于次呑忽)	> 五谷	내미홀(內米忽)	> 池城, 長池
고소어(古所於)	> 獐塞	부사바의(夫斯波衣)	> 仇史峴
나도(奈吐)	> 大堤	금믈내(今勿內)	> 萬弩

(나) 濊貊지명 > 고구려漢譯名   濊貊지명 > 고구려漢譯名

석달(昔達)	> 蘭山	매시달(買尸達)	> 蒜山
어을매(於乙買)	> 泉井	수을단(首乙呑)	> 原谷

부사달(夫斯達)	> 松山	가지달(加支達)	> 菁山
고의포(古衣浦)	> 鵠浦	어지단(於支呑)	> 翼谷
사비근을(沙非斤乙)	> 赤木	됴생바의(鳥生波衣)	> 猪守峴
휴양(休壤)	> 金惱	그리바혜(斤尸波兮)	> 文峴
도산(吐上)	> 隄上	평진바의(平珍波衣)	> 平珍峴
동(속)도(東(束)吐)	> 棟隄	가라홀(加羅忽)	> 迋城
습비단(習比呑)	> 習比谷	매이(買伊)	> 水入
야지홀(也次忽)	> 母城	됴사갑(鳥斯押)	> 猪迋穴
달홀(達忽)	> 高城	소믈달(所勿達)	> 僧山

고구려의 지명 개정은 엄격히 말하자면 地名素의 直譯에 해당하는 漢譯이었다.2) 실례를 들면 '買+忽>水+城(買⇒水, 忽⇒城)(+는 지명소 경계), 於乙+買+串>泉+井+口(於乙⇒泉, 買⇒井, 串⇒口) 등과 같이 지명소의 의미에 해당하는 漢字로 바꾸었을 뿐이기 때문이다. 漢譯者는 고유지명의 구조를 극도로 존중하였다. 만일 譯者가 지명소의 순서를 마음대로 바꾼다면 지명이 파괴되기 때문에 그 구조 규칙을 고수한 것이다. 특히 '皆+伯'은 '개(王)+맞이'로 추독할 수 있는데 그 구조가 우리 어법에 맞는다. 그래서 直譯도 '王+逢(迎)'처럼 우리 어법을 충실히 따랐다(漢人씨 美女가 安臧王(519~529)을 맞이한 곳이란 뜻). 그러나 경덕왕은 한문법에 맞게 '遇王'으로 漢譯하였다. 번역 태도가 相反된다. 또한 'X+鳥阿+忽>津+臨+城'으로 추정한다면 '津臨'을 경덕왕이 '臨津'으로 바꾼 까닭을 동일 맥락에서 이해할 수 있다. "王臨津言曰--"(王이 나루에 이르러 말씀하기를---)(「광개토왕비문」 중에서)의 '臨津'과 구조가 동일하기 때문이다. 물론 모든 漢譯이 다 그런 것은 아니다.

---

2) 필자는 "지명을 구성하는 의미 있는 최소 단위"를 뜻하는 용어로 '地名素'(地名形態素의 略稱)를 써 왔다. 가령 '새+여흘+나루'(新+灘+津)는 3개 지명소로 구성된 지명이다.

경덕왕은『삼국사기』지리4에서 漢譯 개정명이 없는(소실된 듯?) 고유 지명(757이전)을 다음과 같이 漢譯 개정(757)하였다.

(다) 景德王 漢譯 地名의 古訓

百濟固有地名)	>	高句麗漢譯	>	景德王漢譯	
(475이전)		(519-29)		(757)	
내근내(仍斤內)	> 0 0 0 >	槐壤		내근(仍斤)槐	내(內)壤
골내근(骨內斤)	> 0 0 0 >	黃壤(骨斤內?)		골근(骨斤)黃	나(內)壤
내홀(仍忽)	> 0 0 0 >	陰城		내(仍)陰	홀(忽)城
나혜홀(奈兮忽)	> 0 0 0 >	白城		나혜(奈兮)白	홀(忽)城
사복홀(沙伏忽)	> 0 0 0 >	赤城		사복(沙伏)赤	홀(忽)城
내벌노(仍伐奴)	> 0 0 0 >	穀壤		내벌(仍伐)穀	노(奴)壤
제차바의(齊次巴衣)	> 0 0 0 >	孔岩		제차(齊次)孔	바의(巴衣)岩
주부도(主夫吐)	> 0 0 0 >	長堤		주부(主夫)長	도(吐)堤
수니홀(首尒忽)	> 0 0 0 >	戌城		수니(首尒)戌	홀(忽)城
골의노(骨衣奴)	> 0 0 0 >	荒壤		골의(骨衣)荒	노(奴)壤
오사함달(烏斯含達)	> 0 0 0 >	兎山		오사함(烏斯含)兎	달(達)山
이달매(伊珍買)	> 0 0 0 >	伊川		伊珍⇒伊	매(買)川
부소갑(扶蘇岬)	> 0 0 0 >	松岳		부소(扶蘇)松	갑(岬)岳
동비홀(冬比忽)	> 0 0 0 >	開城		동비(冬比)開	홀(忽)城
덕믈(德勿)	> 0 0 0 >	德水		德	믈(勿)水
식달(息達)	> 0 0 0 >	土山		식(息)土	달(達)山
가블갑(加火押)	> 0 0 0 >	唐嶽(憲德王)		가블(加火)唐	갑(押)嶽
부사바의(夫斯波衣)	> 0 0 0 >	松峴(憲德王)		부사(夫斯)松	바의(波衣)峴
벌력천(伐力川)	> 0 0 0 >	綠繞		벌력(伐力)綠	川⇒糸+堯(?)
사열이(沙熱伊)	> 0 0 0 >	淸風		열이(沙熱伊)淸	風(?)
고사마(古斯馬)	> 0 0 0 >	玉馬		고사(古斯)玉	馬(?)
살한(薩寒)	> 0 0 0 >	霜陰		살(薩)霜	寒⇒陰(?)
가지달(加支達)	> 0 0 0 >	菁山		가지달(加支)菁	달(達)山

매리달(買尸達)	>000> 蒜山	매리(買尸)蒜	달(達)山
달홀(達忽)	>000> 高城	달(達)高	홀(忽)城
도상(吐上)	>000> 隄上	도(吐)隄(堤?)	上
바리(波利)	>000> 海利	바리(波利)海邊	
바달(波旦)	>000> 海曲	바달(波旦)海	
굴블(屈火)	>000> 曲城	굴(屈)曲	블(火)城(?)

위 (가), (나), (다)의 古訓을 종합 정리하면 다음과 같다.

조(租)鵰	바의(波衣)巖	한(漢)大	홀(忽)城	쇼(首)牛
디의(知衣)嶺	도리(刀臘)雉	굴어(屈於)江	야아(夜牙)淺	이리(也尸)狌, 狼
매(買)水,川,井	홀지(忽次)口	밀(密)三	바혜(波兮)峴	됴ᄉ(鳥斯)猪
달(達)高,山	복ᄉ(伏斯)深	매(買)川	개지(皆次)王	개(皆)王
별이(別吏)平	고ᄉ(古斯)獐	멸오(滅烏)駒	어ᄉ(於斯)橫	매(買)水
구ᄉ(仇斯)童子	맏(伯)逢迎	난은(灘隱)七	별(別)重	어을(於乙)泉
곶(串)口	더을(毛乙)鐵	둥비(冬非)圓	비(非)僧	믈(勿)梁
고마(功木)熊	내(內)壤	갑(押)嶽	홀지(忽次)項	니사(泥沙)麻
바(波)田	됴아(鳥阿)臨	갑비(甲比)穴	갑(押)穴	고지(古次)口
달(達)高	요은(要隱)楊	단(旦,頓,呑)谷	덕(德)十	우지(于次)五
내미(內米)池	고소(古所)獐	부ᄉ(夫斯)松	바의(波衣)峴	나(奈)大
도(吐)堤	금믈(今勿)萬	어을(於乙)泉	매(買)井	수을(首乙)㡌
고의(古衣)鵠	어지(於支)翼	됴ᄉ(鳥生)猪	쇠(休)金	뇌(惱)壤
사비(沙非)赤	글(斤乙)木	그리(斤尸)文	매(買)水	이(伊)入
야지(也次)母	됴ᄉ(鳥斯)猪	바리(波尸)桃	달(達)山	거리(居尸)心
갑(押)岳	나,내(那,內)壤	내믈(乃勿)鉛	소리(召尸)水銀	가리(加尸)犁
덜(折)銀	내근(仍斤)槐	골근(骨斤)黃	내(仍)陰	나혜(奈兮)白
사복(沙伏)赤	제자(齊次)孔	바의(巴衣)岩	주부(主夫)長	수니(首尒)戌
골의(骨衣)荒	노(奴)壤	오사함(烏斯含)兎	부소(扶蘇)松	갑(岬)岳
동비(冬比)開	믈(勿)水	식(息)土	가블(加火)唐	부ᄉ(夫斯)松
벌력(伐力)綠	사열이(沙熱伊)淸	고사(古斯)玉	살(薩)霜	가지(加支)菁
매리(買尸)蒜	바리(波利)海邊	바달(波旦)海	굴(屈)曲	블(火)城(?)

漢譯 지명의 ㄱㄴㄷ순 종합 고훈((519~529)~757)

(ㄱ) 갑(押·甲)穴,嶽　　갑(岬)岳　　갑비(甲比)穴　　가리(加尸)犂
　　 가블(加火)唐　　가아(加阿)逗　　개지(皆次)王　　개(皆)王
　　 거리(居尸)心　　고마(功木)熊　　고ㅅ(古斯)獐　　고사(古斯)玉
　　 고소(古所)獐　　고의(古衣)鵠　　고지(古次)口　　골근(骨斤)黃
　　 골의(骨衣)荒　　곶(串)口　　구ㅅ(仇斯)童子　　굴어(屈於)江
　　 그리(시)(斤尸)文　　글(斤乙)木　　금믈(今勿)黑　　금믈(今勿)萬
　　 굴(屈)曲　　가지달(加支)菁

(ㄴ) 나(奈)大　　나(那)壤　　나미(內米)池　　난은(灘隱)七
　　 내(內)壤　　내(仍)陰　　내근(仍斤)槐　　내믈(乃勿)鉛
　　 내벌(仍伐)穀　　노(奴)壤　　뇌(惱)壤　　니사(泥沙)麻
　　 나혜(奈兮)白

(ㄷ) 달(達)高,山　　단(旦,頓,呑)谷　　뎌을(毛乙)鐵　　덕(德)十
　　 덜(折)銀　　도(吐)堤　　도리(刀臘)雉　　동비(冬比)開
　　 됴ㅅ(鳥斯)猪　　됴ㅅ(鳥生)猪　　됴아(鳥阿)臨　　둥비(冬非)圓
　　 디의(知衣)嶺

(ㅁ) 맏(伯)逢,迎　　매(買)水,川,井　　매리(買尸)蒜　　멸오(滅烏)駒
　　 믈(勿)梁　　믈(勿)水　　밀(密)三

(ㅂ) 바(波)田　　바의(波衣)巖　　바리(波尸)桃　　바혜(波兮)峴
　　 바의(波衣)峴　　바리(波利)海邊　　바달(波旦)海　　바의(巴衣)岩
　　 벌력(伐力)綠　　별(別)重　　별이(別吏)平　　복ㅅ(伏斯)深
　　 부ㅅ(夫斯)松　　부소(扶蘇)松　　블(火)城(?)　　비(非)僧

(ㅅ) 사비(沙非)赤　　사복(沙伏)赤　　사열이(沙熱伊)清　　소리(召尸)水銀
　　 살(薩)霜　　소믈(所勿)僧　　쇠(休)金　　수을(首乙)原
　　 수니(首尒)戌　　식(息)土

(ㅇ) 야아(夜牙)淺　　야지(也次)母　　어ㅅ(於斯)橫　　어을(於乙)泉
　　 어지(於支)翼　　오사함(烏斯含)兔　　우지(于次)五　　이(伊)入
　　 이리(也尸)狂,狼

(ㅈ) 제자(齊次)孔　　주부(主夫)長

(ㅎ) 한(漢)大　　홀(忽)城　　홀지(忽次)口　　홀지(忽次)項

〈도표 3〉 고대 한반도의 어휘 분포 특징

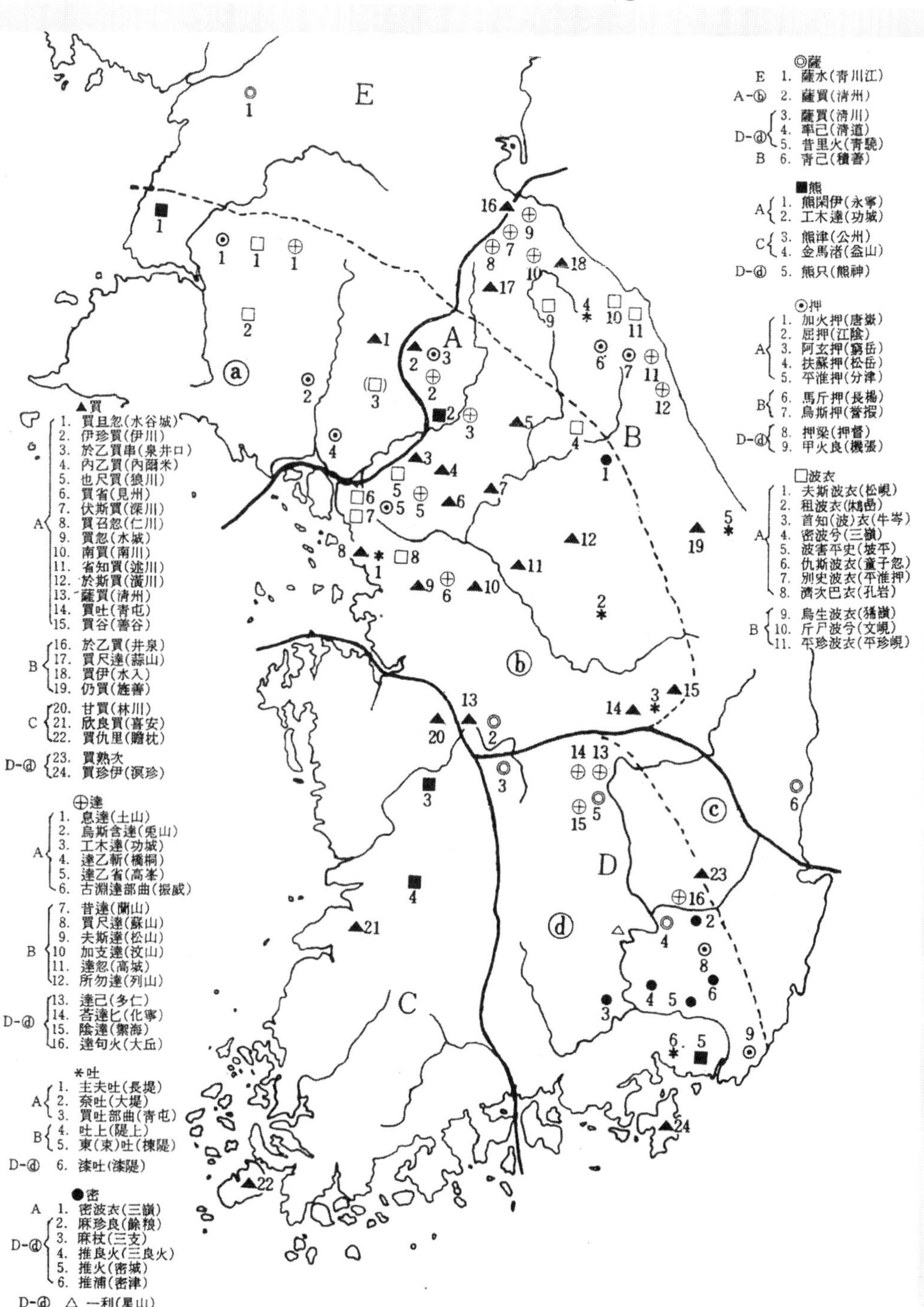
E
◎薩
E 1. 薩水(靑川江)
A-ⓑ 2. 薩買(淸州)
D-ⓓ 3. 薩買(溯川)
D-ⓓ 4. 牽己(淸道)
5. 昔里火(靑驍)
B 6. 靑己(積善)

■熊
A 1. 熊閑伊(永寧)
2. 工木達(功城)
C 3. 熊津(公州)
4. 金馬渚(益山)
D-ⓓ 5. 熊只(熊神)

⊙押
A 1. 加火押(唐嶽)
2. 屈押(江陰)
3. 阿玄押(窮岳)
4. 扶蘇押(松岳)
5. 平淮押(分津)
B 6. 馬斤押(長楊)
7. 烏斯押(誓搔)
D-ⓓ 8. 押梁(押督)
9. 甲火良(幾張)

□波衣
A 1. 夫斯波衣(松峴)
2. 租波衣(鵂嵒)
3. 首知(波)衣(牛岑)
4. 密波兮(三嶺)
5. 波害平史(坡平)
6. 仇斯波衣(童子忽)
7. 別史波衣(平淮押)
8. 濟次巴衣(孔岩)
B 9. 烏生波衣(猿嶺)
10. 斤尸波兮(文峴)
11. 平珍波衣(平珍峴)

▲買
A 1. 買旦忽(水谷城)
2. 伊珍買(伊川)
3. 於乙買串(泉井口)
4. 內乙買(內爾米)
5. 也尺買(狼川)
6. 買省(見州)
7. 伏斯買(深川)
8. 買召忽(仁川)
9. 買忽(水城)
10. 南買(南川)
11. 省知買(述川)
12. 於斯買(橫川)
13. 薩買(淸州)
14. 買吐(靑屯)
15. 買谷(善谷)
B 16. 於乙買(井泉)
17. 買尺達(蒜山)
18. 買伊(水入)
19. 仍買(旌善)
C 20. 甘買(林川)
21. 欣良買(喜安)
22. 買仇里(瞻枕)
D-ⓓ 23. 買熟次
24. 買珍伊(溟珍)

⊕達
A 1. 息達(土山)
2. 烏斯含達(兎山)
3. 工木達(功城)
4. 達乙斬(橋桐)
5. 達乙省(高峯)
6. 古淵達部曲(振威)
B 7. 昔達(蘭山)
8. 買尺達(蘇山)
9. 夫斯達(松山)
10. 加支達(㲼山)
11. 達忽(高城)
12. 所勿達(列山)
D-ⓓ 13. 達己(多仁)
14. 苔達匕(化寧)
15. 陰達(㵢海)
16. 達句火(大丘)

✳吐
A 1. 主夫吐(長堤)
2. 奈吐(大堤)
3. 買吐部曲(靑屯)
B 4. 吐上(隄上)
5. 東(柬)吐(楝隄)
D-ⓓ 6. 漆吐(漆隄)

●密
A 1. 密波衣(三嶺)
D-ⓓ 2. 麻珍良(餘粮)
3. 麻杖(三支)
4. 推良火(三良火)
5. 推火(密城)
6. 推浦(密津)

D-ⓓ △ 一利(星山)

2.5 백제 전기어와 예맥어의 어휘 분포 특징

앞에서 제시한 어휘 중에서 특수한 지명소만 선택하여 작도하면 <도표 3>과 같이 매우 특징적인 분포를 보인다.

3. 백제 전기어와 이웃 언어의 관계

3.1 백제 전기어와 예맥어의 관계

沃沮國은 한반도의 동북부 즉 현 함경도를 비롯한 그 이북 지역에 있었고, 그 이남 지역인 현 江陵·鐵原을 중심으로 한 지역에 濊貊國이 위치하였던 것으로 추정함이 일반적 통설이다. 이러한 추정은 중국의 옛 史書의 기록에 근거한 것이며 우리의 역사서도 이 내용을 바탕으로 동일하게 기술하였을 뿐이다. 중국의 史書를 통하여 위 두 나라의 언어도 窺知할 수 있는데 거기에서 밝힌 내용은 부여계어를 사용하였던 것으로 되어 있다. 그러므로 우리는 중국 史書의 소박한 기록만을 토대로 옥저어·예맥어는 고구려어와 비슷하였던 것으로 추정하게 된다. 그러나 중국 史書를 비롯한 국내외 문헌에 위 두 나라에 대한 王曆 등의 구체적인 記事가 없기 때문에 왕명, 인명, 관직명조차도 알 길이 없다. 그러나 이제 예맥국이 위치하였던 지역의 옛 지명을 자료로 삼아 실증적인 논의를 할 수 있게 되었다.

위 <도표 1> B의 북부 지역을 濊貊의 영토로 보고 거기에 산재하였던 지명을 『삼국사기』 지리 2,4에서 찾아서 배치하였다.(<도표 2> B의 북부지역 참고) 이 예맥의 지명들과 백제 전기지명을 다음에서 비교 고찰키로 한다.

위 <도표 1>의 B지역을 上·中·下로 구분할 때 上부 지역과 中·下부 지역에 분포한 지명들의 특성이 대조적일 만큼 다르다. <도표 2>의 B지역에서 우리는 上부 지역이 稠密한 분포(①~㉛)를, 中·下부 지역이 그렇지 않음(㉜~(53))을 확인한다. 넓이는 3분의 1도 안 되는 上부 지역인데 지명은 오히려 1.5배(31 : 23) 정도 조밀하다. 보다 넓은 中·下부 지역의 지명이 조밀하지 않은 것은 이 지역이 인구 밀도가 낮은 신라의 변방이었기 때문으로 풀이할 수 있다. 그 북부의 반대 현상은 아마도 濊貊의 근거지(수도 일원)였기 때문이었을 것이다. 이러한 추정을 위에서 제시한 어휘의 분포 특징이 다음과 같이 뒷받침하여 준다.

(1) ▲ 買(⇒水·井) (⇒는 漢譯 표시)

於乙買(⇒泉井), 買尸達(⇒蒜山), 買伊(⇒水入)(16~18)가 상부 북단에 분포하고 있다. 이것은 백제 전기어 지역에 흔하게 분포되어 있는 점(1~15)과 같은 특성이어서 우리의 주목을 끈다.(<도표 3>의 ▲표 1~24 참고) 다만 19(仍買>旌善) 1예가 중부에 하강하였을 뿐이다.

(2) ⊕ 達(⇒高·山)

昔達(⇒蘭山), 買尸達(⇒蒜山), 夫斯達(⇒松山), 加支達(⇒菁山), 達忽(⇒高城), 所勿達(⇒僧山) 등의 6개 예(7~12)가 上부 지역에 분포되어 있다. 이는 A지역의 6개 예(1~6)와 同數이어서 지역의 廣狹 대비로 따지면 오히려 조밀한 편이다.(<도표 3>의 표⊕ 1~12 참고)

(3) ★ 吐(⇒堤, 隄)

吐上(⇒隄上), 束吐(捒隄) 등의 2개 예(4, 5)가 上부 지역과 中부 지역에 각각 위치하고 있다. A지역에는 3개 예(1~3)가 나타난다.(<도표 3>의 ★표 1~5 참고)

(4) ◉ 押(⇒岳, 嶽)

馬斤押(⇒長楊), 烏斯押(⇒佥樧) 등의 2개 예(6, 7)가 上부 지역의 하단에 자리잡고 있다. A지역에는 5개 예(1~5)가 나타난다.(<도표 3>의 ◉표 1~7 참고)

(5) □ 波衣(兮)(⇒峴,嶺)

烏生波衣(⇒猻嶺), 斤尸波兮(⇒文峴), 平珍波衣(⇒平珍峴) 등의 3개 예(9~11)가 上 부지역에 위치하고 있다. A지역에는 무려 8개 예(1~8)나 산재하여 있다.(<도표 3>의 □표 1~11참고)

(6) ● 呑・旦・頓(⇒谷)

首乙呑(⇒瑞谷), 於支呑(⇒翼谷), 習比呑(⇒歃谷), 乙阿旦(⇒子春) 등의 4개 예(4~7) 중 3개 예(4~6)가 上부 지역에 나타나고, 1개 예(7)는 中부 지역의 하단과 A지역의 경계선에 나타난다. A지역에는 3개 예(1~3)가 나타난다.(<도표 3>의 ●표 1~7 참고)

　위 (1)~(6)의 지명소들은 백제 전기 지역에 분포한 지명소들과 동일한 특징을 보인다. 이것들이 <도표 1> B의 中・下부 지역에는 존재치 않았던 점이 주목된다.[3) 아마도 서로 異質的었기 때문이라고 볼 수 있다. 그런 반면에 A지역과 B의 북부지역은 동질성을 보인다. 이 사실은 백제의 전기어와 예맥어가 동일계의 언어권에 공존하였음을 입증하는 바라 하겠다.

---

3) 신라는 장수왕의 남침(A.D.475)으로 인하여 嶺東지역 대부분의 영토를 빼앗겼다. 눌지왕 34년(A.D.450)에 何瑟羅州(현 江陵)의 성주가 三直이었다는 사실과 何瑟羅에 城을 쌓았다는 기사가 『삼국사기』(자비왕 11년 468)에 나오기 때문에 이미 여기까지도 신라의 영토이었음이 확실하다. 이 사실은 위에서 논증한 신라어(특히 지명어)의 분포 특징과 부합한다. 그렇다면 시라도 거의 경주(徐伐) 부근까지 함락된 사실을 <도표 2>의 고구려 남침 하한선에서 확인할 수 있다

3.2 백제 전기어와 신라어의 관계

예맥어의 어휘 특성이 신라어와는 이질성을 나타낸다. 위 <도표 2, 3>에서 확인할 수 있는 바와 같이 어휘 특징의 분포가 백제어(전기)·예맥어·가라어가 동일하고 신라어만 그렇지 않다. 옛 溟州(B지역)의 중·하부와 그 상부 및 A지역에 분포하였던 지명소를 하나하나 대비하여 이질성을 확인해 보도록 하겠다.

(1) 內·奴：羅;　66骨衣內(⇒荒壤), 今勿奴(⇒黑壤)의 '內~奴'(壤)가 B지역의 중·하부에서는 (32)加羅忽, (37)河西羅, 斯盧＞徐羅~新羅~尸羅와 같이 '羅'로 나타난다.

(2) 甲比·甲：洞(굴?);　61甲比古次(⇒穴口), (29)烏斯押(岬?)(⇒猪守穴)의 '甲比~岬'(穴)이 (34)洞山(⇒穴山)의 '洞'으로 나타난다.

(3) 內米：波利(旦~珍);　5內米忽(⇒瀑池＞海州), 餘(훈음=나미)村(餘邑＞海美)의 '內米'(海)가 (39)波利(海利), (44)波旦(海曲), 波珍干(海干)의 '波利(海邊)~波旦~波珍'(海)로 나타난다.

(4) 密：實;　44密波兮(⇒三峴)의 '密'(三)이 (42)實直(三陟)의 '實'(三)으로 나타난다. 이는 가야어 지역에 적극적으로 분포한 '密'(三)과 대조적이다.

(5) 頓~屯~旦~呑(谷)：絲~失(谷);　6德頓忽(⇒十谷城), 14于次屯忽(⇒五谷), 15買旦忽(⇒水谷城), (12)於支呑(⇒翼谷)의 '呑~旦'(谷)이 (43)羽谷(＞羽谷)의 '谷'으로 나타날 뿐이다. 한편 인명 '得烏失~得烏谷'이 『삼국유사』(竹旨郎條)에 보이며 또한 "絲浦今蔚州 谷浦也"(皇龍寺 丈六條)라 하였으니 신라어는 '失~絲'(훈음=실)(谷)임에 틀림없다.

위 3.1에서 확인한 바와 같이 백제 전기어와 예맥어가 동질적임에

반하여 신라어는 이질적이다. 이를 근거로 신라의 세력이 嶺東지역으로 상당히 북진한 사실을 확인할 수 있다. 위 (1)~(5)의 분포 특징이 확실한 근거이다. 그러나 <도표 3>의 가야어 지역(D-ⓓ)은 신라어 지역(D-ⓒ)과는 달리 백제 전기어와 예맥어의 지명소가 비교적 조밀하게 분포되어 있다.

그러므로 중부 지역(A·B) 중 B의 중·하부 지역의 지명은 신라지명이다. 여기서 구체적으로 지적하면 何瑟羅(현 강능), 悉直(현 삼척), 波利(里)(현 영일), 波旦(현 영덕) 등은 틀림없이 신라의 고유 지명이다. 그 중 悉直은 지증마립간 6년(505)에 悉直州를 설치하고 異斯夫를 이곳의 軍主로 삼았다. 그리고 동왕 13년(512)에는 于山國이 귀복(歸服)하였고, 동년에 異斯夫를 何瑟羅州의 軍主로 삼았다. 그런데 장수왕(475)이 점령한 후의 고구려 통치기간을 중심으로 이곳까지 고구려 영토로 설정하고『삼국사기』지리2,4에서 모두를 고구려 지명이라 하였다. 더욱 분명한 것은 屈火郡(>曲城郡)과 伊火兮縣의 '火'는 '블'(佛~伐)을 훈음차 표기한 신라의 접미 지명소이기 때문에 신라의 토착지명인 것이다. 위 지명들이 고구려의 지명이 아닌 신라 지명이라면 이 지역은 고구려의 점령 시기 전후의 신라 영토이었음이 확실하다. 같은 맥락에서 백제 전기 시대(475년 이전)의 영역인 중부지역(한주·삭주)에 분포하였던 토착지명도 백제 전기지명이라고 주장할 수 있게 된다.

3.3 백제 전기어와 가야어의 관계

백제 전기어의 어휘 특성이 가야어에도 분포되어 있음이 <도표 3>의 D-ⓓ에서 확인된다.

특성표; ▲買(⇒水·川), ⊕達(⇒高·山), ＊吐(⇒堤),   ●密(⇒三),

　　　△一利(⇒星)　　◎薩(⇒靑),　　　■熊(⇒고마),

　　◉押(⇒岳),　　　□波衣(⇒峴) 등

　다음 어휘 대응에서 전자는 백제 전기어에 해당하고 후자는 남부 지역에 분포하였던 한계어에 해당한다. 가라 지역에 이질적 지명소(전자)가 얼마나 어떻게 분포하였나를 파악하여 보도록 하겠다.

　　① ▲買(＊mai=水·井·川)：勿(＊m＋r=水)

　위 <도표 3>에 나타나는 바와 같이 '買(▲)'는 A-ⓐ지역에 1개, A-ⓑ지역에 14개(▲표의 2～15), B지역에 4개(▲표의 16～19), C지역에 3개(▲표의 20～22), D-ⓓ지역에 2개(▲표의 23～24)가 발견되는데 D-ⓒ지역(신라의 본토)에는 나타지 않는다. 이 '買'는 한계어인 '물'(水)과 대응하는 존재로 가야어에 두 어형이 나타난다는 사실이 특이하다.(<도표 3> ▲표의 분포 참고)

　　② ⊕達(＊tar=高·山)： ＊mori(>moi=山)

　'達(⊕)'은 A-ⓐ지역에 1개, A-ⓑ지역에 5개(⊕표의 2～6), B지역에 6개(⊕표의 7～12), D-ⓓ지역에 4개(⊕표의 13～16, 특히 13～15는 고구려의 점령 선에 인접해 있는 사실을 유의할 것)가 유기적인 분포를 보이고 있다. 이 '達'은 'moy'(< ＊mori=山)와 대응되므로 주목된다.(<도표 3> ⊕표의 분포 참고)

③ *吐(* tu=堤) : ?

堤를 의미하는 지명소 '吐(*)'(* tu>tuk=)가 A-ⓑ지역에 3개(*표의
1~3), B지역에 2개(*표의 4~5), D-ⓓ지역에 1개가 나타난다. 그런데 C
지역과 D-ⓒ지역에서는 발견되지 않는다. 그렇기 때문에 이것에 대응
하는 한계어의 어휘가 무엇이었는지 알 수 없다. 다만 중세 국어의 '두
듥~두던~두렁'의 '두', '언덕~둔덕'의 '덕', '둑'(>뚝) 등이 ' * tu'(吐)에
서 발달한 것으로 추정할 수 있다.(<도표 3> *표의 분포 참고)

④ ●密(* mir=三) : 悉(* siri>siØi>sii>səi>se=三)

기본 수사 3을 의미하는 '密(●)'이 A-ⓑ지역과 B지역의 접경인 대
관령 嶺西기슭에 1개, D-ⓓ지역에 5개(●표의 2~6)가 서로 이웃하여 조
밀하게 분포하고 있다. 아마도 백제 전기의 지명에 나타나는 기타 수
사 '于次(* uč=五), 難隱(* nanin=七), 德(* tök=十)'도 동일한 어형으로
나타났을 가능성이 있다. 한편 한계어 수사로 추정되는 '悉'(* siri>
sey> se=三, 悉直>三陟)이 역시 三의 뜻으로 B지역에 나타난다. 동일
지역 그것도 대관령의 東西 기슭에 대칭으로 '密'과 '悉'이 공존한다는
것은 매우 흥미로운 사실이다. 이는 산맥을 분계령으로 한 東西지역의
언어가 다를 가능성을 시사하기 때문이다.(<도표 3> ●표의 분포 참고)

⑤ △一利(* iri=星) : 八莒~八里(* pyəri=星)

星을 의미하는 '一利'(* iri)가 가야어 지역인 D-ⓓ지역에서 1개(번호

없는 △표) 나난다. 비록 유일할지라도 이것은 백제 전기어와 가라어의 관계를 밝히는데 매우 중요한 단서가 된다. 아직까지도 낙동강 상류천을 '一利川' 혹은 '星川'이라 부른다. 지명의 보수성을 감안할 때 '一利川'(=星川)은 어휘사적인 면에서 매우 진귀한 근거 자료이다.(<도표 3> △표의 분포 참고)

⑥ ◎薩(* sar=靑)：古良(* kora=靑)

靑(혹은 淸)을 뜻하는 '薩'(* sar)이 A-ⓐ지역에서 조금 벗어난 북역에 1개(이른바 薩水=靑川江), A-ⓑ지역에 1개, D-ⓓ지역에 3개(◎표의 3~5), B지역의 하단에 1개가 나타난다. 아마도 고구려 본기에 보이는 '薛賀水' 또한 '薩賀水'이었을 것이다. 이것은 C지역의 古良夫里>靑陽의 '古良'(* kora=靑)에 대응되므로 같은 한계어를 토착어로 썼을 가능성이 있는 가야어에도 침투하였을 것이다.(<도표 3> ◎표의 분포 참고)

⑦ ■熊(* koma)

이 단어는 A-ⓐ지역에 1개, A-ⓑ지역에 1개, C지역에 2개(■표의 3~4), D-ⓓ지역에 1개가 분포되어 있다. 일찍이 도수희(1989 : 203~237)에서 * koma의 어원과 분포에 대하여 적극적으로 논의한 바이기에 그리로 미룬다. 다만 '熊'이 D-ⓓ지역에까지 하강 침투하여 있는 점을 우리는 주목하게 된다.(<도표 3> ■표의 분포 참고)

⑧ ●押(* ap=岳・嶽)

岳(嶽)을 의미하는 '押'(* ap)이 A-ⓐ지역에 3개(◉표의 1,2,4), A-ⓑ지역에 2개(◉표의 3,5), B지역에 2개(◉표의 6,7), D-ⓓ지역에 2개(◉표의 8,9)가 나타난다. 그런데 C지역과 D-ⓒ지역에는 한 예도 발견되지 않는다. 그러나 E지역에서는 '居尸押', '骨尸押' 과 같이 2개가 발견된다. 따라서 이것은 북쪽에서 남쪽으로 내려온 어휘인 듯하다. (<도표 3> ◉표의 분포 참고)

⑨ □波衣~波兮(* paiy~pahyəy=峴・嶺)

峴(嶺)을 의미하는 '波衣'(* paiy=峴・嶺)가 A-ⓐ지역에 3개(□표의 1~3), A-ⓑ지역에 5개(□표의 4~8), B지역에 3개(□표의 9~11)가 산재하여 있을 뿐이다. 그러나 기타 C・D・E지역에서는 발견도지 않는다. 그렇다면 '波衣~波兮~波害~巴衣'와 같이 다양하게 표기된 이것들은 중부 지역에만 분포하였던 아주 특이한 어휘로 한계어와 다른 성질의 것이었던가? 아마도 가야어로는 '고개' 혹은 '재'이었을 가능성이 있다.(<도표 3> □표의 분포 참고)

두 언어가 어휘의 친근성을 보일 때 그것이 계통성인가 아니면 차용성인가를 판별하기가 매우 어렵다. 가령 두 언어가 같은 계통일지라도 긴 역사 속에서 다른 언어로 인식될 만큼 소원하여진 단계에 이르러 적극적인 언어 교섭으로 인하여 어휘의 유사성이 발생하였다고 가정하자. 그럼에도 불구하고 또한 오랜 세월이 다시 흐르면 옛날의 언어 교섭 사실이 감추어져 그 유사성을 계통적 속성으로 오인할 수도 있게 된다. 이런 애매한 상황에 놓여 있는 경우가 곧 가야어의 어휘 특성이 아닌가 한다. <도표 3>에서 우리는 A·B(북부)지역과 D-ⓓ지역 사이에서 여러 가지 동질적 요소들을 많이 발견하였다. 어찌하여 이런 동질성이 C와 D-ⓒ지역에는 없고 유독 D-ⓓ지역에만 조밀하게 뿌리 박혀 있는 것인가? 이 의문을 우리는 두 측면에서 해석할 수 있다. 그 하나는 "가야어(D-ⓓ지역어)와 백제 전기어(A지역어)가 동일 계통이었기 때문이다."이고, 다른 하나는 "백제 전기 시대에 백제의 문물이 가야국에 유입되는 과정에서 침투(차용)되었기 때문이다."이다.

필자는 두 가능성 중 후자가 더욱 신빙성이 있는 것으로 추정한다. 도수희(1984)에서 이미 상논하였지만, 백제가 일본에 선진 문물을 전한 시기가 그 전기 시대(한흘 시대)였다. 이 때에 백제와 일본을 이어준 교량국이 곧 가야국이었다. 자매적일 만큼 친숙하게 국교가 다져지지 않고는 그렇듯 교량국이 될 수 없기 때문이다. 일본 사신이 가야국(현 동래)을 통해 백제를 왕래한 사실이 『일본서기』(720)에 적혀 있고, 이른바 백제사람 阿直岐와 王仁이 동일한 通路를 통하여 『천자문』과 『사서삼경』을 갖고 일본으로 건너가서 저들을 교육한 시기도 거의 이 무렵이기 때문에 신빙성이 있다.

3.4 백제 전기어와 고대 일본어의 관계

백제 전기어와 고대 일본어의 어휘 사이에 짙은 유사성이 있음을 여러 학자들이 빈번히 발표하였기 때문에 그 구체적인 내용을 여기서 재론할 필요가 없다. 다만 고대 한반도의 중부 지역의 언어는 고구려어가 아니라 백제 전기어이었기 때문에 비교의 대상도 자동적으로 백제 전기어로 바꾸어야 한다는 사실만을 다시 강조한다.

여기서는 특히 '기본수사체계'가 동일하다는 사실만을 중심으로 논의하고자 한다.

	백제 전기어			고대 일본어	
密	mir	(三)		mi	(三)
于次	uč	(五)		itsu	(五)
難隱	nanin	(七)		nana	(七)
德	tök< * töwök	(十)		töwö	(十)

위와 같이 기본수사 중 4개의 수사가 체계적으로 대응한다. 아마도 백제 전기의 지명이 나머지 '一, 二, 四, 六, 八, 九'의 수사까지 반영하였더라면 역시 동일한 양상이었을 것이다. 이처럼 기본 수사의 어형이 거의 相似形인 점을 우리는 주목하게 된다. 일찍이 필자(1994 : 70~76)가 두 나라 말의 어휘를 비교 고찰한 결과 유사하게 대응되는 어휘가 34개 이상이었다. 이것들의 대부분이 명사라는 데 주목할 필요가 있다.

그 동안 여러 학자들이 '두 나라 말이 동계어임'을 주장하는 강력한 뒷받침은 위와 같은 수사체계의 '동일성'이었다. 위에서 추정한 바와 같이 만일 백제어에서 나머지의 기본 수사까지 백제 지명에서 발견된다면 이것들 역시 일본어의 수사와 동일하였을 가능성이 짙다. 그렇다고 전제하여도 우리는 '동계'라는 주장을 선뜻 수용할 수 없다. 왜냐하면 수사체계는 얼마든지 차용될 수 있기 때문이다. 우리말이 언젠가 중국어의 수사 체계를 차용하여 왔고 일본어 역시 동일한 과정을 밟았기 때문이다. 이와 동일한 차용절차를 일본어가 백제 전기어로부터 답습한 것이다. 만일 중국문화의 선진 물결을 타고 중국어 수사가 백제에 들어왔다면 또한 백제의 선진 문화를 타고 백제어의 수사 체계도 일본에 유입되었을 가능성이 농후하다. 더욱이 그것이 백제 전기의 언어에서만 사용되었을 뿐 그 이후에는 사용되지 않았다는 점도 특이하다. 아니면 한반도로부터 渡倭한 대군중이 지배어족이 되어 스스로의 수사체계를 그곳에 移植成長케 한 결과일 가능성도 있다.

백제가 일본에 문물을 전해주기 시작한 시기가 전기(漢忽) 시대이었다. 이 시기에 백제의 선진 문화가 일본으로 물밀듯 東流하였던 것인데 그 때에 가야국이 백제와 일본을 이어주는 교량 역할을 하였던 것이다. 위에서 파악한 바와 같이 백제어와 가야어 사이의 어휘 분포의 자매적인 특성이 가야국이 백제어의 東流通路이었던 사실을 증언하기 때문이다. 『일본서기』에도 일본의 사신이 가야국을 경유하여 백제 수도 漢忽에 들어 왔고 백제의 사신 역시 가야국을 통하여 일본에 건너간 사실이 적혀 있다.

요컨대 백제의 전기 시대에 백제어가 일본으로 東流한 통로는 '백제(전기)→가야→일본' 과 같았음을 추정할 수 있다. 양국의 적극적인 문화교류에는 기필코 언어교류가 수반되기 때문이다. 일본의 남부 지역과 한반도의 남부 지역은 대마도를 사이에 두고 마주 바라보고 있는 동일한 문화권이다. 일본의 남부는 九州와 近畿地域이며 한반도의 남부는 가야지역인 것이다. 이 양 지역이 현대처럼 엄격한 국경선이 없었던 고대에 있어서 近隣의 동일 문화권으로 묶이어 피차간에 문물을 자유롭게 교류하였을 것이다. 양국의 적극적인 문화교류는 곧 언어를 통하여 이루어진다. 따라서 선진 백제의 언어가 일본으로 동류한 통로는 '백제(전기)→가라→일본'과 같았음을 다시 강조할 수 있다.

백제어가 일본으로 흘러간 파동은 전기와 후기로 나눌 수 있다. 백제가 馬韓을 병합한 시기를 중심으로 백제의 전기어가 가야국을 경유하여 일본에 들어간 파동이 그 하나요, 그 이후 공주·부여 시대의 백제의 선진문화가 현 전남 康津과 群山浦(옛 白江口)를 통하여 東流한 파동이 다른 하나이다.

4. 맺음말

4.1 백제 전기어가 신라 9州 중 漢州·朔州(백제의 전기 시대 영역)에서 토착어로 씌었다. 그 언어 자료가『삼국사기』지리2,4에 고유지명(토착지명)으로 등재되었다. 분명 백제 전기어인 이 고유지명을 그 동안 고구려어로 착각한 誤解는 일찍이 修正되었어야 마땅하다. 이 백제 전기어는 그 후기어(<도표 3> C지역 참고)와 이질적이었다. <도표 3> C지역에는 그 전기어의 특징이 나타나지 않는 공백이 그 確證이다.

4.2 백제 전기어와 예맥어는 동질적이었다. <도표 3>의 B지역(9州 중 溟州)의 上部에 분포한 지명어의 특징이 백제 전기어의 그것과 거의 동일하기 때문이다. <도표 2>의 동일 지역의 稠密한 분포는 인구가 밀집한 취락지역이었음을 입증하는 것이다. 이는 곧 예맥국의 수도와 그 주변이었음을 알려 주는 역사적 정보가 된다.

4.3 백제의 후기어와 신라어는 동질적이었을 것으로 추정된다. 반대로 그 전기어와 신라어는 이질적이었다. <도표 3> B(溟州)의 중·하부 지역의 분포가 보여주는 바와 같이 신라의 피 점령 지역이었던 곳에는 백제 전기어와 동질적인 특징이 나타나지 않기 때문에 신라어와

는 이질성을 보인다고 판단할 수 있다.

4.4 백제 전기어와 가야어는 어휘 분포 특징이 동질적이다. 이 동질성은 계통적인 것이 아니라 언어교섭으로 말미암아 발생한 것으로 추정된다. 가야어의 기층에는 신라어와 백제 후기어가 보이는 한계어의 특징(공통점)이 깔려 있기 때문이다.

4.5 가야국은 백제 문화를 고대 일본에 전하는 데 결정적 역할을 한 교량국이었음을 어휘분포의 특징이 증언한다. 백제의 선진 문화가 일본으로 동류하는 파도를 타고 백제 전기어의 수사체계가 일본어에 수출된 것으로 추정된다.

참고문헌

Chungbo Munhon-pigo 增補 文獻備考. 1770/1908.

Koryo-sa 高麗史. 1451. comp. Kim Chongso a.o. 金宗瑞 (1390-1453)

Samguk-sagi 三國史記. 1145. comp. Kim Pushik 金富軾 (1075-1151)

Samguk-yusa 三國遺事. 1285. comp. Iryon 一然 (al. Kim Kyonmyong 金見明, 1206-1289)

Taedong-chiji 大東地志. 1864. Kim Chongho 金正浩 (d. 1864)

김방한(1980), 「원시한반도어」, 『한국문화』 1, 서울대 한국문화연구소.

김방한(1981), 「기층에 대하여(A Study of Substratum)」, 『한글』 제172호, 한글학회.

김방한(1982), 「구루(溝漊)와 오사함(烏斯含)에 관하여」, 『언어학』 5, 한국언어학회.

김수경(1989), 『세나라시기 언어력사에 관한 남조선학계의 견해에 대한 비판적 고찰』, 평양출판사.

김완진(1968), 「고구려어의 t구개음화에 대하여」, 『이숭녕박사송수기념논총』, 을유문화사.

도수희(1977), 『백제어 연구』(박사논문), 아세아문화사(2005, 제이앤씨 개정판).

도수희(1979・80), 「백제지명 연구」, 『백제연구』 제11~12집, 충남대학교 백제연구소.

도수희(1982), 「백제전기의 언어에 관한 연구」, 『백제연구』 제13집 특집호, 지식산업사.

도수희(1985a), 「백제전기의 언어에 관한 제문제」, 『진단학보』 제60호, 진단학회.

도수희(1985b), 「백제 전기어와 가라어의 관계」, 『한글』 제187호, 한글학회.

도수희(1987/89), 『백제어 연구』(Ⅰ,Ⅱ), 백제문화개발연구원(2007, 제이앤씨 증보판).

도수희(1994,00), 『백제어 연구』(Ⅲ,Ⅳ), 백제문화개발연구원(2007, 제이앤씨 증보판).

도수희(1994), 「고대 한반도의 어휘 분포와 그 특징」, 『국어국문학의 세계화』, 국어국문학회, 삼지원.

도수희(1994), 「백제어(전기)와 고대 일본어의 관계」(특강), 일・한국제심포지움 발표론 문집, 일본 구주대학 언어문화부.

도수희(2002a), 「영동지역의 옛 지명에 대하여」, 『지명학』 8. 한국지명학회.

도수희(2002b), 「언어와 역사」, 『인문언어』 제2권2호, 국제언어인문학회.

도수희(2004a), 『백제의 언어와 문학』－백제문화개발연구원 역사문고 01, 주류성.

도수희(2004b), 「고구려어에서 조명해본 고구려 역사」, 『인문언어』 제6집, 국제언어인문학회.

도수희(2004c), 「지명·왕명과 차자 표기」, 『구결연구』 13, 구결학회.

도수희(2005), 『백제어 어휘 연구』, 제이앤씨.

도수희(2008), 『삼한어 연구』, 제이앤씨.

도수희(2010), 『한국지명 신연구』, 제이앤씨.

박병채(1968), 「고대 삼국의 지명어휘고」, 『백산학보』 제5호, 백산학회.

박병채(1988), 「<서평> : 도수희 저 『백제어 연구』(Ⅰ)」, 『아세아연구』 제80호, 고려대 아세아문제연구소.

이기문(1968), 「고구려의 언어와 그 특징」, 『백산학보』 제4호, 백산학회.

정 광(1997), 「한국어의 형성과정, 국어사 연구」, 『전광현·송민교수 화갑기념촌총』, 태학사.

정 광(2005), 「<서평> : *Beckwith, Christopher Ⅰ.(2004), Koguryo : The Language of Japan's Continental Relative*」, 『北方史論叢』 5호, 고구려연구재단.

시라토리 구라키치(白鳥庫吉)(1895), 「朝鮮古代地名考」, 『사학잡지』 제6편 제10·11호, 제7편 제1호.

가나자와 쇼자부로(金澤庄三郞)(1910), 『日韓兩國語同系論』, 三省堂.

가나자와 쇼자부로(1912), 「日鮮古代地名の硏究」, 『月刊』 2-2, 朝鮮總督府.

나이도 고난(內藤湖南)(1907), 「日本滿洲交通略說上」, 叡山講演集.

마에마 교사구(前間恭作)(1925), 「三韓古地名考補正」, 『史學雜誌』 第36篇 第7號.

마부치 가즈오(馬淵和夫)(1978), 「『三國史記』記載の百濟地名より見た古代百濟語の考察」, 文藝言語硏究 言語篇, 筑波大.

마부치 가즈오(1979), 「『三國史記』記載の高句麗地名より見た古代高句麗語の考察」, 文藝言語硏究 言語篇, 筑波大.

마부치 가즈오(1999), 「日本語の系統と韓國語」, 1999年度 夏季學術發表會論文要旨, 韓國日語日文學會.

신무라 이주루(新村 出)(1916), 「國語及び朝鮮語の數詞について」, 『藝文』 7-2~4, 東方言語誌叢考, 言葉の歷史 等所收.

무라야마 시치로(村山七郞)(1962), 「日本語および高句麗語の數詞－日本語系統問題に寄せて」, 『國語學』 48輯, 國語學會.

무라야마 시치로(1963), 「高句麗語と朝鮮語との關係に關する考察」, 『朝鮮學報』 第26輯, 朝鮮學會.

Bang-Han Kim(1981), *The Relationship between the Korean and Japanese Languages*,

Hangeul Nos.173~174. The Korean Language Society.

Beckwith, Christopher Ⅰ. 2004), *Koguryo : The Language of Japa's Continental Relative*, Leiden and Boston : Brill.

Chin-W. Kim(1983), *The Indian-Korean connection revisited*, Korean Linguistics Vol.3 ICKL.

Ki-Moon Lee(1963), *A Genetic view on Japanese*, Chosen Gakuho No.27. Chosen Gakkai.

Roy Andrew Miller(1971), *Japanese and Other Altaic Languages*, The University of Chicago Press.

Soo-Hee Toh(1981), *The Paekche Language*, Chosen Gakuho No.81, Chosen Gakki.

Soo-Hee Toh(1984a), *The Paekche Language; Its Formation And Features*, The Third International Conference on Korean Linguistics. Bochum University, West Germany(This paper was printed at Korean Linguistics Vol.4, ICKL. 1986).

Soo-Hee Toh(1984b), *A Study of Place Names of Paekche*, Chosen Gakuho No.113. Chosen Gakkai.

Soo-Hee Toh(1986), *On the relationship between the early Paekche Language and the Kara Language in Korea*, Studies in the Linguistic Sciences vol.16, No.2. Fall University of Illinois.

Vovin Alexander(1999), Chapter 41, *Once Again on the Reading of the Old Korean ᄑ*, Studies on the Transition from Historical-Comparative to Structural Linguistics Vol. 2.

(수정된) 滿文史料 『琿春副都統衙門檔』에 대하여[*]

－朝鮮 關聯 記事를 中心으로－

김 양 진

1. 들어가며

淸 王朝 前半期 즉 康熙, 擁正, 乾隆의 治世에는 엄청난 양의 만주어로 된 전적이 생산되었다. 현재 이 무렵의 滿文 史料를 위시하여 中國 <第一歷史檔案館>에서는 약 200만 건에 달하는 滿文 檔案 資料를 보관하고 있다. 그 외에도 滿文 檔案 資料들은 대만·일본·러시아·미국·독일·영국 등 세계 각지에 흩어져 있다.

이 가운데 『琿春副都統衙門檔』과 『軍機處錄副奏摺』 등의 만문 사료에는 한국사 분야에서 중요한 역사 자료가 포함되어 있으나 아직까지 이에 대한 연구가 거의 진행되지 못한 상태이다. 국내에 아직 만주어 사료를 적극적으로 독해할 만한 연구 인력이 충분하지 못한 데에도 그

---

* 이 논문은 제3차 역학서학회 국제 학술회의(2010.7., 덕성여대 차미리관)에서 발표하고 『민족문화연구』 53집(2010.12.31. 고려대학교 민족문화연구원, pp.547~580)에 실은 것을 상당 부분을 수정하여 다시 실은 것이다. 전체적인 내용 수정 및 만문 번역을 포함하여 기타 오탈자 등이 대거 수정되었다.

원인이 있겠으나 근본적으로는 그동안 이들 사료에 대한 중요성을 충분히 인식하지 못한 데에 가장 큰 원인이 있다고 하겠다.

현재 만주어 연구는 중국 본토보다도 일본이나 독일, 미국 등에서 활발하게 연구되고 있는 실정이다. 일본에서는 지난 1950년대 후반 『만문노당』의 번역 이후 동아시아에서 만주어 연구를 줄곧 선점하여 진행하여 왔다. 60년대 들어 대만 측에서도 국립고궁박물관에 소장된 '당안' 자료들을 중심으로 유사한 연구를 진행한 바 있다. 일본의 연구 결과는 1970~80년대 일본에 유학한 미국의 동아시아학 연구자들에게 동아시아에서의 만주에 대한 새로운 관점에 눈 뜨게 했다. 만주 연구에 관심을 가지고 있는 대표적인 서구 국가로는 러시아와 독일, 미국을 들 수 있다. 러시아는 극동 진출을 위해 1800년대 중반 이후 자하로프(Zakharov, 1875) 등의 연구로부터 현대의 친치우스(Cincius, 1975~1977)나 스타로스틴과 무드락(Starostin & Mudrak, 2003), 고렐로바(Gorelova, 2002) 등에 이르기까지 만주어 사전과 만주어 문법에 대한 심도 깊은 연구를 진행해 온 바 있고 독일은 근세의 클라프로트(Klaproth, 1828)[2])와 가벨렌츠(von der Gabelentz, 1832)[3])를 거쳐서, 묄렌도르프(Paul George von Möllendorf, 19세기 말) 이후 만주어 연구에 관한 한 유럽 지역의 메카 역할을 담당해 왔다.[4])

그러나 최근 세계사적으로 만주에 대한 관심이 급증하는 데는 미국의 역할을 꼽지 않을 수 없다. 미국은 비교적 늦은 시기에 세계사 속에

---

2) H.J. Klaproth, *Chrestomathie mandchou* (Paris, 1828)

3) H.C. von der Gabelentz, *Eléments de la grammaire mandchoue* (Paris, 1832)

4) 물론 이에 앞서 17세기 동안에 프랑스에서 d'Orléans이나 Gerbillon, Bouvet 등의 예수회 선교사들을 중심으로 만주어와 만주에 대한 관심을 기울인 바 있으나 유럽에서의 본격적인 만주에 대한 연구는 러시아와 독일을 중심으로 이루어졌다고 보아야 할 것이다.

등장하므로 청나라가 망하던 무렵에는 아직 만문 사료에 대한 연구에 관심이 없었던 것으로 보인다. 2차 세계대전 이후 러시아에서 망명한 니콜라스 포페와 독일에서 옮겨온 멩게스에 의해 미국 내의 만주어 및 만주학의 기초가 다져진 것으로 생각되는데 최근에는 점차 세계사적 비중이 커져 가는 중국에 대한 관심과 함께 현재 중화민국의 전 체제였던 청왕조에 대한 관심이 미국 내에서 증가하고 있다.

이는 흔히 "만주족이 청나라 멸망 이후 급속도로 한화되어 이제는 그 흔적을 찾을 수 없다"는 지난 50년간에 걸친 '만주족 한족화론'(이를 역사학계에서는 구청사(舊淸史)라고 한다)에서 "만주족이 한족화하기는 하였으나 청나라의 역사를 한족화의 관점에서 벗어나 독자적인 만주 민족사의 일환으로 살펴보아야 한다"는 '만주 민족사론'(이를 역사학계에서는 신청사(新淸史)라 한다)으로의 전환을 의미한다. 미국측의 역사가들을 중심으로 만주족의 역사를 중국사와 분리하여 인식하려는 신청사 연구는 1980~90년대 본격화하였는데 2000년대 들어서는 중국의 동북공정과 맞물리면서 이 신청사 연구는 역사학계의 첨예한 이슈가 되어 가고 있는 추세이다.

한국학을 포함한 동아시아학 연구의 토대 언어로서의 만주어 및 만주어 사료의 중요성에 대한 국제적 인식이 점차 확산되어 가는만큼 한국 내에서도 역사학계를 중심으로 만주어 사료의 독해에 대한 요구가 점차 확대되어 가고 있는 상황이다. 하지만 실제 만문 자료를 독해할 수 있는 연구 인력이 거의 갖추어지지 못한 현재의 국내 역사학계 및 언어학계의 상황에서는 국제적 수준의 만주어 및 만주학 연구를 진행하기가 난망한 상황이다.

더욱이 한국의 근대 형성기에 대한 연구에서 청대의 각종 정치·경제·사회·문화·종교·민속·예술 등의 정보가 실린 만문(滿文) 사료의 활용은 필수적이라고 할 수 있다. 하지만 국내에는 아직 이에 대한 실질적 연구 기반이 구축되어 있지 못하다. 본고는 이러한 사실에 주목하여 조선과 국경을 마주하고 있던 중국 훈춘 지역의 행정 문서 자료집인『琿春副都統衙門檔』에 실려 있는 朝鮮 관련 만문 기사에 대해서 알아보고자 한다. 그리고 그 가운데 일부 만주어 자료를 현대 한국어로 번역하여 소개함으로써 이 자료들의 대강을 보이는 데 목적을 둔다.

2.『琿春副都統衙門檔』의 소개

　<中國第一歷史檔案館>에는 명청시대 중국과 조선의 관계와 관련된 수백만 건의 당안 자료가 소장되어 있다. 이 가운데에서도 조선 관계 당안 자료로는 명청시대 황제가 조선 국왕에게 내린 유지(諭旨), 조선의 국왕이 바친 咨文과 表文, 관료가 올린 奏疏 등의 다양한 문서류가 포함되어 있다. 1998년에 서울시립대의 후원으로 출판된 한문 당안(漢文檔案) 자료집인『淸代中朝關係檔案史料彙編·續編』은 이 가운데 한문 당안 자료만을 선별한 것이다. 반면 아직 정리·출간되지 않은 채 <中國第一歷史檔案館>에 마이크로필름 상태로 보관되어 있는 조선 관계 만문 당안 자료들은 만주족 황제와 고위급 만주족 관리를 대상으로 쓰여진 내부 행정 문건으로서, 청 황실이 오랫동안 긴밀한 관계를 맺어 온 이웃 조선을 어떻게 인식하고 있었는가를 확인할 수 있는 최적의 자료라 할 수 있다. 특히 성경(盛京)과 길림지역을 관할하는 만주인 장군들이 황제에게 올린 奏疏와 檔案들은 청과 조선의 변경지방을 통치하기

위해 청 황실이 어떤 노력을 기울였는가를 이해하는 데 귀중한 정보를 제공한다.

盛京 將軍의 奏疏는 <中國第一歷史檔案館>에서 1999년 출판한『淸代邊疆滿文檔案目錄』에서 그 수량과 제목을 확인할 수 있다. 이 가운데『軍機處錄副奏摺』에 포함된 奏疏에는 朝鮮 使行과 관련된 각종 의식과 관련 사건, 淸人과 朝鮮人의 犯越 사건과 그 처리 과정, 변경에서 진행된 貿易, 國境地域을 상세히 묘사하고 滿文으로 地名을 표기한 地圖 등 귀중한 자료가 매우 풍부하다.

청나라 때는 중앙에서 지방의 각급 기구에 이르기까지 만든 공문이 있는데 당시 일정한 순서에 따라 歸檔[당안(檔案)으로 정리하여 등록하는 일]을 하였다. 아울러 간단한 등기 목록을 작성하여 훗날 그것으로 필요한 당안을 조사하여 찾는 데 사용하기도 하였으나 청나라가 멸망한 후 각급 기구가 보존해 오던 당안들은 모두 심하게 훼손을 당했다. 이에 따라 운 좋게 훼손을 면하고 보존되어 오던 당안들도 원래 정리되어 있던 기반이 모두 흐트러져 버렸다.

청대 <혼춘부도통아문당(琿春副都統衙門檔)>5)(이하『혼춘 당안』)의 운명은 비교적 특수한데, 이 자료들은 대부분 광서(光緖) 26년(1901) 제정 러시아[沙皇俄國]가 동북 지역을 침략했을 때 약탈 당해서 오랫동안 러시아[俄國]에 보존되어 오다가 1956년 구 소련으로부터 반환된 것이다. 광서 26년 이후 만들어진 당안은 1970년 10월 길림성이 당안처를 연변조선자치주 당안관으로 이관하여 보존되었다. 그러나 제정러시아가 약탈

---

5) 이 논문을 처음『민족문화연구』53집에 실었을 때는 '琿春'을 모든 경우에 '훈춘'으로 옮겼으나, 이를 지명으로 지시할 때는 현재 한어 독법에 맞게 '훈춘'으로 하고, 한문 제목으로 작성된『琿春副都統衙門檔』을 가리킬 경우는『혼춘부도통아문당(琿春副都統衙門檔』에서와 같이 '혼춘'으로 옮기도록 한다.

해 간 당안뿐만 아니라 중국 내에 남아있는 당안(檔案)도 원래 정리되어 있던 대로 남아있지 않고 정도의 차이는 있지만 모두 흐트러져 버렸다.

현전하는 청대『혼춘 당안』을 보면, 광서 7년 훈춘 지역에 부도통아문을 설립하기 이전에는 '시기(時期)－문종(文種)'이 귀당(歸檔)의 정리 원칙이었고, 광서 7년 부도통아문 설립 이후에는 당안의 정리 방법에 변화가 일어나서 '시기－문종－기구'가 귀당의 원칙이 되었다.

1956년 구 소련이 중국에 당안 자료들을 돌려주어서 <中國第一歷史檔案館> 負責이 이를 받아 보존하였는데, 오랫동안 소련 사람이 정리, 포장한 상태로 그대로 두었다가 1970년대에 와서야 러시아 문서 목록을 한문으로 번역하였다. 하지만 당초 소련인이 정리한 목록에 문제가 많았기 때문에 한역자가 한역을 하는 데 있어서 상당한 어려움이 따랐다고 한다.6)

제정 러시아가 약탈해간 당안은 대략 20세기 전반 무렵까지의 것으로 '시기－기구－문종'의 원칙으로 정리되어 있었는데 러시아어로 된 함(函)의 등기 목록이 작성되어 있으나 簿冊 명칭은 제외되었고 시기와 당호 외에 기타 검색 내용이 없어 검색하는 데 매우 불편하였다. 이러한 상태에서 만들어진 한역 목록상의 당안 명칭은 모두 부정확하고 비규범적이어서 검색해서 이용하기에 불편했다. 게다가 중국 내에 남아있던 당안들은 '기구－문종－시기'의 순서로 정리되어 있어서 일관성을 찾기도 어려웠다.

2002년 중국 사회과학연구원(社會科學研究院) 중국변강사지연구 센터

---

6) 이에 대한 자세한 내용은 張莉(2010)과『혼춘부도통아문당』(2006) <前言>의 내용을 참고하였다.

의 기획으로『東北邊疆歷史與現狀系列研究工程』이 시작되면서 청대『혼춘 당안』에 대한 정리 출판 작업이『東北工程』의 일환으로 포함되었다. 이리하여 길림성 당안관과 연변 조선족 자치주 당안관이 협력하여 『혼춘 당안』을 정리 출판하기에 이르렀다. 물론 이 일은 <中國第一歷史檔案館>의 적극적인 후원 하에 길림성 당안관과 연변 조선족 자치주 당안관이 주축이 되어 진행하였으며 2005년 12월에 총 238책 분량의 대규모 자료집의 출간 작업을 완료하고 이듬해에 출간하게 되었다.

이와 같이 2006년 출판된『琿春副都統衙門檔』은 <中國第一歷史檔案館>과 길림성 연변 조선족자치주 당안관에 소장되어 있는 자료를 선별한 것이다. 여기에는 시기적으로 1737년에서 1909년까지, 105년간의 자료가 포함되어 있고, 만문과 한문 자료가 모두 수록되어 있다. 정치, 군사, 팔기관련 업무, 민간 업무, 재정, 농업, 광업, 상업 등 다양한 방면에 걸쳐 수많은 자료가 여기에 포함되어 있으며, 특히 만주 변경 문제나 조선과의 외교 문제에 대해 매우 상세한 자료가 다수 발견된다. 그러나 조선과 관련한 만문 사료는 현재까지 거의 이용되지 않았기 때문에 한국사와 관련한 목록 작업조차 되어 있지 않다. 따라서 일차적으로 이 가운데 어떤 부분에 어떤 내용의 사료가 있는지를 파악하고 조선과 유관한 부분을 추출해내는 작업이 선행되어야 한다.

『琿春副都統衙門檔』의 주요 배경이 되는 훈춘[琿春] 지역은 청나라 초기에 서(西)로는 연길, 화룡, 북(北)으로는 왕청, 동(東)으로는 통긍산(通肯山), 동남(東南)으로는 황도(黃島, 러시아의 해삼위와 소성(蘇城) 일대의 동남 백여 리 바다 섬)에 이르는 넓은 지역을 관할하는 영고탑 부도통아문의 소재지였다. 강희(康熙) 53년(1714)에 훈춘 협령(琿春協領)이 설치되어 영고탑 부도통의 관할 아래 있게 되었고, 1757년 영고탑 장군이 길림 장군으로 개칭되면서 훈춘은 영고탑 부도통에서 직접 관할하게 되었다. 광서(光緒) 7년(1881)년에 정식으로 혼춘부도통(琿春副都統)이 설치되었는데, 선통 원년(1909)에 부도통아문을 길림 동남로병비도로 바꾸면서 도아문(都衙門)이 연길로 이사함으로써 중심지가 연길로 바뀔 때까지 훈춘은 동북 만주 지역의 중심지였다.

훈춘 지역은 특히 조선과 러시아와 경계를 접하고 있어서 대조선 및 대러시아 관련 업무를 주요 외교 업무로 하고 있었기 때문에『琿春副都統衙門檔』의 외교 관련 문서는 대부분 조선 관련 내용과 러시아 관련 내용을 담고 있다.

『琿春副都統衙門檔』에는 크게 '내문당(來文檔), 행문당(行文檔), 정당고(呈檔稿), 고고(庫稿), 호부(號簿), 호구책(戶口冊), 비정책(比丁冊), 노복책(奴僕冊), 관병명책(官兵名冊), 지무청책(地畝淸冊), 압연전문청책(壓捐錢文淸冊), 은냥청책(銀兩淸冊), 표거(票據)'의 13가지 유형의 문서가 있고 그 내용에 따라 다시 '직관(職官) 방면, 군무(軍務) 방면, 기무(旗務) 방면, 민정(民政) 방면, 사법(司法) 방면, 재정(財政) 방면, 농업(農業) 방면, 광산(鑛山) 방면, 상업(商業) 방면, 화폐금융(貨幣金融) 방면, 문화교육(文化敎育) 방면, 진공물품(進貢物品) 방면, 건축공정(建築工程) 방면, 통신(通訊) 방면, 천문지리(天文地理) 방면, 예의제사(禮義祭祀) 방면, 섭외사무(涉外事務) 방면'의 17가지 내용이 담겨 있다.

『琿春副都統衙門檔』의 <前言>에서는 특히 이와 같은 '섭외사무(涉外事務)'의 주요 내용으로 다음의 14가지를 들고 있다.

① 중국과 조선이 범죄인을 상호 인도하는 일(中朝相互遣送罪犯),
② 조선 회령 무역에 사람을 파견하는 일(派人赴朝鮮會寧貿易),

③ 현지 거주민과 조선 변경 주민의 사무역 금지를 사찰하는 일(査禁當地居民與朝鮮邊民私自貿易)

④ 관원이 사사로이 서양 물건을 가지고 조선에 가 무역하는 것을 엄금하는 일(嚴禁官員私帶洋貨赴朝鮮貿易)

⑤ 조선 변경 주민이 국경을 넘어와 거주하거나 농사를 짓거나 뗄 나무를 베는 일을 금지하는 일(防止朝鮮邊民越境居住種田和砍伐柴薪)

⑥ 사사로이 국경을 넘어 오는 조선인을 쫓아내는 일(驅逐私自越界的朝鮮居民)

⑦ 조선인을 불러 땅을 일구고 사사로이 배를 만드는 것을 금지하는 일(禁止招朝鮮人開墾地畝和私設渡船),

⑧ 현지 거주민과 전부터 무역하던 조선인이 공평하게 교역하며 속이거나 억압하지 않도록 지도하는 일(曉諭當地居民與前來貿易的朝鮮人公平交易不可欺壓),

⑨ 중국과 조선의 경계가 되는 도랑이나 경계비를 정기적으로 살펴서 적절하게 수리하는 일(定期査看中朝界溝牌并妥善修理)

⑩ 중국과 러시아가 범죄인을 상호 인도하는 일(中俄相互遣送罪犯)

⑪ 러시아가 블라디보스톡, 홍개호, 우수리스크, 두만강 등에 침입했을 때 관병을 파견하여 쫓아내고 세운 건축물을 부수는 일(俄羅斯入侵海參崴, 興凱湖, 雙城子, 綏芬河 等處 委派官兵驅逐并拆毀所修建築)

⑫ 중국과 러시아의 변경을 살펴 경계비를 세우는 일(勘察中俄邊境并建立界碑)

⑬ 현지 거주민이 중국과 러시아의 경계를 넘어 농사를 짓는 일과 중러 변경 무역을 엄격히 금지하는 일(嚴禁當地居民越過中俄邊界種地中俄邊境貿易)

⑭ 이상 영국, 프랑스, 독일, 일본 등의 국민이 훈춘에 와 돌아다니는 것이나 물건을 채굴하거나 사는 것 등의 정황에 대한 일(以及英國, 法國, 德國, 日本等國人到琿春遊歷和採買貨物等情況)

이들의 내용을 살펴보면 『琿春副都統衙門檔』의 전체 14개 유형의 섭외사무(涉外事務) 가운데 대조선 업무(對朝鮮業務)가 9개나 되어 전체 내용의 2/3가 넘는다. 그만큼 훈춘 부도통의 섭외사무 가운데 조선 관련 내용이 중요하다는 이야기이다.

아래에 『琿春副都統衙門檔』 소재의 조선 관련 기사를 집대성하여 그 자료의 유형을 살펴보고 그 가운데 특히 (1)중국과 조선이 범죄인을 상호 인도하는 일(中朝相互遣送罪犯), (2)조선 회령 무역에 사람을 파견하는 일(派人赴朝鮮會寧貿易)과 관련한 기사 두 편을 현대 한국어로 번역하여 이 자료의 사료적 의의를 확인하기로 한다.

3. 내용 분석

앞에서 말한 것처럼 훈춘[琿春] 지역은 청대 중국과 조선의 접경 지역으로 청(淸)조 이후 이 지역에는 조선인들에 의한 인적·물적 교류가 활발했음을 자료의 내용을 통해서 잘 알 수 있다. 이 자료들은 청(淸)실록(實錄)과 같은 발췌된 역사서가 제공하지 못하는 민간 교류 및 민간 교역의 실상을 상세히 보여 줄 자료로 그 중요성이 높다.

<표 1>에서 보인 것처럼 『琿春副都統衙門檔』에는 조선 관련 기사(朝鮮關聯記事)가 총 120건, 440여 쪽에 해당하는 내용이 포함되어 있다. 이

가운데서 1750~1873년 무렵의 사료들은 대부분 만문(滿文)으로 작성되어 있어서 그 동안 어떤 문헌에서도 그 내용이 정확하게 소개되지 못한 것들이다.

<표 1> 『琿春副都統衙門檔』 소재 조선 관련 기사

책명-권호	쪽	문서명	날짜	핵심어1	핵심어2	문종
琿春副都統衙門檔 2	53-55	署琿春協領事佐領濟市球爲已呈報赴圖們江邊與朝鮮官員交涉解送罪犯事宜事致寧古塔副都統衙門呈文	乾隆十五(1750)年二月二十一日	朝鮮罪犯者	圖們江邊與朝鮮官員交涉解送罪犯事	만문
琿春副都統衙門檔 2	57	署琿春協領事佐領濟市球爲將被朝鮮人殺害五人遺骸移至卡倫掩埋事致寧古塔副都統衙門呈文	乾隆十五(1750)年二月二十六日	朝鮮人	殺害五人遺骸移至卡倫掩埋事	만문
琿春副都統衙門檔 3	325-356	寧古塔副都統衙門爲朝鮮人越界偸獵殺人從速查明疏防官兵事致琿春協領札文	乾隆二十四(1756)年五月二十日	朝鮮人	越界偸獵殺人從速查明疏防官兵事	만문
琿春副都統衙門檔 5	121-122	寧古塔副都統衙門爲火速上報噶哈哩口至圖們江口有無朝鮮邊民越境等情事致琿春協領札文	乾隆二十七(1759)年三月二十四日	朝鮮邊民	噶哈哩口至圖們江口有無朝鮮邊民越境等情事	만문
琿春副都統衙門檔 5	124-125	寧古塔副都統衙門爲如實上報該處民人與朝鮮邊民有無互相越境等情事致琿春協領札文	乾隆二十七(1759)年三月二十四日	該處民人與朝鮮邊民	有無互相越境等情事	만문
琿春副都統衙門檔 5	143-144	寧古塔副都統衙門爲令詳查朝鮮人李元信是否越境逃入該處火速上報事致琿春協領札文	乾隆二十七(1759)年五月初七日	朝鮮人李元信	是否越境逃入該處火速上報事	만문
琿春副都統衙門檔 5	153-154	寧古塔副都統衙門爲令詳查朝鮮人金順定等是否越境逃入該處火速上報事致琿春協領札文	乾隆二十七(1759)年五月十六日	朝鮮人金順定等	是否越境逃入該處火速上報事	만문
琿春副都統衙門檔 5	357-358	琿春協領德克都爲本地並無朝鮮民人越境情形事政寧古塔副都統衙門呈文	乾隆二十七(1759)年三月十四日	朝鮮民人	越境情形事	만문
琿春副都統衙門檔 5	378-379	琿春協領德克都爲具結上報本地並無朝鮮民人越境等情事政寧古塔副都統衙門呈文	乾隆二十七(1759)年三月三十日	朝鮮民人	越境等情事	만문

琿春副都統 衙門檔 5	409- 413	琿春協領德克都爲報本地實未 查朝鮮國逃人事政寧古塔副都 統衙門呈文	乾隆二十七 (1759)年五月 二十一日	朝鮮國	逃人事	만문
琿春副都統 衙門檔 7	24- 26	寧古塔副都統衙門爲知照派人 赴朝鮮貿易情形事政琿春協領 札文	乾隆三十 (1765)年一月 十二日	朝鮮	貿易	만문
琿春副都統 衙門檔 8	289- 292	寧古塔副都統衙門爲派往朝鮮 監督貿易官員務必揀選品行端 正者事致琿春協領札文	乾隆三十六 (1771)年十月 二十三日	朝鮮	監督貿易官員 務必揀選品行 端正者事	만문
琿春副都統 衙門檔24	259- 261	署琿春協領關防佐領特英額爲 報琿春庫爾喀人與朝鮮貿易牛 只等物數目事致寧古塔副都統 衙門呈文	嘉慶十一 (1806)年正月 十五日	朝鮮	貿易牛只等物 數目事	만문
琿春副都統 衙門檔 26	156- 158	吉林將軍衙門爲飭暗中防犯朝 鮮邊界土賊不可懈怠事致琿春 協領札文 附咨文	嘉慶十七 (1813)年五月 二十日	朝鮮	邊界土賊不可 懈怠事	만문/ 한문
琿春副都統 衙門檔 26	172- 177	寧古塔副都統衙門爲飭常川暗 中巡防朝鮮邊界土賊不可懈怠 事致琿春協領札文 附咨文	嘉慶十七 (1813)年五月 二十日	朝鮮	邊界土賊不可 懈怠事	만문/ 한문
琿春副都統 衙門檔 26	177- 180	寧古塔副都統衙門爲協領等仍 去巡查朝鮮邊界毋庸前來考驗 軍政事致琿春協領札文	嘉慶十七 (1813)年五月 二十日	朝鮮	邊界毋庸前來 考驗軍政事	만문
琿春副都統 衙門檔 33	315	琿春協領伊克精阿爲報琿春庫 爾喀人到朝鮮慶源地方貿易事 致寧古塔副都統衙門呈文	道光二(1822) 年正月二十五 日	朝鮮慶源 地方	貿易事	만문
琿春副都統 衙門檔 37	349- 357	寧古塔副都統衙門爲知照嚴禁 庫爾喀人到朝鮮會寧等處貿易 貂皮等物一析事致琿春協領札 文 附題本	道光二(1822) 年正月二十五 日	朝鮮會寧 等處	貿易貂皮等物 一析事	한문/ 만문
琿春副都統 衙門檔 38	355- 357	寧古塔副都統衙門爲知照禮部 派員赴朝鮮會寧監視貿易一本 事致琿春協領札文	道光八(1828) 年十二月二十 七日	朝鮮會寧	監視貿易一本 事	만문/ 한문
琿春副都統 衙門檔 38	363	琿春協領烏林德爲派員嚴禁赴 朝鮮慶原地方交易貂皮等物事 致寧古塔副都統衙門呈文	道光八(1828) 年正月二十五 日	朝鮮慶原 地方	交易貂皮等物 事	만문

琿春副都統衙門檔 43	1-60	署琿春協領關防佐領臺斐英阿爲報高麗城屯民人害命案並押解罪犯事致寧古塔副都統衙門呈文	道光 十四(1834)年正月二十五日	高麗城屯民人	害命案並押解罪犯事	만문
琿春副都統衙門檔 46	19-21	寧古塔副都統衙門爲知照庫爾喀人前往朝鮮等處貿易不準攜帶貂皮等事致琿春協領札文　府題文	道光 十八(1838)年正月十六日	朝鮮等處	貿易不準攜帶貂皮等事	만문/한문
琿春副都統衙門檔 48	163-166	寧古塔副都統衙門爲知會越界爲僧夷人解送盛京體部轉飭鳳凰城交朝鮮查辦事致琿春協領札文	道光 二十一(1841)年七月十七日	鳳凰城	交朝鮮查辦事	만문
琿春副都統衙門檔 48	271-273	寧古塔副都統衙門爲知會接收羈禁朝鮮越界案內知情容留及證人事致琿春協領札文	道光 二十一(1841)年閏三月初七日	朝鮮	越界案內知情容留及 證人事	만문
琿春副都統衙門檔 48	370-374	寧古塔副都統衙門爲知會派朝鮮通事赴會領監親貿易事致琿春協領札文 附題本	道光 二十一(1841)年正月十六日	朝鮮通事	赴會領監親貿易事	한문
琿春副都統衙門檔 49	63-65	寧古塔副都統衙門爲知會朝鮮國王接收吉林同知拿獲越界幼童依律勘處事致琿春協領札文	道光 二十一(1841)年十一月二十七日	朝鮮國王	接收吉林同知拿獲越界幼童依律勘處事	한문/만문
琿春副都統衙門檔 62	26-27	寧古塔副都統衙門爲通事官富林市等至會寧城事致琿春協領札文	道光 二十八(1848)年十二月二十日	會寧城	爲通事官富林市等至會寧城事	만문
琿春副都統衙門檔 75	368-371	琿春協領衙門檔冊房爲朝鮮人投奔俄羅斯墾田札飭查界官說法勸阻事呈堂稿	同治六(1867)年二月二十五日	朝鮮人	投奔俄羅斯墾田札飭查界官說法勸阻事	한문
琿春副都統衙門檔 75	376-378	琿春協領衙門檔冊房爲飭二道河卡官聲明俄人私領朝鮮人越卡因何不攔阻事呈堂稿	同治六(1867)年三月初一日	朝鮮人	越卡因何不攔阻事	한문
琿春副都統衙門檔 77	249-251	琿春佐領德玉爲報朝鮮國男婦子女任意越入俄界已飭沿邊名卡防範事呈堂稿	同治八(1869)年九月二十九日	朝鮮國男婦子女	任意越入俄界已飭沿邊名卡防範事	한문
琿春副都統衙門檔 77	499-500	琿春佐領德玉爲請嚴緝拐帶朝鮮幼童之人犯事呈堂稿	同治八年十二月初三日	朝鮮幼童	幼童之人犯事	한문

琿春副都統衙門檔 81	47-51	吉林將軍衙門爲鈔錄禮部轉奏朝鮮國王咨文折一體遵照事致琿春協領札文	同治十一(1872)年五月初一日	朝鮮國王	咨文折一體遵照事	한문
琿春副都統衙門檔 83	109-111	琿春協領衙門檔冊房爲嚴緝劫害朝鮮通事之民人珍及其潛逃軍卒等事呈堂稿	同治十一(1872)年十一月二十五日	朝鮮通事之民人	珍及其潛逃軍卒等事	한문
琿春副都統衙門檔 83	111-114	琿春協領衙門檔冊房爲派員查勘朝鮮通事越界捉拿其潛逃軍卒被殺案事呈堂稿	同治十一(1872)年十一月二十一日	朝鮮通事	越界捉拿其潛逃軍卒被殺案事	한문/만문
琿春副都統衙門檔 86	445-447	寧古塔副都統衙門爲將越界朝鮮難民解交該國官員事致琿春協領札文	同治十二(1873)年十月二十三日	朝鮮難民	爲將越界..解交該國官員事	한문/만문
琿春副都統衙門檔 87	73-77	寧古塔副都統衙門爲派往朝鮮貿易官兵務必按期抵達指定點匯集事致琿春協領札文	同治十二(1873)年十二月二十日	朝鮮貿易官兵	務必按期抵達指定點匯集事	만문
琿春副都統衙門檔 92	343-344	吉林將軍衙門爲俄招留朝鮮逃人嚴飭密探確情隨時飛報事致琿春協領札文	光緒二(1876)年三月十二日	<이하 생략>	<이하 생략>	한문
琿春副都統衙門檔 93	374	寧古塔副都統衙門爲飭密探英俄在交戰之情及俄朝人有無逃入我境事致琿春協領札文	光緒二(1876)年十月初一日			한문
琿春副都統衙門檔 94	77-78	琿春協領衙門檔冊房爲報派員探明日本朝鮮有無征戰情形事呈堂稿	光緒二年(1876)二月初九日			한문
琿春副都統衙門檔 94	123-126	琿春協領衙門檔冊房爲札飭佐領溫崇阿探明朝鮮有無軍情動作事呈堂稿	光緒二(1876)年三月十三日			한문
琿春副都統衙門檔 97	180-183	吉林將軍衙門爲前獲斃俄人兇犯須候朝鮮?明國屬飭令仍行監候事致琿春協領札文	光緒四(1878)年五月十四日			한문
琿春副都統衙門檔 97	430-432	寧古塔副都統衙門?飭知傷斃俄人之朝鮮犯民俟接朝鮮照會後再行辦理事致琿春協領札文	光緒四(1878)年二月初十日			한문
琿春副都統衙門檔 104	7-9	吉林將軍衙門爲飭派員前往朝鮮監視貿易不準?帶私貨致琿春協領札文	光緒六(1880)年十二月十九日			한문

琿春副都統衙門檔 104	18-20	琿春協領衙門?冊房爲照復朝鮮慶原地方官該女因災流落被父兄贈與民人爲妾女呈堂稿	光緒六(1880)年三月二十日		한문
琿春副都統衙門檔 104	24-26	琿春協領衙門?冊房爲札飭查界官拿解朝鮮人控告民人于山梅等事呈堂稿	光緒六(1880)年二月初十日		한문
琿春副都統衙門檔 104	67-71	琿春協領衙門?冊房爲札飭委參領等派兵護送由朝鮮返回塔城筆帖式事呈堂稿	光緒六(1880)年二月初五日		한문
琿春副都統衙門檔 105	151-152	吉林將軍衙門爲前往朝鮮貿易員弁嚴禁私帶洋貨事致琿春副都統衙門咨文	光緒七(1881)年十二月二十三日		한문
琿春副都統衙門檔 107	455-457	琿春副都統衙門左司爲札飭將到密占山場採木之朝鮮國人等不準久待卽令遣回等情事呈堂稿	光緒七(1881)年七月二十五日		한문
琿春副都統衙門檔 108	103-105	[琿春副都統衙門右司]爲照會朝鮮慶源府將朝鮮人拐去閒散舒林所?物品查出送還等情事呈堂稿 附清單	光緒七(1881)年十一月二十二日		한문
琿春副都統衙門檔 108	206-208	[琿春副都統衙門右司]爲照會將朝鮮人拐去布匹等物查出送還等情事呈堂稿 附清單	光緒七(1881)年十二月初五日		한문
琿春副都統衙門檔 108	210-212	琿春副都統衙門?右司爲札飭嗣後朝鮮人等不準在所屬市屯私行買賣等情事呈堂稿	光緒七(1881)年十一月二十三日		한문
琿春副都統衙門檔 108	282-284	琿春副都統衙門?冊房爲照會朝鮮慶源府將江水?抵朝鮮金華縣之建蓋營房木料查究追還事呈堂稿	光緒七(1881)年七月初十日		한문
琿春副都統衙門檔 108	291-294	琿春副都統衙門?冊房爲照會朝鮮人等不得越界?拉柴薪等情事呈堂稿	光緒七(1881)年十二月初五日		한문
琿春副都統衙門檔 108	481-484	琿春副都統衙門右司爲曉諭旗民人等如有朝鮮人等越界貨換宜持平買賣不可欺壓等情事呈堂稿	光緒七(1881)年七月二十五日		한문

琿春副都統衙門檔 111	65-67	[琿春副都統衙門?左司]爲札飭衛字軍銃領拿解在朝鮮滋事之丁勇以備重懲事呈堂稿	光緖八(1882)年二月十八日		한문
琿春副都統衙門檔 111	71-73	[琿春副都統衙門?左司]爲札飭銃領將前在朝鮮滋事丁勇交該營嚴加管束事呈堂稿	光緖八(1882)年二月二十四日		한문
琿春副都統衙門檔 111	249-251	琿春副都統衙門左司爲照會廣源地方官嚴絹拐帶民人妻子之朝鮮人等事呈堂稿	光緖八(1882)年八月十一日		한문
琿春副都統衙門檔 112	468-471	琿春副都統衙門左司爲將朝鮮僧犯派源解交該國慶源俯驗收事呈堂稿	光緖九(1883)年六月初十日		한문
琿春副都統衙門檔 117	109-111	琿春副都統衙門左司爲飭將私越境界之朝鮮人等一體驅逐事呈堂稿	光緖十(1884)年十一月初一日		한문
琿春副都統衙門檔 118	164-165	總理邊務交涉承辨處□□□爲將在朝鮮境內滋事犯民宋洪安等解司候審事致琿春副都統衙門左司移文	光緖十(1884)年十二月二十四日		한문
琿春副都統衙門檔 120	265-267	琿春副都統衙門左司??藍旗開散喜昌前往朝鮮辨事得力賞七品頂戴事呈堂稿	光緖十一(1885)年五月十二日		한문
琿春副都統衙門檔 123	314-316	督理吉林朝鮮商務知縣秦煐?江蘇??縣人於本處私開煙館呈請遞解回籍管束事致琿春副都統呈文	光緖十二(1886)年十月初九日		한문
琿春副都統衙門檔 123	331-333	督理吉林朝鮮商務知縣秦煐?吉林煙集崗民人被?拿獲?匪審明口供解送呈請法辨事致琿春副都統呈文	光緖十二(1886)年十月初九日		한문
琿春副都統衙門檔 123	365	督理吉林朝鮮商務知縣秦煐?於朝鮮鐘城府被刺之人由家人驗看屍首情願返柩事致琿春副都統呈文	光緖十二(1886)年九月初八日		한문
琿春副都統衙門檔 123	366-367	督理吉林朝鮮商務知縣秦煐?朝鮮鐘城東門外有無名男子三屍通飭緝捕逃凶事致琿春副都統呈文	光緖十二(1886)年九月初一日		한문

琿春副都統衙門檔 125	156-157	琿春副都統衙門左司爲將高麗嶺寺西地畝及店之地基俱劃歸該寺住持永作香資事呈堂稿	光緒十二(1886)年四月二十五日	한문
琿春副都統衙門檔 125	433-435	琿春副都統衙門左司爲請將軍衙門飭緝在朝鮮(?+戈)害無名男子之凶犯事呈堂稿	光緒十二(1886)年十一月初一日	한문
琿春副都統衙門檔 126	34-36	[琿春副都統衙門左司]爲將前往朝鮮鐘城檢驗屍傷所需川資銀兩移付右司司?發給事呈堂稿	光緒十二(1886)年九月初一日	한문
琿春副都統衙門檔 126	122-124	琿春副都統衙門右司爲會查圖們江及審朝鮮交涉案件應需川資等均請領開鎖事呈堂稿	光緒十二(1886)年二月初五日	한문
琿春副都統衙門檔 127	137-138	[琿春副都統衙門右司]爲借給赴朝鮮鐘城檢驗屍傷員弁銀兩移文銀庫查?事呈堂稿	光緒十年十一月初一日	한문
琿春副都統衙門檔 127	374-375	琿春副都統依克唐阿爲協領德玉赴朝鮮勘界其關防交佐領暫行接理事致琿春協領等札文	光緒十年十一月初一日	한문
琿春副都統衙門檔 132	256-259	琿春副都統衙門右司?割撥琿春城站之?雅河地段先被韓民越界私墾不肯?還請示將軍事呈堂稿	光緒十三(1887)年十一月初八日	한문
琿春副都統衙門檔 135	93-34	[琿春副都統衙門左司]?將韓民人金學充案內人證等一?拘解質審等情事呈堂稿	光緒十四(1889)年十月初十日	한문
琿春副都統衙門檔 136	373-374	吉林將軍衙門?將黑龍江遞解?酒鬧朝鮮民人投交歸國事致琿春副都統衙門咨文	光緒十五(1890)年五月十五日	한문
琿春副都統衙門檔 140	140-146	[琿春協領衙門左司]?將番擬韓民鉞境伐木一案各情移付文案處查照事呈堂稿	光緒十五(1890)年十月十七日	한문
琿春副都統衙門檔 141	456-457	琿春副都統衙門承辨處?韓民越境伐木案內站官?無情弊奉準歸任事致左司移文	光緒十六(1891)年三月十五日	한문
琿春副都統衙門檔 142	282-284	[琿春副都統衙門承辨處]爲?送朝鮮咸鏡道尹請求審辨越境朝民身死案照會事致左司移文	光緒十六(1891)年十二月二十九日	한문

琿春副都統衙門檔 146	208-211	琿春副都統衙門右司爲札飭西步江通商分局將私收朝鮮渡口稅費之人拘傳懲辦事呈堂稿	光緒十六(1891)年八月二十五日		한문
琿春副都統衙門檔 152	23-26	[琿春副都統衙門右司]?將密占東港子地方所招韓民開墾地畝作租糧草屬實移覆招墾總局事呈堂稿	光緒十七(1892)年七月初十日		한문
琿春副都統衙門檔 156	174-176	[琿春副都統衙門]?轉飭韓民悉數驅逐以禁私渡船隻事致右司札文	光緒十八(1893)年七月二十四日		한문
琿春副都統衙門檔 159	483-485	琿春副都統衙門右司?札飭圖們江水師營將斬借修造船銀兩限期措齊呈交事呈堂稿	光緒十八(1893)年九月初十日		한문
琿春副都統衙門檔 161	3-4	吉林將軍衙門?準張朝鮮穩城府拿解盜匪陳喜正法示?(衆의 간체자)事致琿春副都統衙門咨文	光緒十九(1894)年九月初四日		한문
琿春副都統衙門檔 161	22-23	?辦吉林邊防營務處總理春陞等?將朝鮮照會所控?劫案犯拿解送司番訊事致琿春協領衙門左司移文 附呈文	光緒十九(1894)年七月二十二日		한문
琿春副都統衙門檔 161	55-57	琿春協領衙門承辦處?朝鮮境內行劫犯入華界已飭官兵琿春協領衙門左司移文	光緒十九(1894)年七月初六日		한문
琿春副都統衙門檔 161	120-121	琿春協領衙門承辦處?華民被害身死拿獲朝鮮人凡依法擬辦事致琿春協領衙門左司移文	光緒十九(1894)年六月二十五日		한문
琿春副都統衙門檔 177	39-41	吉林將軍衙門?將韓民人犯交朝鮮慶源府使懲辦? 令嚴원緝韓民逃凶事致琿春副都統衙門咨文	光緒二十一(1896)年四月二十日		한문
琿春副都統衙門檔 182	26-29	[琿春副都統衙門左司]?札飭雲騎尉貴陞等員自南岡赴朝鮮茂山會同勘驗屍傷呈堂稿	光緒二十一(1896)年七月二十三日		한문
琿春副都統衙門檔 182	64-67	[琿春副都統衙門左司]?派員投赴朝鮮茂山勘驗屍傷移赴通商總局查照事呈堂稿	光緒二十一(1896)年七月二十六日		한문

琿春副都統衙門檔 182	68-71	琿春副都統衙門左司?民孫德强?韓民孀婦札飭和龍?督理緝拿歸派案員事呈堂稿	光緒二十一(1896)年六月二十日		한문
琿春副都統衙門檔 184	267-269	琿春副都統衙門右司?札飭和龍?越墾總局結韓民呈控古文覇?田産一案事呈堂稿	光緒二十一(1896)年一月二十五日		한문
琿春副都統衙門檔 185	366-367	五道溝招墾分局委員曲鳴??民人?明亮妄拿韓民私用官刑請將其提案鞫訊事致護理琿春副都統呈文	光緒二十二(1897)年二月初四日		한문
琿春副都統衙門檔 185	446-447	五道溝招墾分局委員曲鳴??報拿獲殺害韓民全化一之首犯事致署琿春副都統沙克都林札布呈文	光緒二十二(1897)年三月二十二日		한문
琿春副都統衙門檔 186	28-29	吉林將軍衙門?飭派前鋒校會墾局委員勘查圖們江等處可墾地畝事致琿春副都統衙門咨文	光緒二十二(1897)年三月二十九日		한문
琿春副都統衙門檔 186	371-373	?辦邊防務處總理春陞等?請飭下中路派兵緝拿塔子溝?劫韓民財物之王俊等事致琿春副都統呈文	光緒二十二(1897)年五月二十一日		한문
琿春副都統衙門檔 187	134	琿春副都統衙門右司?民人蘇好淸被韓人劫害札飭中路統領嚴緝匪凶事呈堂稿	光緒二十二(1897)年三月初八日		한문
琿春副都統衙門檔 187	485-487	琿春副都統衙門右司?請補發赴朝鮮及南岡等處相驗屍傷人員十五日川資事致右司移付	光緒二十二(1897)年六月十六日		한문
琿春副都統衙門檔 189	458-460	琿春副都統衙門右司?札五道溝招墾分局派員解送(간체자　입력이　안됨)朝鮮圖財害命兇犯以便番辦事呈堂稿	光緒二十二(1897)年正月二十七日		한문
琿春副都統衙門檔 189	464-466	琿春副都統衙門右司?札飭查界官朝鮮改?自主之國嗣後不準韓民越境伐木事呈堂稿	光緒二十二(1897)年正月二十七日		한문
琿春副都統衙門檔 189	469-471	琿春副都統衙門右司?出示曉諭朝鮮致?自主之國下準越境採薪或招佃韓人種田事呈堂稿	光緒二十二(1897)年正月二十七日		한문

琿春副都統 衙門檔 190	11- 13	[琿春協領衙門左司]?李兼雨强? 韓民事主移催中路速卽拘解以 憑質訊事呈堂稿	光緒二十二(1897)年八月 十六日		한문
琿春副都統 衙門檔 190	50- 53	[琿春協領衙門左司]?札飭査界官 緝盜?民戶財物之逸賊事呈堂稿	光緒二十二(1897)年三月 十八日		한문
琿春副都統 衙門檔 190	225- 226	琿春協領衙門左司?札飭黑頂子 營官嚴緝殘害華商之韓民金蓋 事呈堂稿	光緒二十二(1897)年三月 二十七日		한문
琿春副都統 衙門檔 196	132- 133	督理吉朝通商事宜長維??請辦 理朝鮮華民在彼境滋事一案事 政琿春副都統英聯呈文 附批復	光緒二十三(1898)年一月 十午日		한문
琿春副都統 衙門檔 198	215- 236	琿春協領衙門左司?將毆斃民人 之韓民等送交該國依擬發落以 示儆戒事呈堂稿	光緒二十三(1898)年十二 月十七日		한문
琿春副都統 衙門檔 198	237- 249	琿春協領衙門左司?將韓民兇犯 遞交該國依法科懲?令韓官一體 查緝正兇事呈堂稿	光緒二十三(1898)年十二 月十七日		한문
琿春副都統 衙門檔 203	26- 27	吉林將軍衙門爲韓民南二兒等圖 財害命將獲犯審明定擬交該國懲 治事致琿春副都統衙門咨文	光緒二十四(1899)年二月 二十五日		한문
琿春副都統 衙門檔 203	28- 29	吉林將軍衙門爲韓民李青松毆斃 華民劉幅民將案審擬遞交該國發 落事致琿春副都統衙門咨文	光緒二十四(1899)年二月 二十五日		한문
琿春副都統 衙門檔 203	36- 37	吉林將軍延茂爲通緝吉林府?斃 妻子逃逸犯韓同兆事致春副都 統衙門咨文	光緒二十四(1899)年十月 初十日		한문
琿春副都統 衙門檔 203	61- 62	邊務行營文案處總理海??等爲 報朝鮮商人?運糧米案結案事致 春副都統衙門右司移文	光緒二十四(1899)年三月 二十七日		한문
琿春副都統 衙門檔 203	70- 71	署和龍?越墾局事候補知縣作寅 爲送交朝鮮商人?運糧米案鋪戶 罪銀事致春副都統衙門呈文	光緒二十四(1899)年閏三 月初五日		한문
琿春副都統 衙門檔 203	91	署和龍?越墾事候補知縣曲作寅 爲報派勇押送開文社拿獲之韓民 至衙所事致春副都統衙門呈文	光緒二十四(1899)年十月 十三日		한문

琿春副都統 衙門檔 203	244	署和龍?越墾事候補知縣曲作寅 爲訊明朝鮮商人私運糧米出境 案請示辦理事致春副都統衙門 呈文	光緒二十四(1899)年三月 初六日		한문
琿春副都統 衙門檔 203	245	總辦琿春?務公司招墾局事知縣 魁福爲審辦勇智社八道何子所 居韓民爭地鬪毆案事致春副都 統衙門呈文	光緒二十四(1899)年閏三 月二十七日		한문
琿春副都統 衙門檔 203	212	琿春副都統衙門承辦處爲派運 騎尉凌春帶兵押解韓國人犯李 青松等回國發給車?銀事致右司 移文	光緒二十四(1899)年十月 初十日		한문
琿春副都統 衙門檔 204	29	奏辦琿春?務公司招墾局事知縣 魁福爲査明高麗嶺寺廟地?數目 事致春副都統衙門呈文 附清單	光緒二十四(1899)年五月 三十日		한문
琿春副都統 衙門檔 204	35	哈順兼大坎子分站筆帖式祥玉 爲報査明高麗嶺寺廟香火地與 站地界址致琿春副都統衙門右 司呈文	光緒二十四(1899)年閏三 月十一日		한문
琿春副都統 衙門檔 204	61	琿春副都統衙門承辦處爲押解 韓國犯人回國發車?銀事致右司 移文	光緒二十四(1899)年四月 初十日		한문
琿春副都統 衙門檔 204	95- 98	琿春副都統衙門承辦處爲請領 押解朝鮮國犯人事?等銀事致右 司移文	光緒二十四(1899)年閏三 月十八日		한문
琿春副都統 衙門檔 207	51- 53	琿春副都統衙門右司爲雲騎尉 凌春解送韓犯金氏歸國發給應 需車?銀事呈堂稿	光緒二十四(1899)年閏三 月二十日		한문
琿春副都統 衙門檔 207	338- 339	琿春副都統衙門右司爲飭査明 高麗嶺寺廟香火地四址?數給發 執照事呈堂稿	光緒二十四(1899)年閏三 月二十六日		한문
琿春副都統 衙門檔 219	306- 308	琿春副都統衙門右司爲雲騎尉 富陞等往赴韓國驗屍所需鹽茶 銀如數發給事呈堂稿	光緒二十五(1900)年十一 月二十日		한문

琿春副都統衙門檔 225	107-108	吉林邊務督辦爲近來時有韓民手持各種快槍來往江北一帶打圍請嚴行禁止給琿春副都統咨文	光緒三十四(1909)年十月二十八日		한문
琿春副都統衙門檔 236	59	張慶喜爲將索取韓人飯資?還甘結	光緒三十四(1909)年六月十八日		한문
琿春副都統衙門檔 236	311-315	琿春副都統爲通飭各隊不分晝夜嚴密巡査以防韓人逃入我界滋擾札稿	光緒三十四(1909)年六月二十三日		한문

* 핵심어1과 핵심어2는 조선관련 기사에 등장하는 사건의 대상과 관련 사건을 간략히 정리한 것으로 한문으로만 작성된 1876년 이하 기사의 내용 분류는 생략하였다.

<표 1>에 제시된 총 120여 건 438쪽의 檔案 가운데서 滿文으로만 되어 있는 資料는, 2권(2건, 총 4쪽), 3권(1건, 2쪽), 5권(7건, 총 19쪽), 7권(1건, 3쪽), 8권(1건, 4쪽), 24권(1건, 3쪽), 26권(1건, 3쪽), 33권(1건, 1쪽), 38권(1건, 1쪽), 43권(1건, 60쪽), 48권(2건, 총 7쪽), 62권(1건, 총 2쪽), 87권(1건, 5쪽)의 총 21건 114쪽 분량이다. 만문과 한문이 함께 구비된 것은 26권(2건, 총 9쪽), 37권(1건, 9쪽), 38권(1건, 3쪽), 46권(1건, 3쪽), 49권(1건, 3쪽), 83권(1건 4쪽), 86권(1건 5쪽)의 총 8건 36쪽 분량인데 이 경우까지를 만문사료로 포함하게 되면 『琿春副都統衙門檔』의 朝鮮 關聯 滿文 史料는 전체 29건 150쪽 분량에 달한다. 滿文과 漢文이 竝存하는 경우, 滿文 쪽의 情報가 漢文 쪽의 情報보다 더 정확하고 구체적인 경우가 포함되어 있다.

朝鮮 關聯 滿文 史料 29건의 내용을 분류해 보면, 조선인의 월경과 관련된 내용이 14건으로 가장 많고 무역 관련 내용이 8건, 범죄인 인도와 관련한 내용이 5건, 기타 2건으로 되어 있다. 특히 이 사료들은 1750~1873년까지의 자료들로 우리 근대사에서 동북아시아 중심의 시각에서 일본을 포함한 서구 중심의 시각으로 시야가 넓어지는 개항(1876) 이전의 동북 관계를 잘 보여주는 사료들이라는 점에서 중요하다.

이 가운데 1750년 2월 26일에 작성된 범죄인 인도 관련 기사와 1822 년 1월 25일에 작성된 무역 관련 기사의 만문을 선택하여 아래에 이를 현대 우리말로 번역하고 주석함으로써 이 문서에 담긴 내용의 개략을 소개하는 것으로 본고의 소임을 다하고자 한다.

4. 유형별 사례

4.1 중—조 범죄인을 상호 인도하는 일[中朝相互遣送罪犯]
　　 – 외교 관련 문서

<그림 1>의 滿文은 『琿春副都統衙門檔』 2권 57쪽의 乾隆 十五年 (1750) 二月二十六日 字 기사로 목차에서 "署琿春協領事佐領濟市球爲將 被朝鮮人殺害五人遺骸移至卡倫掩理事致寧古塔副都統衙門呈文(혼춘협령(琿 春協領)의 일을 맡은 좌령(佐領) 濟市球가 두만강 변계에서 조선관원과 교섭하여 범 인을 해송하는 일에 대한 것을 영고탑부도통(寧古塔副都統)아문에 올리는 글)"7)으 로 되어 있는 문서의 이미지이다. <그림 1>에 이어 이에 대한 로마자 전사와 직역 중심의 한글 번역을 보인 뒤 주석과 의역을 덧붙인다.

---

7) 이 문서의 만주어 부분의 제목은 "meiren i janggin yamun de, huncun i bai gūsai da i baita be daiselame icihiyara, nirūi janggin jibkeo aliburengge,(副都統衙門에, 琿春의 지역의 協領의 일을 대신하여 처리하는 니루장긴(佐領) 濟布球가 아뢰는 글)"로 반 영되어 있다. 관직명이 각각 副都統은 'meiren i janggin(머이런 이 장긴)'으로 協領 은 'gūsai da(구사이 다)'로, 佐領은 'nirūi janggin(니루이 장긴)'으로 되어 있다. 제목 의 나머지 부분 "爲將被朝鮮人殺害五人遺骸移至卡倫掩理事"이 문서의 내용임을 알 수 있게 해 준다. 제목 원문의 '致'는 만주어의 여격조사 'de'에 해당하는 것이다.

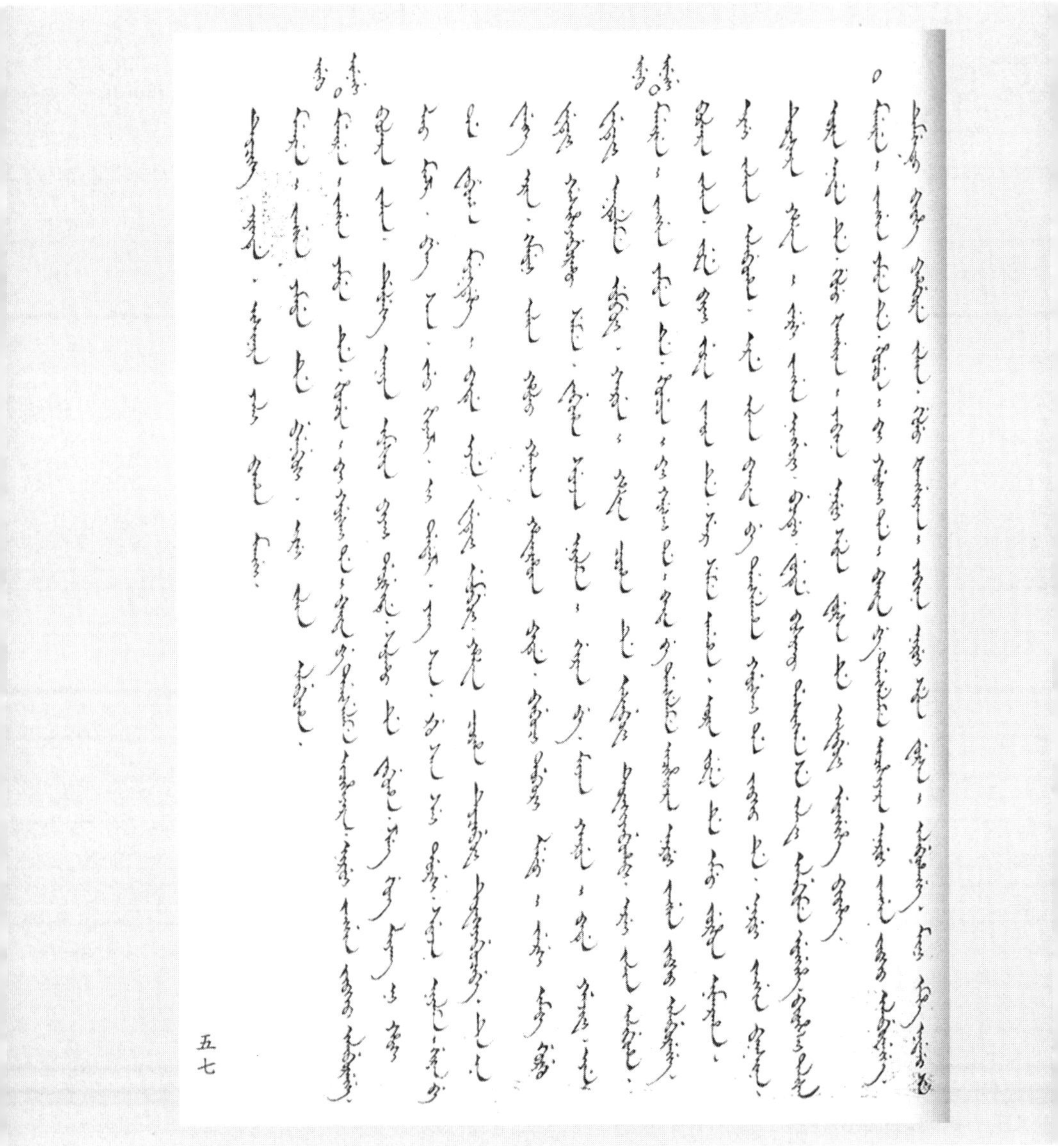

〈그림 1〉 "署琿春協領事佐領齊市球為將被朝鮮人殺害五人遺骸移至卡倫掩埋理事致寧古塔副都統衙門呈文"-乾隆 十五年(1750) 二月 二十六日

[전사 및 번역]

meiren i janggin yamun de, huncun i bai gūsai da i baita be daiselame icihiyara,
　　副都統　　　衙門　에　琿春　의 지역의　協領의　일 을　署理로　처리하는

nirūi janggin jibkeo aliburengge,
니루장긴(佐領) 濟布球가 아뢰는 글(呈文).

boolara jalin, duleke aniya omšon biyai dorgide, solho de wabuha,
「보고하기 위함. 지난 해　　11　　월의 중에　　조선인에게 살해된

dz'eng gung liyang ni hoki lao madzi, peng san, jeo hiyadzi, i dadadzi, yang san,
정　　공　　량　의 徒黨 라오 마즈, 펑　산, 저오 히야즈, 이 다다즈　양　산,

g'u san sei dorgi, sunja niyalma i giran be da wabuha mukdehe i bade eye fetefi
구 산 등 중　　다섯 사람 의 사체 를 원래 살해된 묵더허의 땅(?)에 굴을 파서

umbufi, hafan cooha tucibufi tuwakiyabucibe, te na weng erin, kemuni alin holo
매장하고　관병　　내보내서 감시하게 했으나 지금 땅 녹을 때　　여전히 山 谷

haksan hafirahūn bade, bibuci dobori lefu i jergi amba gurgu fetefi gasihiyaburahū
험하고　　좁은　곳에　남겨두면 밤에 곰 의 등의　큰 짐승이 파내어 훼손하지 않을까

seme, wabuha sunja niyalma i geren giran be miyan karun i bade gajifi,
하여　살해된 다섯 사람　의 모든 사체 를 미얀 카룬 의 지역에 가져가

eye fetefi akdulame umbufi, karun i hafan cooha de afabufi tuwakiyabuhabi,
굴을 파서 보존하려 매장하여 카룬 의　　관병　에게 맡겨　지키라고 했음.

erei jalin alibuha,
이런 일로 아룀」

[의역]

琿春 協領[8]의 일을 대신 맡고 있는 佐領[9] 濟布球가 朝鮮人에게 살

---

8) gūsai da : 協領. gūsa[固山]의 長을 말한다. gūsa(固山)는 '旗'로 번역되며 청(淸)의 기
　초 군사 단위이다. 청(淸)의 군사 조직은 5niru(牛彔)를 1jala(甲喇)로, 5jala(甲喇)을
　1gūsa(固山)로, 다시 8gūsa(固山)를 하나의 묶음으로 조직하였는데 이것이 바로 八旗
　軍이다. 1니루[牛彔]가 약 300명으로 구성되므로 1gūsa는 각각 7500명을 한 단위로
　하는 군사 조직이었다.
9) nirūi janggin : 佐領. 관직명. 니루[牛彔]의 장(長)을 말한다. 초기에는 니루 어전[牛彔

해된 다섯 명의 유해를 카룬(卡倫)[10]으로 옮겨 매장하는 일에 대해
서 寧古塔 副都統衙門에 아뢰는 글. 건륭(乾隆) 15년(1750) 2월 26일
「아룀. 작년 11월에 조선인에게 살해된 정공량의 徒黨 라오 마즈,
펑 산, 저오 히야즈, 이 다다즈, 양 산, 구 산 중 다섯 명의 사체를 살
해된 묵더허(?)의 땅에[11] 굴을 파서 매장하고 관병을 보내 지키도록
하였으나 지금은 (겨울에 얼어붙었던) 땅이 녹을 때라 계속 산속에
두면 밤에 곰 같은 큰 짐승이 파내어 시체를 훼손시킬 염려가 있어
살해된 다섯 명의 시체를 미얀 카룬 지역에 가져가 잘 보존하고자
굴을 파서 매장하고 카룬의 관병에게 지키라고 위임했음. 이런 일로
아룀.」

　　이상의 자료는 주석과 관련 기사들의 검토 과정을 통해 중국 땅에서
조선인 아무개가 정공량의 무리 중 5명을 살해하게 된 원인이나 과정,
그에 대한 법적 처리 문제나 외교 문제 등에 대한 기초 자료로 활용할
수 있다. 나아가 이 사건의 처리가 중-조 관계에서 어떠한 양상으로
전개되고 해결되었는지에 대한 단초가 될 수 있을 것이다. 다만 이 자

　　額眞], 즉 구사 어전[固山額眞]이라고 하다가 1660년부터 니루 장긴[牛彔章京] 즉 佐
　　領으로 개칭하였다.
10) 카룬(karun, 卡倫)은 '초소(哨所)'의 일종을 가리키는 만주어를 음역한 것이다. 하
　　지만 카룬의 기능이나 구조 등에 대해서는 아직 명확히 밝혀져 있지 않다.
11) 여기서 원문의 'mukdehe i ba'가 정확히 무엇을 의미하는지 알 수 없다. 참고로
　　mukdembi가 '높이 오르다, 높이 날다'의 의미를 지니므로 mukdembi의 완료형인
　　mukdehe는 단순히 '높이 솟은 지형'을 말하는 것으로 볼 수 있다. 그러나
　　'mukden hoton'이 지명 '盛京/奉天/瀋陽'을 가리키고 'mukdehun'이 '하늘에 제사를
　　지내는 청정한 곳' 즉 '祭壇'의 의미를 지니는 것을 볼 때, 여기에서의 'mukdehe'
　　는 훈춘 지역의 높은 지대에 자리잡은 어떤 특정 지명을 가리키는 듯하다. 현재
　　로서는 이곳이 어디인지 분명하지 않기 때문에 단순히 '묵더허 지역'으로 옮겼으
　　나 지금의 연변조선족자치주 훈춘시 하다먼[哈達門]읍(邑)의 옛 지명이 '묵더허'
　　였던 것으로 보아 이 자료의 'mukdehe i ba'는 지금의 하다먼읍 지역을 가리키는
　　말일 가능성이 높다.

료만으로는 '정공량'이나 '라오 마즈', '펑 산', '저오 히야즈', '이 다다즈', '양 산', '고 산' 등의 인명이나 '미얀 카룬'의 '미얀'과 같은 지명의 정확한 대응 漢字를 알 수 없다. 이 역시 이 자료를 중심으로 한 관련 문서의 확인이나 지명, 인명과 관련 역사 관련 문헌 등을 통해서 역사 속에 소거되었던 어떤 사건과 사건 속 인물 및 지명 등을 발굴할 수 있게 될 것이다.

4.2 조선 경원 무역에 사람을 파견하는 일[派人赴朝鮮慶源貿易][12] –무역 관련 문서

이 글은 <그림 2>의 『琿春副都統衙門檔』 33권 315쪽에 실린 道光二(1822)年正月二十五日 字 기사의 이미지로 "琿春協領伊克精阿爲報琿春庫爾喀人到朝鮮慶源地方貿易事致寧古塔副都統衙門呈文(琿春協領 伊克精阿가 琿春에 있는 庫爾喀인이 무역하러 朝鮮의 慶源 地方으로 간다고 寧古塔 副都統 아문에 올리는 글)"라는 제목이 달려 있다. 역시 원문 이미지에 대한 로마자 전사와 직역 중심의 한글 번역을 보인 뒤 주석과 의역을 덧붙인다.

---

12) 청조(淸朝)에는 청의 요청에 의하여 청–조 국경인 義州, 會寧, 慶源의 세 곳에서 邊市가 행해졌다. 이 가운데 경원, 즉 慶城에서 벌어지는 邊市는 처음에는 賴打庫人을 대상으로 하였으나 1654년부터 庫爾客人이 참가하였다. 경원 개시는 2년마다 12월에서 다음 해 1월에 걸쳐 열렸다. 『혼춘부도통아문당』(2006)의 <前言>에서는 '회령' 지역 무역을 대표로 언급하였으나 본고에서는 편의상 경원 변시(慶源邊市)의 사료를 들었다.

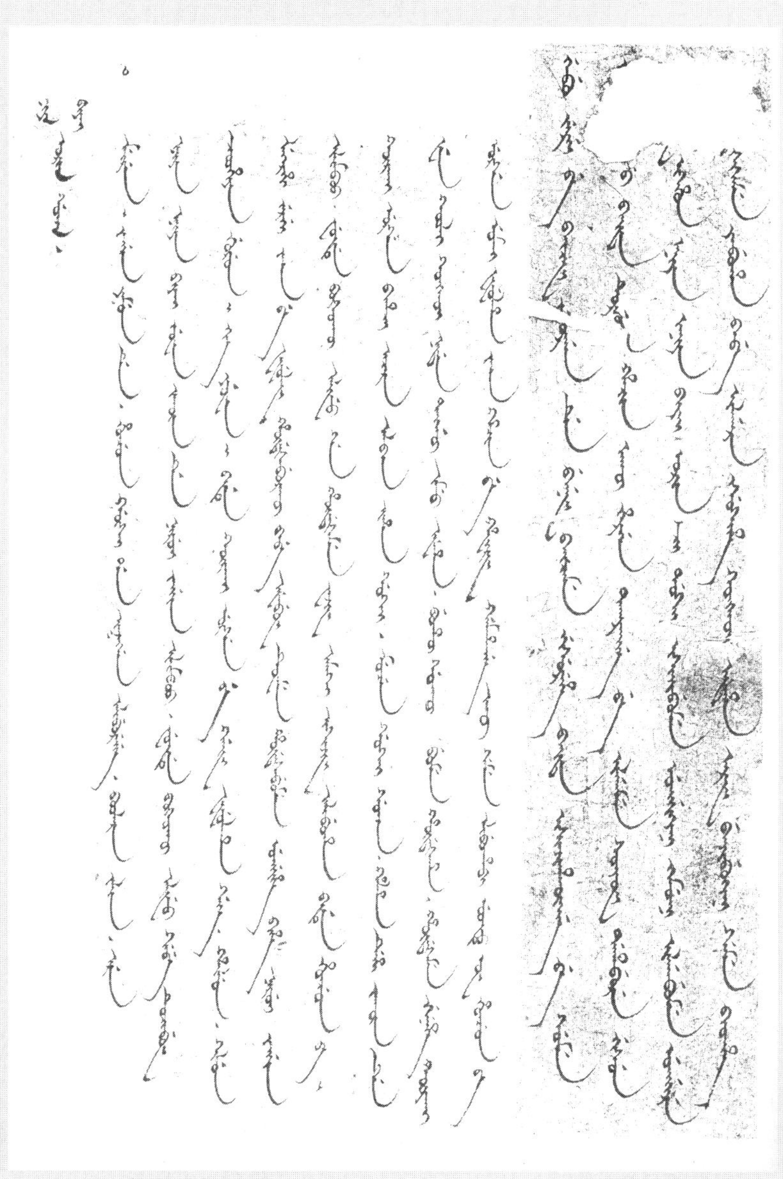

〈그림 2〉 "琿春協領伊克精阿爲報琿春庫爾喀人到朝鮮慶源地方貿易事致寧古塔副都統衙門呈文" 道
光二(1822)年正月二十五日 기사

[전사 및 번역]

---

meiren i janggin yamun de, huncun gūsai da ikejangga aliburengge.
　　副都統　　衙門　에　琿春　協領　　伊克精阿이 아룀.

boolara jalin. ere / aniya aniya biyai juwan jakūn de
보고하기 위함. 올해　　　　정월의　　10　　8일 에

nirūi janggin　Ilimboo,　funde　　bošoku　　　Alifu sebe tucibufi /
니루장긴[佐領] Ilimboo가　푼더 보쇼쿠[驍騎校]　Alifu 등을 파견해서

coohiyan gurun i king yuwan i bade kūrkai urse　be　gaifi
　朝鮮　　國 의 慶　源　　의 곳에 庫爾咯의 무리 를 데려가서

fafulaha seke,　　hailun, silun,　/ lekerhi erei jaka be fafulafi
금지된 담비가죽, 수달피, 시라소니,　江獺　이런 물품 을 금지하여

hūdašaburaku babe afabufi tuwame hūdašabume unggiha biha
교역하지 못하도록 하는 것을 위임하고 감시하여 교역시키도록 보냈었음.

nirūi janggin / ilimboo, funde　　bošoku　　　Alifu se hūdašame wajifi
니루장긴[佐領] ilimboo, 푼더 보쇼쿠[驍騎校]　Alifu 등 교역을 마치고

amasi　　isinjifi　alibuha bade huncun ba　i / kūrkai urse　　bihaci acara
되돌아와 도착하여 보고한 바에 훈춘 지역 의　庫爾咯 무리들이 가지고 있어야 할

alban ihan susai, mucen susai sunja, halhan dehi jakūn de /
貢物　소 50,　가마솥 50　5　보습 40　8　에

fe kooli songkoi nadan tangu emu afaha, buhū sukui bume hūdašaha.
옛 규정의 대로　7　百　1　장　사슴 가죽 주어 교역하였음.

hūdašame genehe kūrkai / urse umai fafulaha jaka hacin be hafirafi gamahangge
교역하러　간　kūrka의 무리 전혀 금지한　물품 품목　을 몰래 숨겨서 가져간 것

akū seme alibuhabi. uttu ofi huncun ba...
없다 하고 아뢰었음. 이러하여 훈춘 지방...

[의역]

　琿春 協領 伊克精阿[13]가 琿春 庫爾咯人이 朝鮮慶源地方에서 貿易하

---

13) Ikjangga : 伊克精阿. 인명이다. 이 무렵 琿春의 協領 직책에 있던 관리이다.

는 事을 알리기 위하여 寧古塔副都統衙門에 올리는 글. 도통(道光) 2
년(1822) 1월 25일.

　副都統衙門에, 琿春 구사이 다[協領] 이커장아(ikejangga, 伊克精阿)
가 아뢰는 글.

　보고함. 올해 정월 18일에 니루 장긴[佐領] 일림뾰(Ilimboo), 푼더
보쇼쿠[驍騎校][14] 알리푸(Alifu)[15] 등을 파견해서 朝鮮國 慶源 지역에
쿠르카(庫爾喀)[16]의 무리를 데려가서 (교역을) 금지한 貂皮, 水獺皮,
시라소니, 江獺[17] 이런 물품을 금지하여 교역하지 못하게 하는 일을
위임하여 감시하고 교역시키도록 보냈었습니다. 니루 장긴[佐領] 일
림뾰(Ilimboo), 푼더 보쇼쿠[驍騎校] 알리푸(Alifu) 등이 교역을 마치고
되돌아와 보고한 바, 훈춘 지역의 쿠르카(庫爾喀) 무리가 가지고 있
어야 할 貢物 牛 50마리, 가마솥 55개, 보습 48개에 舊例대로 701장의
사슴 가죽을 주어 교역하였습니다. 교역하고 간 쿠르카(庫爾喀)의 무

---

14) funde bošoku : 驍騎校. 八旗軍의 관리. funde는 代理의 의미로 驍騎校는 니루장긴
　　(좌령)보다 낮은 관직이다.
15) 일림뾰(Ilimboo)는 이 당시 혼춘부도통아문의 니루 장긴[佐領] 관직을 가진 관리의
　　이름이고 알리푸(Alifu)는 이 당시 혼춘부도통아문의 푼더 보쇼쿠[驍騎校] 관직을
　　가진 관리의 이름이나 만문 자료만으로는 정확한 한자명을 알 수 없다.
16) kūrka : 庫爾喀. 후르카라고도 하며 일명 '호리개(胡里改)'로 불리던 건주여진 5부
　　족의 하나이다. 목단강 유역에 널리 분포했던 부족이었는데 우리 역사 속에서는
　　후리가이라고 불리웠다. 조선왕조실록 태종, 세종 실록에 자주 등장하던 어허추
　　[阿哈出](후에 이사성(李思誠)으로 알려짐)는 바로 이 후리가이 부족의 부족장이었다.
17) lekerhi : 江獺. 현대 한국어의 '너구리', (해례본)『훈민정음』<용자례>의 '러울'이
　　관련될 듯함. 만주어 'lekerhi'라 (해례본)『훈민정음』<용자례>의 '러울'과 관련된
　　다는 관점에서 보면 본래 동물로서의 '너구리'를 가리키는 말은 'leker'였고 '-hi'
　　는 '가죽'을 가리키는 '皮'에서 온 말로 볼 수도 있다. 물론 현재의 종명에서 '江
　　獺'은 족제비과의 '비단담비'를 가리키는 말이고 '너구리'는 개과에 속하는 동물
　　이어서 차이가 있기는 하나, 한국어의 '너구리'를 가리키는 한자어가 '山獺'이고
　　또 '山獺'의 다른 뜻이 '노란담비'여서 둘다 모피로 사용되던 '너구리'와 '(노란)담
　　비'에 대해 일정한 혼동이 존재했을 가능성이 있다. 이와 관련하여서는 좀더 체
　　계적인 고증이 필요하다.

리들은 절대로 금지한 물품을 몰래 숨겨서 가져간 것이 없다고 아뢰었습니다. 이리하여 훈춘 지역...

이 呈文은 훈춘 협령 이커장아(Ikejangga, 伊克精阿)가 영고탑 부도통아문에 보고하는 글이다. 1822년 1월 18일 佐領 일림보(Ilimboo)와 驍騎校 알리푸(Alifu) 등을 파견하여 조선의 경원 지역에 쿠르카인들을 인솔하여 초피 등 교역 금지 품목 외에 정식으로 허가된 물품을 교역하도록 감시한 일을 보고한 것이다.18)

이 자료는 19세기 초의 경원 변시(慶源邊市)의 실제 양상을 잘 보여준다. 즉 이 무렵의 경원 변시(慶源邊市)에서 초피(貂皮), 수달피(水獺皮), 시라소니, 강달(江獺) 등이 직접 교역이 금지된 품목이었고, 조선쪽에서는 소, 가마솥, 보습을 들고 와서 이를 쿠르카족의 사슴 가죽을 교환해 가는 식의 교역이 청 정부의 통제 하에 있었던 것이다. 물론 이러한 무역과 관련된 여러 가지 역사적 기록물들이 남겨져 있지만 실제 인물들을 중심으로 이루어진 금지 품목들에 대한 실제 거래 양상이나 구체적인 거래 금지 양상들이 이렇게 구체적으로 남겨진 자료는 많지 않을 것이다.

본고에서는 비록 간략한 사례를 두 개만 들었을 뿐이지만『혼춘부도통아문당』의 조선 관련 만문 사료들이 모두 번역되어 제공된다면 조선 후기 훈춘 지역을 중심으로 한 조선과 청 간의 공식, 비공식의 교류 과정이 상당 부분 구체화될 것으로 기대한다. 나아가 향후 이 자료

---

18) 이 아래쪽으로는 문서의 일부분이 잘려 있어서 문서의 전체 내용을 파악할 수가 없는데 이 부분은 아마도 영인본을 작성하면서 뒤에 다른 문서의 덧붙여진 종이에 가려서 문서 내용의 일부분이 가려졌기 때문인 듯하다. 향후 원문서에 대한 실제 확인을 통해 수정되어야 할 것이다.

들을 바탕으로 『동문휘고(同文彙考)』나 『조선왕조실록(朝鮮王朝實錄)』 및 『청실록(淸實錄)』 등과의 대비를 통해 좀더 명확한 역사적 해석이 이어지기를 기대한다.

5. 글을 마치며

본고는 아직 마쳐지지 않은 글이다. 우리의 입장에서 『琿春副都統衙門檔』의 사료들은 이제 막 논의되기 시작한 자료이다. 만문(滿文)으로 작성된 이 사료들은 향후 한국사 및 중-조 관계사, 동아시아사 등의 연구에 주요한 원재료가 될 것이다. 나아가 한국어와 유형론적, 계통론적으로 긴밀한 관계를 가지고 있는 만주어의 기초 자료로 제공될 수도 있을 것이다. 본고에서는 아직 이 사료 속의 언어 자료들을 언어학적으로 검토하는 데까지 나아가지 못하였지만 향후 이 사료들의 만문 전사 자료를 코퍼스화하여 대량의 만문 자료로 구축함으로써 한국어와 만주어의 실질적인 비교가 가능하게 될 수도 있을 것으로 판단한다. 이 논문은 그 과정의 초보적인 첫 단추를 보인 것이다.

참고문헌

김주원·이동은(2004), 「朝鮮王朝實錄에 나타난 女眞語 滿洲퉁구스語」, 『알타이학보』
　　14, 한국알타이학회, pp.43~64.

김주원(2006), 「만주어를 찾아서」, 『대한토목학회지』 54-1, 대한토목학회, 113~116쪽.

김주원·고동호·정제문(2009), 「만문 시경의 번역 양상 연구」, 『알타이학보』 19, 한
　　국알타이학회, pp.1~30.

김형수 편저(1997), 『滿洲語·蒙古語比較語彙辭典』, 형설출판사.

배우성(2007), 「조선 후기 지식인의 漢語 인식과 滿洲語」, 『조선시대사학보』 43, 조선
　　시대사학회, pp.133~166.

성백인(1996), 「구만주당의 Jisamid와 만문노당의 Kijimi」, 『알타이학보』 6, 한국알타
　　이학회, pp.37~46.

성백인(2008), 『滿文 니샨 巫人傳』, 제이엔씨.

윤영인(2008), 「『만주원류고』: 18세기 만주제국의 '동북공정'」, 고려대학교 민족문화
　　연구원 HK 제41차 월요 모임 발표문.

이　훈(2010), 「청대 건륭기 만주족의 根本之地 만들기－京師 旗人의 이주와 만주의
　　봉금을 중심으로」, 고려대학교 민족문화연구원 HK 월요모임 발표문.

최동권(2007), 『구만주당 : 荒字檔』, 보고사.

최동권·제묵덕도이길·M. Bayarsaikhan·오랍파아이새한(2007), 「≪淸太祖武皇帝實
　　錄≫與 ≪舊滿洲檔≫ 史料比較研究(1)－以內喀爾喀部史料爲主」, 『몽골학』 23,
　　한국 몽골학회, pp.29~76.

최동권·제묵덕도이길·오랍(2008), 「≪武皇帝實錄≫與≪舊滿洲檔≫的史料价值的分
　　析」, 『몽골학』 25, 한국 몽골학회, pp.269~290.

최형원(2002), 「네르친스크조약의 만주문 고찰」, 『알타이학보』 12, 한국알타이학회,
　　pp.81~94.

定宜莊(2010), 「滿文을 이용한 淸史 연구의 문제 : "妻"의 해제를 一例로」, 고려대학교
　　민족문화연구원 제108차 초청 강연회 발표문.

張　莉(2010), 「中國第一歷史檔案館 소장 滿文檔案 상황」, 고려대학교 민족문화연구원
　　제108차 초청 강연회 발표문.

Gorelova, Liliya M.(2002), *Manchu grammar*, Leiden : Brill.

Starostin, Sergej, Dybo, Anna & Mudrak, Oleg(2003), *Etymological dictionary of the*

Altaic languages. Leiden : Brill.

Cincius, Vera I.(1975~1977), *Sravnitel'nyi slovar' tunguso-man'chzhurskikh iazykov* [A Comparative Dictionary of the Tungusic Languages], vol. 1 and vol. 2. Leningrad : Nauka.

Zakharov, Ivan(1875), *Polnyi man'chzhursko-russkii slovar'* [A Complete Manchu-Russian Dictionary]. St. Petersburg : Tipografiia Imperatorskoi Akademii Nauk.

黑龍江, 鴨綠江, 白馬江 등의
강 이름에 사용된 단어에 대하여

블라디미르 베르홀랴크

오늘 우리는 이 글에서 黑龍江 [MC *xʌk-ljong-kạng, MK hɨk-ljong-kang], 鴨綠江 [MC *ʔap-luk-kạng, MK ap-lok-kang], 白馬江 [MC *pạik-mạ-kạng, MK pʌik-ma-kang]이라는 강 이름들을 알타이 제어의 재료들과 비교하여 분석하고자 할 것이다. 鴨綠江(고구려)과 白馬江(백제)이라는 이름들은 고대 한국의 고유명사 중 가장 오래된 것에 속한다. 그것들이 오래되었음은 한국어가 표기된 가장 초기의 유물들의 기록을 통하여 확립된다. 따라서, 『삼국사기(三國史記)』(권37)와 『삼국유사(三國遺事)』(권3)에서 鴨綠水로 확인된다. 『고려사(高麗史)』에서 鴨綠水는 鴨綠江으로 검증된다(권58). 또한 (어떤 이들이 말하기를) 鴨綠江이 青河 [MC *cheng-ɣa, MK čheng-ha]로 해석되기도 한다는 부록이 있다. 김영황의 견해에서는 鴨綠水가 阿利水와 관련된다는 내용이 발견된다. 그에 따르면, 阿利 [MC *ʔa-lɨ, MK a-li]는 한국어 단어 올히(오리)와 연결될 수 있다(2010, 29~30쪽). 이 비교가 맞는지는 알 수 없다.

白馬江은 『삼국사기』에서 白江으로 나타난다(권26). 『일본서기(日本書紀)』에서는 白村江 [MC *pạik-chon-kạng, MK pʌik-čhon-kang]으로 칭해진다. 다른 텍스트에서는 伎伐浦(『삼국사기』 권28)나 只火浦(『삼국유사』

권1)로 마주칠 수 있다. 도수희는 白江을 *saypi- kʌrʌm으로 읽었다 (2005, 267쪽). 그는 白村江을 *saypi-mʌsʌl-kʌrʌm으로 보았다. 白馬江에 대해서는 *saypi-mʌl-kʌrʌm이 제시되었다(258쪽). 이 모든 어원론들은 부적절한 것으로 보아야 한다.

위의 서술이 기반한 논증을 설명하기 전에, 언어학자가 고구려어, 백제어, 신라어의 단어를 재구하고 자손 언어(현대 한국어)에서 재구된 단어에 대한 반사형의 패턴을 알아내기 위해 노력할 때 직면하는 어려움에 대해 이야기할 필요가 있다.

분명히, 고유명사를 표기된 형태로 전달할 필요성이 옛 한국인들에게는 오랫동안 존재했고, 이는 기원전 4~3세기부터 알려진 朝鮮(고조선을 뜻함)이라는 표기에서 정당화될 수 있다(『산해경(山海經)』권12, 18). 고구려어, 백제어, 신라어의 실제적인 전사 또한 잘 발달되었고, 오래 사용된 역사를 지닌 것으로 보인다.

삼국의 사람들은 중국에서 차용된 기호로 글을 썼다. 그 자료에 대해 알게 되면서 초기 한국인이 살았던 영역에서 다양한 전사방식(轉寫方式)이 이용되었음이 알려졌다. 이는 상형문자로서의 한자가 고정된 발음뿐만 아니라 의미 또한 갖는 하나의 형태소를 나타낸다는 사실과 관련된다.

세 가지 표기 체계가 있었다. 즉 1) 의미적 표기, 2) 음성적 표기, 3) 혼합 표기가 그것이다. **의미적** 체계는 **번역적** 체계로도 불리는데 발음을 차용하지 않은 채 모든 한자가 고구려어, 백제어, 신라어로 번역될 수 있었기 때문에 가능한 방식이었다. 따라서 *pul(不)로 발음되는 國(나라)이라는 단어는 *kuk으로 발음되는 國과는 달랐는데, 전자는 고구려어에 속하고 후자는 중국어에 속한다. 일본어에서 같은 유추를 찾을 수 있다. 國 <u>kuni</u>, 山 <u>yama</u>, 川 <u>kawa</u>. 이 오래된 전통은 한국 자전(字典)에 여전히 존재한다. 國 <u>나라</u>, 山 <u>뫼</u>, 川 <u>내</u>. 유사한 현상은 다형태소 단어의 영역에서도 추적될 수 있다. 예를 들어, 酒泉(중국어 *ćəw-ʒhjwen) '술'이라는 단어에서(『삼국사기』 권35), 첫 음절 酒 '술'는 어휘소 *suür (MK suɨr 酒)을 뜻하고, 한자 泉 = *ür < *(b)ür(ü) '샘, 우물'(WMO bürüdü '(샘이 있는) 강바닥의 늪', MMO bürd '우물', KOR u-mur '우물' < *ür-s-mür '우물물'과 비교해 보라)은 말음(末音) *ür을 나타낸다. 그 결과는 *su[ür]ür과 같은 어떤 것이다.

*** 또한 泉/淵 蓋蘇文에서 泉/淵 *iri = *ür, 幷泉 = 於乙 *eür < *ebür '만나다, 참석하다'도 보라.

고대 기록에서 보이는 전사 방법에 대한 넓은 접근가능성은 처음에는 중국어와 한국어의 한자 독법이 섞이지 않았고, 역으로 한국인들이 중국어 단어의 발음을 공부할 필요성을 알지 못한 것으로 보인다고 가정할 수 있게 한다. 한자의 사용은 토착 단어에 상응하는 발음에 따라 조음되는 그들 자신의 이름을 나타내기 위해서만 필요했다. 번역적인 방법으로 전사에서 사용된 해당 단어의 발음을 평가하는 데 있어 불확실성이 존재할 경우, 해당 한자의 독법은 다른 한자의 같거나 유사한 독법으로 설명될 수 있었다. 그래서 한자 烏 = *kor/*xor '까마귀'(중국어 *ʔo)는 동음의 어휘 단위 城 = *kor/*xor '성'(중국어 *ʒjeŋ)을 나타내기 위해 차용되었다. 滅烏 ~ 駒城(『삼국사기』 권35). '바람'을 뜻하는 한자 風 = *bü (중국어 *phuŋ)은 단조로운 단어 火 = *pür '불'(중국어 *xwâ)를 나타내기 위해 사용되었다. 于火 ~ 羅風(«Silla chronicles»). '크다'를 의미하는 한자 大 = *kür(중국어 *dhā)는 음향적으로 가까운 단어 江 = *kül '강'을 위해 사용되었다. 大良 ~ 江陽(『삼국사기』 권34). 이 방법은 대부분의 신라 개명을 포함하는데, "廣平縣, 本高句麗 斧壤縣"
과 비교해 보라. 번역의 타당성 측면에서 보면, 한자 斧 '도끼, 망치'를
廣 '넓다'으로 대체한 것은 동기가 없는 채로 남아 있다. 그러나 斧(중
국어 *bəw)와 廣(중국어 *ghwāŋ)의 비교 근거는 발음이 유사한 신라어
*pal$^{(üh)}$ ~ *bar$^{(üh)}$이었기 때문에, 廣을 사용한 것은 독자들에게 분명하
고 청각적으로 잘 지각되었다.

 번역적 범주에서 기호의 해석은 다음과 같은 방식으로 시행된다. 재
구될 개념적인 한자 x를 포함하는 예를 들고, 이 한자에 대한 토착적
(번역적) 독법을 확립한다. 만일 해당 예 안에 그것의 번역적 독법이 한
자 x의 독법과 일치하는 한자 y가 있다면, 우리는 y의 독법이 x의 독법
을 지향한다고 할 수 있는데, 왜냐하면 x와 y가 상호 교환가능하기 때
문이다. x와 y 간에 의미적이고 음성적인 상관관계가 확립되면, 서로
다른 언어와 서로 다른 시기에서 양립가능한 단어의 그룹이 발견된다.
해당 언어 현상의 기원형이 발견되어야만 재구가 가능해질 것이다. 따
라서 "車城縣, 本 高句麗 上 [一作車] 忽縣, 景德王 改名, 今 龍城縣"의
예에서 '꼭대기, 정점, 산'(MK suri '산의 정점')을 뜻하는 한자 上(중국
어 *ʒaŋ)은 上의 음성 형식을 표상하면서 한자 車(중국어 *chja) '수레'
및 龍(중국어 *ljoŋ) '벌레'과 연결된다. 車와 龍의 해독으로부터 車가
한국어 단어 *suluh (MK sulu$^{[h]}$i)의 전사를 표상하고, 龍은 PMO *šuruɣ
'높은 산'(WMO siruɣ, khalkh. šurag '뾰족한 끝, 절벽')와 잘 공명되는
터키어 단어 *sülüx (karakh., kum., turkm. sülük, uygh., kirgh. zülük, azb.
sülüx, alt. šülük, uzb. zuluk '거머리')와 관계가 있다. 上 *šuruɣ = 車
*suluh = 龍 *sülüx.

 단일한 한자에 대해 복수의 의미·음성적인 해석이 존재할 수 있다

는 사실에서 어려움이 생겨난다. 예를 들어, 한자 龍이 '용'뿐만 아니라 '벌레'를 가리킬 수도 있다. 중세 한국어에서 miri '용'를 접할 수 있는데, 이것은 틀림없이 고대 한국어에서 용의 예전 이름인 *miʳu에 대응하는 것이다. 15세기에 '산'은 moro로 불렸다(Yong, 4 : 21). 따라서, 고구려 龍 *mürü '용'은 *muru '숲의 산'과 관련지을 수 있다(dong. mutun, bao. mutoŋ < *murᵘ-dun, neg., nan., ulc., ork., evk. mō, manchu liter. moo, jurch. mo < *moro '나무', OJ mori, tok. mori '숲'와 비교해 보라). 즉, 上 *muru = 龍 *mürü. 한자가 어떤 텍스트에서 잘못 해석되면 재구의 의미와 음성적 측면은 바뀔 수 있다.

중국어와 중국 문헌의 영향은 삼국의 형성과 함께 현저히 증가했다. 중국어는 행정과 통치의 공식 언어가 되었다. 중국어가 사회에서 행하는 역할의 강화와 한자의 음성적 측면이 정당화되는 경향과 더불어 한국어 단어를 음성적으로 전달하기 위해 그것을 사용할 수 있게 되었다. 이 경우 한자의 독법만을 유지하고 그 의미는 완전히 배제했다. 음성적 원칙에 따라 한자를 선택함으로써 이들을 단어를 이루는 음절적 요소로 쓸 수 있게 됐다. 예를 들면 波兮 *paɣör(중국어 *pwā- ɣwʌr) '절벽', 烏根 *okür(중국어 *ʔo-kɨr) '황소, 암소', 骨乃斤 *kōr nār kūl(중국어 *kwʌt-nʌr-kɨr) '황색의 빠른 말'과 같은 것들이다. 이는 한자를 일종의 특수한 음성 문자로 생각할 수 있게 한다. 뜻이 배제된 문자는 중국어로의 번역을 통해 의미와 연결될 수 있다. 예를 들면 "高烽縣, 本高句麗 達乙[城]縣", "栗木郡, 一云 冬斯肹"와 같다. 乙 *ür, 肹 *xür과 烽(중국어 *bhōŋ) '불, 횃불', 木(중국어 *mōk) '나무, 나무 줄기' 간의 인과적 접점은 다음과 같이 표상될 수 있다. 乙, 肹은 烽, 木의 음성적 표상이고, 烽, 木은 乙, 肹의 의미적 내용이다. 烽, 木을 乙, 肹에 적용하면 재구되어야 할 단어를 얻게 된다.

그러나 사실, 이런 방식으로 재구된 단어들이 상당히 근사치라는 것을 알게 될 것이다. 다른 언어에서 차용된 문자에 기반한 전사가 전사되는 언어의 음성을 서로 다른 방식으로 반영할 수 있음은 언급할 필요도 없다. 게다가, 꽤 제한된 음절의 집합을 갖는 한자가 원래 한국어 단어의 형식을 어느 정도 편향시킬 수 있었을 가능성도 있다. 그러므로 한반도의 언어들을 재구하기 위한 의무적인 조건이 있는데, 그것은 중국의 음절 문자 뒤에 숨겨진 단위에 대한 외부의 자료를 활용할 필요가 있다는 것이다. 비교 단어 전체 집합을 통해 이루어진 재구는 독자적인 한자의 해석에서 생겨나는 문제를 피하고 보다 명확한 방식으로 고구려어, 백제어, 신라어의 음성 구조의 특질에 대해 판단할 수 있는 기회를 제공한다.

많은 사례에서 음성적 원칙과 의미적 원칙은 자명하게 드러난다. 따라서, 奴舍 *kulüm '그림자'이라는 단어에서 첫 번째 음절은 '노예'라는 뜻(OT qul, tur. kul, azb. Gul '노예, 하인')을 갖는 한자 奴 = *kul(중국어 *nō)로 적힌다. 斤平 *külbạl '연합한'이라는 단어(MMO qulba- '연합하다, 결합하다', MK kʌlwʌ- '함께 정렬하다, 짝을 짓다', nan. xuelbi- '묶다, 배열하다'와 비교해 보라)의 첫 부분은 음성 전사와 함께 제시되는 반면, 두 번째 부분은 번역과 함께 제시된다(平 = *bạr '평화'). 때때로 의미적 부분과 음성적 부분 중 어느 것이 해당 단어를 적는 동안 차용되었는지 결정하기가 매우 어렵다. 이것이 이러한 방식의 단어 표기에서 야기되는 중대한 모순들의 주된 원인이다.

고대 한국어 어휘소의 표기와 재구 방법의 특질적 측면을 간략히 제시하였으므로, 이제 위에 언급한 지명의 어원적 해석에 초점을 맞추고자 한다.

1. 黑龍江. 중국 동북부에 있는 강으로 아무르강의 중국 쪽 별칭이며 문자 그대로 '검은 용의 강'을 뜻한다. 아무르라는 이름은 퉁구스 제어의 공통된 어간 amar/amur '큰 강'에서 기원했다. 먼저, 중국인들은 아무르를 黑河 '검은 강'이라 불렀고, 나중에 黑龍江 '검은 용의 강'이라고 불렀다. 전설에 따르면 오랜 옛날 선(善)을 상징하는 검은 용이 강에 살았는데, 배를 가라앉히고 어부들을 힘들게 하면서 인근의 모든 생물을 공격하는 악한 백룡을 '검은 용'이 물리쳤으며 지금도 강 밑바닥에서 계속 살고 있다. 그 때문에 그 강은 '검은 용의 강'이라는 이름을 얻었다.

黑 '검다'에 대한 선행 형식으로 우리는 *kümür를 제안한다. 이것은 타당해 보이는데, 『삼국사기』에서 黑 '검다'라는 어휘소 단위는 今勿 (AC *kjim-mwɨt, MK kim-mir)로 나타나기 때문이다. "黑壤郡, 本 高句麗 今勿奴群". 이 어휘소의 反射形을 kömür '석탄'에서 볼 수 있다. MK에서 어간 *küm-은 kem-의 형식으로 고정된다. *ü > *e의 발달은 방언형으로 생각될 수 있다. 黑龍의 일부분으로서 龍 *mür⁽ⁱⁱ⁾ '용'이라는 요소는 엄격하게 전사적-도식적인 것으로 특징지어질 수 있는데, 그것은 黑龍이라는 구문에 새로운 의미를 주지 않고 다만 黑이라는 어형의 끝부분을 가리킬 뿐이다. 이런 경우에 黑龍 *kümür을 "黑 *kü[mür] '검다' + 龍 *mür '용' = *kümür '검다'"로 보여줄 수 있다. 水/江은 '강'을 뜻한다. 알타이 제어의 범위에서 '강'이라는 단어를 표상하기 위해 널리 사용되는 두 가지 대체형이 있는데, *mür과 *köl이 그것이다. 두 가지 모두 고구려어 명명법에서 믿을 만한 대응을 갖는다. "德水현, 원래

고구려 德勿현”(『삼국사기』 권35). 川 ‘강’ = *köl을 갖는 예가 있다. “與之 俱至卒本川, 魏書云至紇升骨城 (그들과 함께 [그는] 卒本川에 도착했다(『위 서(魏書)』에서는 그가 紇升骨에 도착했다고 한다)”(『삼국사기』 권16).

명백히 黑龍-江은 그 물의 빛깔로부터 이름을 얻었다. 중국의 배경 에서 黑龍-江 ‘검은 강’은 그 의미적 측면이 고구려에서 온 *kümür mür//*kümür köl의 의미에 기반한 黑-龍-江 ‘검은 용의 강’의 기원이 되 었다. 모든 모습으로부터, 黑龍-江의 형식을 黑-龍-江 유형으로 재조 합하는 것은 역사의 무대에서 고구려가 멸망한 그 후의 시기에 중국에 서 기원했다.

2. 鴨綠江. 중국과 북한을 나누는 강이다. 강의 오른쪽 기슭에는 랴 오닝(遼寧)성과 지린(吉林)성이 있고, 왼쪽 기슭에는 북한의 평안북도와 자강도가 있다. 고대 국가 고구려는 鴨綠江 유역에서 기원했다. 강의 양쪽 기슭에 위치한 수많은 요새들은 이러한 사실을 상기시킨다. 중국 이름 鴨綠은 문자 그대로는 ‘오리 녹색’이라는 뜻하지만, 한자 鴨 [MC *ya, MK ap] ‘오리’, 綠 [MC *lu, MK lok] ‘녹색’이 선택된 이유는 원래의 만주어 단어 ‘yalu’와 음성적으로 가깝게 표현하려는 것이었다. 만주어 단어 ‘yalu’는 ‘두 나라 사이의 경계’를 뜻한다(http://en.wikipedia. org/wiki/Yalu_River). 그러나 이 비교의 저자는 yalu의 독법이 우리 시대 의 두 번째 천년부터(AD 1000) 중국어에 내재되었다는 점을 간과했다. 따라서 鴨綠과 현대 만주어 형식인 yalu를 연결하려는 시도는 부적절 한 것으로 보아야 한다.

우리의 견해로는 ‘鴨綠’이라는 구조에서 ‘綠’이 ‘녹색’이라는 독립된 의미를 가지면서 ‘鴨綠’의 모든 무게가 실리는 부분으로 지각된 것은 중국의 확장, 즉 7세기 이후이다. 이전에 고구려 부족의 영역에서 오리 (鴨)에 대해 가장 널리 사용된 이름 중 하나는 *ạbuluk ～ *ẹberek이었던 것으로 보인다. Evk. āwulduqa '꼬리가 긴 오리', MT evrek '오리'를 보라. 고구려 민족의 표기 체계를 참조하면, 綠의 어원을 고구려어 어간 *pulu-에 한정형 어미 *-k < *-g가 결합한 형식으로 제한할 수 있는데(Man. fulxu- '자라다, 꽃피다', fulxun '새싹, 자식', MK phɨlɨ- < *pülhü- '녹색의', phɨl < *pülüh '풀'을 보라), 그것은 鴨 *abuluk이라는 단어 끝부분에 대응하는 표음 문자이다(黑龍의 일부분으로서의 龍과 같은 논리). 고구려어 *p = manchu. f < comm. tung. *p(nan. polaŋqa '원뿔 모양의 꽃차례')에 기반하여, 우리는 鴨綠 = *abuluk이 퉁구스 기원임을 상정한다. 해당 기록의 저자는 두 개의 -p-를 함께 둠으로써(*ap-puluk = *abuluk) 여전히 고구려어에 존재했던 어중의 *-b-를 전달하고자 했던 것으로 보인다.

鴨綠 *ạbuluk은 유사한 이름 靑 *puluk (? *buluk) '녹색'에 그 흔적을 남겼다. 후자에는 어두의 *ạ가 없는데, *m, *p, *b 등의 앞에서 어두의 *a, *e가 사라지는 것은 한국어사에서 종종 관찰된다. comm. alt. *amo-sa- > Turk. *umsa-, Mong. *amsa-, Kor. *mas '맛'을 비교해 보라. 따라서 이 현상은 고구려어의 영향일 수 있다.

널리 쓰이는 鴨록강의 또 다른 이름은 遼水였다. "遼水一名鴨綠"(『삼국유사』 권3)을 보라. 한자 遼는 '먼, 떨어져 있는'을 뜻한다(같은 뜻을 가진 MK mel-을 보라). 遼를 선택하는 데 있어 시작점은 *(ẹ)berek '오리'의 음성에서 유사점을 복제한 *belek(어간 *bel- '먼, 떨어져 있는'에 *-k가 붙은 한정형)이었다. 만일 위에서 언급된 것을 상당히 옳은 것으로 가정한다면, 鴨에 대해 遼를 선택할 만한 사람들은 터키인일 수

밖에 없다(comm. alt. *m- > turk. *b-를 보라).

3. 白馬江은 충청남도 부여를 흐르는 金江의 일부분을 가리키는 이름이다. 강의 이 부분은 중국의 장수 소정방이 백마의 머리를 미끼로 써서 용을 잡은 뒤 그의 이름을 따서 붙여졌다는 전설이 있다. 그러나 이 '사건'이 일어나기 최소한 160년 전에 金江은 白江 '흰 강'으로 불렸음이 알려져 있다. 663년 일본과 신라 해군 간에 있었던 白村강의 전투 또한 여기서 일어났다.

동음어인 白馬의 어원 또한 분명한데, 그것은 형용사 白 *čubur '회색의, 흰'에서 기원했다. tat. čuwar '얼룩덜룩한'(『알타이 제어 어원사전』 저자들의 견해에 따르면, čuwar의 공통 PT 형식은 *čopur였고, *čubar > čuwar의 형식은 후대에 지역적으로 나타난다고 한다), evk. čūrin, evn. čūruńa < *čubur '녹색의, 청색의, 황색의'를 보라. 한자 馬는 음성적으로 turk. *bur < *mur(MK mʌr '말'을 보라)와 관련되는데, 그것은 *čubur의 끝부분을 형성하고 있다. 白馬의 온전한 언어학적 해석은 "白 *ču[bur] '흰' + 馬 *bur '말' = *čubur '흰'"처럼 보인다. 한자 村은 turk. *būr < *müńür(MK mʌźʌr < *mönör '마을'을 보라)과 연결되고, 馬와 마찬가지로 *-bur의 표지이다.

伎伐(AC *će-bwat)은 *čebar ~ *čübar와 같은 음성을 지녔을 것이다. 伎伐의 단조로운 버전인 只火에서 伎라는 음절은 只(AC *će)와 관련되고, 伐이라는 음절은 火와 관련된다. 만일 중세 한국어에서 火에 배당된 음성을 생각해 낸다면, 왜 伐(MK *per)이 火 = *pür로 대체되었는지는 분명해진다.

간략한 요약으로 끝맺고자 한다. 黑龍 '검은 용'이라는 이름은 중국어에서 왔다. 그러나 강 이름의 언어학적 해석은 해당 영역(아무르 강 유역)에서는 (고구려인들이 사용한) 한국어 이름 黑龍 *kümür '검은'이 중국어에 선행함을 보여준다. 鴨綠 '오리+녹색'은 고구려 단어 *ạbuluk '오리'(후대의 에벤키어와 연결된다)의 도식적 재생산을 표상한다. 역사 시대에 鴨綠강 주변에는 퉁구스족(확실한 한국인의 선조)이 살았던 것으로 보인다. 이 강의 또 다른 이름 遼 *belek = *$^{(e)}$berek는 그것을 사용한 민족을 고대 터키인인 것으로 比定해준다. 鴨綠江과 遼河의 관련은 鴨綠江을 遼河의 고대 명칭으로 생각하게 한다. 현대 鴨綠江의 이름은 필시 한국인의 선조가 서쪽에서 동쪽으로 이주한 결과에서 기원했을 것이다. 遼河라는 이름이 중국에 남아 있다는 사실은 고구려 인구의 일부분이 바로 그 장소에 머물렀고 중국 민족에 동화되었다는 점에서 설명될 수 있다. 백제 민족은 白馬 '흰' 강이라고 불렀다. 白馬의 백제어 번역인 *čubur는 일부 백제 민족의 터키 배경을 드러낸다.

참고문헌

Kim, Boo Seek(1995), *Samguk sagi*, Moscow : East literature.
Starostin, S. A., A. V. Dybo, O. A. Mudrak.(2003), *An Etymological Dictionary of Altaic Languages*, Leiden-Boston : Brill.
김영황(2010), 『고구려의 언어유산』, 평양 : 김일성종합대학출판사.
김종서 외(2004), 『신편 고려사절요』, 민족문화추진회 옮김, 서울 : 신서원.
도수희(2005), 『백제어 어휘 연구』, 서울 : 제이앤씨.
일 연(2008), 『삼국유사』, 최호 역해, 서울 : 홍신문화사.

알타이어의 관점에서 본 한국어 수사

바츨라프 블라제크

가까운 친족어가 없는 어떤 언어의 수사를 연구할 때는 각 단계들이 다음의 순서대로 수행되어야 한다.

1. 가장 오래된 형식들과 방언들의 변이형 및 파생형들에 대한 정리
2. 내적 재구.
3. 수사 체계 전체의 내적 구조에 대한 분석.
4. 의미론적 유형론의 관점에 따른 다른 수사 체계에 대한 논의.
5. 외부에 존재 가능한 평행한 현상에 대한 평가.
5-1. 연구 대상 언어에서 어원을 찾을 수 없는 구조들과 대비되는 투명한 구조들(예 : 합성 수사)을 나타내는 외부의 평행한 구조는 인근 언어로부터 해당 언어에의 차용을 가리킨다.
5-2. 차용어로 설명되지 못하면서 기존의 음운 규칙에 일치하는 평행 구조는 공통 조어에서 상속된 동원어를 나타낼 수 있다.

현대 한국어 및 후기 중세 한국어의 기수사 형식 조사

| | 한글 | 중세 한국어 | 후기 중세 한국어 | | | | Nichū-reki |
			Sasse (1976 : 100-01)	Lee (1977 : 174)	Vovin (2010 : 220-21)	Lee& Ramsey (2011 : 81)	Lee& Ramsey (2011 : 81)
1	하나	hana	hʌnah	hănnah	hònáh	honah	katana
2	둘	tul	²tul, ²tulh	turh	: twulh	twulh	tufuri
3	셋	set	sŏih	s ǝyh	: seyh	seyh	sawi[4]
4	넷	net	²nŏi, ²no	n ǝyh	: neyh	neyh	towi[3]
5	다섯	tasŏt	ta¹sʌs, ta¹sŭs, ta¹sʌt	tasăs	tàsós	tasos	hasusu[6]
6	여섯	yŏsŏt	'yŏ¹sŭs	'y ǝsïs	yèsús	yesus	esusu[5]
7	일곱	ilgop	nil¹kup, nil¹kup	nirkup	nìlkwúp	nilkwup	tirikuni[8]
8	여덟	yŏdŏl	'yŏ¹tŭlp	'y ǝtïrp	yètúlp	yetulp	etari-
9	아홉	ahop	'a¹hop	'ahop	àhwóp	ahwop	
10	열	yŏl	¹'yŏlh, ¹'yŏl	'y ǝrh	yélh	yelh	etu
20	스물	sŭmul	¹sŭ¹mŭl	sïmïr	súmúl	sumulh	
30	서른	sŏrŭn	syŏl¹hŭn	sy ǝrhïn	syèlhún	syelhun	
40	마흔	mahŭn	ma¹zʌn	mazăn	màzón	mazon	
50	쉰	shwin	²suin	suyn	: swuyn	swuyn	
60	예순	yesun	'yŏ²suin	'y ǝsyuyn	yè : sywuyn	yesywuyn	
70	일흔	irhŭn	nil¹hŭn	nirhïn	nìlhún	nilhun	
80	여든	yŏdŭn	'yŏ¹tŭn, 'yŏ¹tʌn	'y ǝtïn	yètún	yetun	
90	아흔	ahŭn	'a¹hʌn	'ahan	àhón	ahon	
100	온	(paek)	¹'on	'on		won	

기수사 형식 (Lee SeungJae 2012 : 37)

| | 고대
한국어 : 백제 | 소의 나이를 가리키는 표현 | | 중세 한국어의 날짜 : ~번째 날 | |
	금석문 no. 318	표준 한국어	함북 방언	(Lee SeungJae)	(Lee&Ramsey 2011 : 177)
1	*dzwa-gadəp	harɨp / 하릅	harɨp(i)/하릅(이)	hʌrʌ	holo
2	*itərɨp	idɨp / 이듭	idɨp / 이듭 idɨlbi / 이들비	itɨl / 이틀	ithul
3	*saydʌp	sarɨp / 사릅	sarɨp(i) /사릅(이)	saʌl / 사올	saol
4		narɨp / 나릅	narɨp(i) /나릅(이)	naʌl / 나올	naol
5	*dasip	dasɨp / 다습	dasɨp(i)/ 다습(이)	dassway / 닷쇄	ta.ssway
6		yəsɨp / 여습	yəsɨp(i) / 여습(이)	yəssway / 엿쇄	ye.ssway
7	*nilgop, *ni■gup	irɨp / 이릅		nilwəy / 닐웨	nilGwey
8	*yətərɨp, *yətəpagʌy	yədɨlp /여듧		yʌdʌray /여드래	yetolay
9		asɨp / 아습		ahʌray /아흐래	aholay
10		yəllɨp / 열릅		yəlhɨl / 열흘	yelhul

목판 텍스트 nr. 318	외적 재구 (중세 중국어)	내적 재구 (고대 한국어)	고대 한국어(백제) 수사의 재구형
坐伽第巳	*dzwɑgɪɑdeip	*dzwagadəp	*-gadəp / *가덥
矣毛巳	*ɦiĕitəriĕp	*itərɨp	*itərɨp / *이더릅
新台巳	*sayt'ʌip	*saydʌp	*saydʌp / *새듭
刀土巳	*tɑɯdʑiĕp	*dasip	*dasip / *다십
日古巳	*ɲɪĕtkop	*nilgop	*nilgop / *닐곱
二■口巳	*ɲɪĕi■k'əup	*ni■gup	*ni■gup / *닐굽
今毛巳		*yətərɨp	*yətərɨp / *여더릅
以如巳 ʒ +	*ɲɪĕitəp(agʌy)	*yətəp-agʌy	*yətəp / *여덥

주 : 기호 ■는 알 수 없는 저작의 알 수 없는 기호임을 나타낸다.

언어별 기수사 체계

중세 한국어	고구려	고대 일본어	원시 퉁구스어	원시 몽골어	원시 튀르크어
Lee 1977 : 174	Beckwith 2007	Miller 1971 : 220	Blažek 1999 : 120	Blažek 1999 : 110	Mudrak 1993
hănnah		*pitö-*	**ämün*	**niken*	**bīr*
turh		*puta-*	**ǯöwär*	**qowï-ar* **ǯï[w]r-in*	**ękki*
sǝyh	**mir* 密 *(132)*	*mi-*	**jïl(e)lan*	**ɣur-ban*	**ü'č*
nǝyh		*yö-*	**duj-gin*	**dör-ben*	**tȫrtʌ*
tasăs	**ütsi / *utsi* 于次 *(133)*	*itu-*	**tuańŋa*	**tawu-[ɣa]n*	**bȩ̄łk*
'yǝsïs		*mu-*	**ńiŋ-gün*	**ǯïr ɣu-ɣan*	**altɨ*
nirkup	**nan-ɨr /-ɨn* 難隱 *(138-39)*	*nana-*	**nadan*	**d[a]l(u)-ɣan*	**źet(t)i*
'yǝtïrp		*ya-*	**ǯab-kun*	**nayi-man*	**sek(k)iř*
'ahop		*kokono-*	**xüńä-gin*	**yirs-ün or* **yir-sün*	**tok(k)uř*
'yǝrh	**tǝk* 德 *(142)*	*towo*	**ǯuwan, pl. -ar* **mïan, pl. -ar*	**[φ]ar-ban*	**ȫn*
sïmïr		*pata-*	**ǯöwär-ǯuwan/r* **ǯöwär-mïar* S. **xorïn*	**qor-in*	**źegirbi*
syǝrhïn		*miso-*	**jïllan -ǯuwan/r* **jïllan-mïar* S. **gurtïn*	**ɣurt-in*	**ottuř* ~ **oltuř*
mazăn		*yoso-*	**dujgin-ǯuwan/r* S. **dörtïn*	**dört-in*	**k'ɨr'k*
suyn		*iso-*	**tuańŋa-ǯuwan/r* **tuańŋan-mïar*	**taw-in*	**el(l)ig*
'yǝsyuyn		*muso-*	**ńiŋgün-ǯuwan/r* **ńiŋgün-mïar*	**ǯar-an*	**alt-bɨł*
nirhïn		*nanaso-*	**nadan-ǯuwan/r*	**dal-an*	**źet-bɨł*

'yətïn		yaso-	*žabkun-žuwan/r *žabkun-mïar	*nay-an	*sek(k)iř-ōn
'ahan		kokonoso-	*xüṅägin-žuwan/r *xüṅägin-mïar	*yir-en	*tokkuř-ōn
'on		momo Ry. mumu	*ṅamā(-žin) *taŋū	*žaɣ/wun	*žǖř

주 : 고대 일본어 수사는 각각 '사물', '사람', '날짜'를 결정하는 접미사 *-tu, -tari, -uka* 에 의하여 확장된다(위의 표 중 "10", "100"은 제외).

1

MK *hònáh*, EMK(Jilin leishi = 鷄林類事 高麗方言, 1103 CE : #19; cf. Sasse 1976, 100) 河屯 *xatun*(Vovin 2010, 187) = /*hadun/(Lee, SeungJae 2012, 40), OK(鄕歌, VII : 6,8; XI : 7) 一等 HAton(Vovin 2010, 187) = /*hʌdʌn/(Lee, SeungJae 2012, 40) < *hotan (Vovin 2010, 220). Lee & Ramsey(2011, 74)에서도 MK *holo* "하루"(= hʌrʌ by Lee&Ramsey, l.c.) < *holol < *hotol 등의 뒷부분 *ol, 혹은 *ithul* "이틀", *yelhul* "십일"의 *ul이 MK *il* "날"의 변이형이라고 하였다. 또 한 살된 소를 가리키는 한국어 합성어 harip도 원시 형식인 /*hʌdʌp/에서 도출되었을 가능성이 있다. 이는 백제어 합성어 *dzwa-gadəp* "초하루"에서도 확인된다. Lee Seung Jae(2012 : 37)를 보라. OK 어근 *-gad-əp 및 *hʌd-ʌp 양립가능하다. 여기에서 접미사 -əp/-ʌp은 서수의 기능을 한다(Lee Seung Jae 2012 : 41, 49).

외부의 동원어가 OJ *kata* "(한 쌍 중에서) 한쪽"에서 찾아질 수 있다 (Martin 1987 : 442; Street 1985 : 641 : *kalta "절반").

2

MK : *twulh*

EMK (계림유사 : #20) 途孛 *twupulh*(Vovin 2010, 220) = *twupul/*twuWul* (Lee & Ramsey 2011, 74) < OK (신라; 처용가에서 문증됨) *dubɨl* id.(Lee SeungJae 2012, 54).

만일 OK (백제) *itərɨp* "둘째"와 예컨대 함북 방언 *idɨlbi* "두 살짜리 송아지"와 같은 현대형이 첫 번째 구성 요소가 직시 접두사인 합성어라면(cf. LMK *i* "이(this)"(Lee & Ramsey 2011, 182)), 신라어 *dubɨl*과 백제어 *-tərɨp*이 원칙적으로 순음과 유음의 순서만 다르고 어원적으로 동일함을 고려해 볼 수 있다.

외부 동원어(cognate) :

OJ *ture* "동반자"(Martin 1967, 245)

퉁구스 어*ǯöwär* "2"

몽골 어*ǯïwrin* ~ *ǯuirin* "2" (f.); "짝"

튀르크 어 : 고대 불가리아 어 *tvirem* "둘째", 추바시 어 tebər, *tebərew* id.(Mudrak 2005, 98 : pər "하나"와 결합; Egorov 1964, 243 : tata pər "아직 하나").

3

EMK [계림유사 #21] 酒(Sasse 1976, 101)

MdCh 酒 să & shăi "씻다, 깨끗이 씻다" < EMnd aˇ < LMCh * *a :j´* < EMCh * *aɨj´/* *ɛ :j´* (Pulleyblank 1991, 271) ~ MCh *síej* < Postclassic,

Han & Classic Ch *sân < Preclassic Old Chinese *sār? (Starostin).

MK ：seyh, 그 외의 결속형 : se-, : sek-, : sey- (분류사에 의해 확장됨.) < *seki(Vovin 2010, 180-81 : 음위 전환; Vovin은 유력한 한국어 차용어로 합성어 sakî-kusa "풀-식물", lit. "셋-풀"(cf. 뜻글자 三草)에서의 OWJ sakî-를 추가함.).

4

MK ：neyh

EMK [계림유사 #22] 迺(Sasse 1976, 101)

MdCh 迺 năi "그러면, 그러자 곧 바로" < EMnd naj˘ < LMCh naj´ < EMCh *nəj'(Pulleyblank 1991, 221) ～ MCh nŕj < L Postclassic OCh nhə̂j < Eastern & Western Han OCh nhə̂ < Preclassic OCh nhə̂ʔ(Starostin).

결속형 : ne-, : nek- (분류사에 의해 확장됨)에 대하여 Vovin(2010, 211)에서는 음위 전환을 추정하고 *neki를 재구하였다.

5

MK tàsós

Martin(1996, 55)에서는 명사화-부사적 기능을 지닌 수사 yèsús "6" < *yes[h]us에서와 같이 동일한 접미사 *-o/us를 분리하는 *ta·s[h]os를 재구하였다(cf. MK "twols "(순환하는) 해[年]" < *two·lo-s "회전하는 것". 이는 동사 "two(l)-/ "twolo- "회전하다" 또는 kulG-/kulu- "그르다"에서 온 ku·lus "그릇하여, 그릇"에서 파생되었을 수 있다(Martin 1996, 36, 38, 50)). Vovin(2010)에

서는 이 수사에 대하여 더 심층적인 재구형을 제공하지는 않았으나, 그 다음 수사인 "6", 즉 그의 전사 자료에서 MK *yèsús* 나 Martin을 따라 연음 결여를 설명해 주는(Vovin 2010, 14, 220), **yonsus*에서 온 *ye · sus* 의 파생은 원시형이 **tansos* "5"인 "다섯"에도 적용될 수 있다. 내적 재구는 보다 심층적일 수 있는데, 이는 **-ns-* > **-sn-*의 음위 전환과 "모든 손의" 또는 "손의 모든 것(손가락)"으로 해석될 수 있는 **ta-sn-os* < **ta-son-os*의 어중음 **-u-* 탈락을 가정한다(Martin 1996, 30, 37; 43, 44). Ramstedt(1949, 259)에서는 합성어가 동일한 두 번째 구성 요소를 가졌다고 생각하였으며, 그가 본 첫 번째 구성 요소는 MdK 동사 *tat-tta* "닫다"이므로 "5"는 "닫힌 손"을 의미한다.

주 : 다른 접미사 *-p*와 *-m*도 서수사적 기능을 가지고 있었을 것이다. OK **dasip*은 MdK *dasɨp* "다섯 살짜리 소"에 대응하며, MdK *yəsɨp* "여섯 살짜리 소"와 구결 텍스트의 *dasɨm* "다섯째", *yəsɨm* "여섯째"와 유사하다(Lee SeungJae 2012, 37-38; 49-50).

6

MK *yèsús*

이를 Martin(1996, 55)에서는 **yes[h]us*에서 온 것으로 보았으나, Vovin(2010, 14, 220)에서는 이를 반박하고 **-o-*를 동반한 **yonsus*를 논의의 시작점으로 삼았다. **tansos* "5"와 **yonsus* "6"은 **son-ᵒ/ᵤs* "손의, 손에"에서 파생된, 거의 일치하는 우측 구성 요소를 보유한 합성어를 나타내는 듯 보인다. 좌측 구성 요소는 이미 Ramstedt(1949, 77)에 의하여 MdK *yŏlda* "열다; (뚜껑이) 분리되다"와 연관되어 있는데, 그렇다면

"6"은 "손에서 떨어지다"인가? *yŏl-son-us* >*yolsnus* > *yolnsus* > *yonsus*의 발전 과정은 아마도 상당히 규칙적일 것이다(-nts-, -lts-, -hs- 등과 같은 자음군의 제거에 관한 Vovin 2010, 220을 참조할 것).

7

MK *nìlkwúp*

좌측 구성 요소는 현대 한국어의 ilda "일어나다, 떠오르다" (Ramstedt 1949, 69, 168)인 동사 "*ni(l)-/ni · l[°/ᵤ]-* "떠오르다, 일어나다"(Martin 1996, 76)에서 파생되고, 우측 구성 요소는 MK *kwop-* "배가하다; 곱절이 되다" 와 비견할 만한 합성어인 것으로 보인다. 우측 구성 요소에서 발성법의 차이는 동음 이의어 *kwop-* "곱다[曲]", *kwup-* "굽다, 굽히다", *kwo · pi* / *kwo · pi* "굽히다"와 유사한 것으로 보인다(Martin 1996, 24, 53).

Vovin(2010, 144)에서는 *-p-*의 연음화 없이 PK **kwònpó-*에서 MK *kwòp-* "배가하다, 두 배로 늘리다"를 파생시키고, Whitman이 OJ *kupapë-* "더하다"와 비교한 것을 반박했는데 이때의 *-p-*는 PK **-np-*에 대응하지 않는다. Ramstedt(1949, 124)에서는 compared 한국어 *kop* "다시 더함, 곱", *kop-čjel* "다시 더하여, 곱절"을 카르가스 어 *kof-adeš* "양손, 두 줌", 야쿠트 어 *kopytys* 등의 시베리아 튀르크 어 형식과 비교하였는데, *adyš*과 *ytys*는 각각 "줌(움큼)"을 의미한다.

8

MK *yètúlp*

Vovin(2010, 25, 219-21)에서는 이를 *yel-twulp에서 파생시켰다. 연음화의 부재는 (MK) yélh "10" (빼기) EMK *twupul "2"로 이루어진 내부 자음군 *-lt- 혹은 *-nt-을 가리킨다.

9

MK àhwóp

EMK [계림유사 #27] 鴉好(Sasse 1976, 101)

MdCh 鴉 yā "까마귀" < EMnd ja < LMCh *ʔ̢a : < EMCh *ʔai̯/*ʔɛ : (Pulleyblank 1991, 354)　~　MCh *ʔạ < Eastern Han OCh *ʔ̢ā̆ < Western Han & (Pre)classic OCh *ʔ̢ā (Starostin).

MdCh 好 hǎo "좋다" < EMnd xaw˅ < LMCh *xaw´ < EMCh *xaw'(Pulleyblank 1991, 121) = MCh *xáw < L & M Postclassic OCh *hā̆w < Eastern Han Ch *hə̄̆w < Preclassic OCh *hūʔ (Starostin).

현재까지 제안된 어원들 중 수용되기에 충분히 만족스러운 것은 없다.

a) Ramstedt(1949, 77)에서는 NK a "아이"와 K kop- "굽다", 즉 "굽은 아이(=새끼손가락)"으로 구성된 합성어로 보았다. Junker(1953, 306)에서는 그러한 경우 그 결과는 +agop일 것이라고 언급하였다.

b) Miller(1971, 244)에서는 합성어 *yər-hǎn-əp *"하나가 없는 열"을 재구하였다. 그러나 이 방법은 이전의 유사한 수사 구조에서 유지되는, 예상되는 어두 +ye-를 대신하는 a-를 설명하지 못한다.

c) 다음의 3가지 구성 요소로 구성된 합성어가 해결책을 제공할 수 있을 것이다.

(i) MK *a · ni* "아니"(Martin 1996, 13, 87) 또는 MdK *āida* "털린, 망쳐진, 능가하는"(Ramstedt 1982, 17 : * āw⁻ *"wegnehmen").

(ii) LMK *hwon · ca*(1518), *howon · za*(1475), 및 *howo · za* < *hoWo · za* "혼자" < *hon 'po(l) 'sa* "단 한 층"(Martin 1996, 53), 또는 LMK *hwoul* "홀로" 및 *howol* 등에서 LMK **hwono*가 재구된다(Lee & Ramsey 2011, 159).

(iii) NK *obun* "모든, 전체의, 전부의"(Ramstedt 1949, 177).

이상에서 해당 수사는 다음과 같이 해석될 수 있다.

**ani* + **hwon/lo* + **op[un]* "하나의 전부(10)가 아님"

혹은

**āw⁻* + **hwon/lo* + **op[un]* "전부(10)에서 하나를 덜함".

10

MK *yélh* < **yel[u]h*(Vovin 2010, 220)

20

MK *súmúl*

EMK [계림유사 #29] 戍沒(Sasse 1976, 101)

MdCh 戍 *shù* "지키다, 주둔지" < EMnd *ṣy`* < LMCh **ṣiə̆/*ṣyə̆* < EMCh **ɕuə̆`*(Pulleyblank 1991, 288).

MdCh 沒 *mò* "가라앉다, 빠지다; 죽다" < EMnd *mo`* < LMCh **mut*

< EMCh *mət(Pulleyblank 1991, 218).

이 수사를 설명하기 위한 몇 가지의 시도가 있다.

a) Ramstedt(1949, 238)에서는 이를 만주어 *simχuń ～ šumχuń* "(사람의) 손가락과 발가락"과 비교한다(Zaxarov 1875, 612, 688). 이는 퉁구스어 *šimučken* "작은 손가락"에서 파생되었을 수 있고(TMS II, 395), 튀르크 어 *čɨmič-* "작은 손가락"과 비교할 만하다(EDAL II, 1329).

b) 또한 Ramstedt(1949, 153)에서는 한자어계 한국어 *šip*(그의 전사법으로는 *sip*) "10"과 과일 등의 무리를 세는 단위인 *mul*의 합성어로 생각하였다.

c) Krippes(1991, 149)에서는 원시 신라어 *tubur* "2"와 +*tumur-on* "20"의 대조를 제안하였으나, +*t-* > *s-*의 변화에 대해서는 설명한 바가 없다.

d) Miller(1996, 145)에서는 -*múl* (그의 전사법으로는 -*mŭl.h*)을 MdK *mŭs* "(곡물 다발, 물고기 따위) 열 (묶음); 열 다발의 세곡(稅穀)이 수확되는 일구획의 토지"와 수사 "60" & "70"을 형성하는 튀르크 어 *-mil2*과 연결시켰다(Mudrak에 의하여 각각 *alt-bɨl*, *ʒet-bɨl*로 재구됨.). 그러나 Miller 역시 한국어 수사 "20"의 어두 *s-*를 MK : *twulh* "2"의 *t-*와 관련하여 설명하지는 않았다.

이러한 해결책들 중 어느 것도 충분히 만족스럽지 않으므로 새로운 해결책이 강구되어야 한다.

e) *sun-twul*나 *sun-pul*을 통한 가설적인 합성어 *swon-twupul* "10 × 2"가 *sumul*을 결과시킬 수는 있으나, *-ntw-* 또는 *-np-* > *-m-*의 변화가 확인되지 않는다. 또한 "10"에 "2"가 후행하는 순서 역시 예외적일 수 있는데, 참고로 "2 × 10"의 양상을 한자어계 한국어 *išip* "20", 현대 중국어 *èrshí*, 고대 일본어 *pata-* "20" : *puta-* "2", 퉁구스 어

**ǯöwär- ǯuwan/r* 혹은 **ǯöwär-mïar* 등에서 찾아볼 수 있다.

f) 아마 더 가능성이 높은 것은 첫 번째 합성어로부터 **twu-son-mul* "2 × 10"(단위 명사 *mul* 포함 - b를 보라.) > **tusomul* > **tsomul* > **sumul*로의 과정을 제안하는 것이다. 첫 번째 음절에서의 어중음 탈락은 초기 중세 국어 시기에 일반적이었는데, **putuluk*에서 온 방언형 *ttulak*과 관련하여 MK *'ptulh* "뜰"을 참조하라(Martin 1996, 36; Lee & Ramsey 2011, 67 : 12세기 이후 대부분의 어두 자음군이 형성되었다.; p. 90 : EMK [계림유사] **potol* > **ptol* > LMK *stol* "딸" > MdK ttol). 다른 결합적 변화 역시 확인되어야 한다.

30

MK *syèlhún*

Vovin(2010, 221)에서는 **s-yèlh-són* < ** : se-yélh-són* < **sèkí-yélh-són* 의 과정을 재구하였다.

40

MK *màzón*

EMK [계림유사 #31] 麻刀(Sasse 1976, 101)

MdCh (베이징) 麻 *má* "삼" < EMnd *ma`* < LMCh **ma* : < EMCh **maɨ* / **mɛ* : (Pulleyblank 1991, 206) ~ MCh **mạ* < Postclassic Ch **mhạ* < Eastern Han Ch **mhrā̆* < Western Han, Pre- & Classical OCh **mhrāj* (Starostin).

현대 중국어(베이징) 刀 *rèn* "칼날" < EMnd *rin`* < LMCh **rin`* <
EMCh **ɲinh*(Pulleyblank 1991, 265) ~ Middle & Postclassic Chinese **ńin* <
Eastern Han Chinese **ńənh* < Western Han & Classic Old Chinese **nənh*
< Preclassic Old Chinese **nərs* (Starostin).

Vovin(2010, 221)에서는 수사 "40"과 "4"를 연결하기 위하여 **mà-són*
< **nà-són* < **nè-són*에서 MK *màzón*를 파생시켰으나, *m-* < *n-*의 불
규칙 변화에 대한 설명은 없다. 그의 이전 연구에서(Vovin 1993) 그는 15
세기에 중세 한국어의 기호 Δ이 중간 위치의 *ñ*으로 읽혔으므로 수사
"40"의 표기는 *mañon*으로 바뀌었을 것이라 생각하였다. 그는 근거를
EMK [계림유사 #31]에서 대응하는 단어의 표기가 *mae.nyin*이라는 데
서 찾았다(Vovin 1993, 248, 255). 그러나 그 자신은 *ñ* > *ńź*의 변화에 대하
여 당대(唐代)의 수도 장안에서 기원하여(Vovin 1993, 255), 송대(宋代)에
더 퍼져 나간 것으로 기술하였다(Lee & Ramsey 2011, 139). Lee &
Ramsey(2011, 90-91)에서는 MK *-z-*를 자음군 **-ls-*에서 온 것으로 설명
한다. *phul* "풀" & *seli* "가운데"로 구성된 *phuzeli* "황전(荒田)"을 참조하
라. 그러나 표기의 가설적인 재해석들, 주로 **mañon*과 *mae.nyin*,
**mańźin*, **malson* 중 어느 것도 MK ：*neyh* < **neki*로 증명된 수사 "4"
와 연결되지 않는다(Vovin 2010, 211). 이러한 경우에는 수사 "40"의 외
국어 기원을 가정하는 것이 자연스럽다(cf. Russian *sórok* "40" < Greek
τεσσαράκοντα id.).

50

MK ：*swuyn* < **swùy-ón* < **swùy-zón* < **swùy-són*(Vovin 2010, 221).

60

MK *yè : sywuyn* < **yèsywùy-ón* < **yèsywùy-zón* < **yòsywùy-són* (Vovin 2010, 221).

70

MK *nìl-hún* < **nìl-hón* < **nìl-són*(Vovin 2010, 221).

80

MK *yètún* < **yèt-ón* < **yèlt-ón* < **yòlt-són*(Vovin 2010, 221).

90

MK *àhón* < **àh-són*(Vovin 2010, 221).

100

MK *won*

Abbreviations : Ch 중국어, E 초기, J 일본어, K 한국어, L 후기, M 중세, Md 현대, Mnd 만다린(현대 표준 중국어), N 북부, O 고대, P 원시, Tg 퉁구스어, Tk 튀르크 어.

참고문헌

Egorov, Vasilij G.(1964), *Ėtimologičeskij slovaŕ čuvašskogo jazyka*, Čeboksary : Čuvašskoe knižnoe izdateľstvo.

Hamp, Eric P.(1970), On the Altaic Numerals. In : *Studies in General and Oriental Linguistics (=Fs. Sh. Hattori)*, eds. R. Jacobson & Sh. Kawamoto, Tokyo : TEC Company, pp.188~197.

Hamp, Eric P.(1974), Turkic 5, 6, 7, 60, and 70. *BSOAS* 37, pp.675~677.

Krippes, K.A.(1991), A Linguistic Enigma, the Altaic Numerals, *General Linguistics* 31, 141~152.

Lee Ki-Moon.(1977), *Geschichte der koreanischen Sprache.* Wiesbaden : Reichert.

Lee, Ki-Moon, & Ramsey, S. Robert.(2011), *A History of the Korean Language.* Cambridge : University Press.

Lee, SeungJae.(2012), On the Old Korean Numerals Inscribed on Wooden Tablet no. 318*, *Scripta* 4, 27~68.

Martin Samuel E.(1987), *The Japanese Language Through Time*, New Haven : Yale University Press.

Martin, Samuel E.(1996), *Consonant Lenition in Korean and the Macro-Altaic Question*, Honolulu : University of Hawaiʻi Press (Center for Korean Studies, University of Hawaiʻi).

Miller, Roy A.(1996), *Languages and History, Japanese*, Korean, and Altaic, Bangkok : White Orchid Press.

Mudrak, Oleg A.(2005), Zametki o jazyke i kuľture dunajskix bulgar, *Aspekty komparatistiki* 1 (Moskva-*Orientalia et Classica : Trudy Instituta vostočnyx kuľtur i antičnosti* VI), 83~106.

Ramstedt, Gustav J.(1907), Über die Zahlwörter der altaischen Sprachen, *JSFOu* 24/1, pp.1~24.

Ramstedt, Gustav J.(1949), *Studies in Korean Etymology*, Helsinki : MSFOu 95.

Ramstedt, Gustav J.(1957), *Vvedenie v altajskoe jazykoznanie*, Moskva : Izd. inostrannoj literatury.

Ramstedt, Gustav J.(1982), *Paralipomena of Korean Etymologies*, ed. S. Kho. Helsinki :

MSFOu 182.

Sasse, Werner.(1976), *Das Glossar Koryŏ-pangŏn im Kyerim-yusa. Studien zur Entschlüsselung eines chinesischen Glossars mittelkoreanischer Wörter,* Wiesbaden : Harrassowitz.

Street, John C.(1985), Japanese reflexes of the Proto-Altaic laterals, *Journal of the American Oriental Society.*

TMS = Cincius, V.I. (ed.).(1975-77), *Sravnitel'nyj slovar̕ tunguso-mančžurskix jazykov,* I-II. Leningrad : Nauka.

Vovin, Alexander.(1993), About the phonetic value of the Middle Korean grapheme Δ. BSOAS 66, 247~259.

Vovin, Alexander.(1994), Long-distance relationships, reconstruction methodology, and the origins of Japanese. *Diachronica* 11, 95~114.

Vovin, Alexander.(2005), Koguryŏ and Paekche : Different Languages or Dialects of Old Korean? *Journal of Inner and East Asian Studies* 2/2, 108~140.
<http://contents.nahf.or.kr/files/pdf/jn/jn_003_0060.pdf>

Vovin, Alexander.(2010), *Koreo-Japonica : a re-evaluation of a common genetic origin,* Honolulu : University of Hawai'i Press : Center for Korean Studies, University of Hawai'i.
<http://www.scribd.com/doc/132736589/Koreo-Japonica>

파스파 문자의 모음자와 훈민정음 중성의 모음조화[*]

정 광

1. 서론

1.0 한국어의 역사적 연구에서 모음조화와 모음체계의 변천에 대한 연구처럼 많은 논란이 있었던 주제는 그렇게 많지 않을 것이다. 그런데 무엇 때문에 많은 국어사 연구자들이 이 테마에 관심을 갖게 되었으며 왜 아직도 이에 대한 연구 논문이 계속 발표되는 것인가? 그것은 아마도 훈민정음의 창제, 즉 한글 제정에 대한 문제의 실마리를 여기서 찾을 수 있다고 보았기 때문일 것이다.

1.1 {해례본}『훈민정음』(이하 <해례본>으로 약칭함)을 중심으로 하여 {신편}『月印釋譜』의 권두에 실린 {언해본}「세종어제훈민정음」(이하 <언해본>으로 약칭)과 『세종실록』(권110) 세종 25년 경자(庚子)조의 기사로 실린 {실록본}「훈민정음」(이하 <실록본>, 혹은 <한문본>으로 약칭)에 의하면

---

* 이 발표문의 일부는 제11차 ISKS 학술대회(일시 : 2013. 8월 22일, 장소 : 중국 광저우 對外貿易大學)에서 발표한 것이다.

훈민정음이 28개의 문자를 제정하였고 그 가운데 모음자로 중성자 11개를 制字[1]하였음을 밝혔다. 그리고 <해례본>에서는 그 제자 원리를 「제자해」와 「중성해」에서 자세하게 설명하였다.[2]

<해례본>에서는 이 11개 중성자를 陰陽으로 나누어 중성의 陽으로 /ᄋ, 아, 야, 오, 요/와 陰으로 /으, 어, 여, 우, 유/의 10개를 제자하고 /이/는 중립으로 보았다. 그리고 모음을 문자로 만든 中聲字에 대하여 상세하게 제자 원리와 그 음가를 밝혀놓아서 이 가운데 4개는 i계 이중모음을 文字化한 것이어서 나머지 7개 문자가 당시의 단모음을 글자로 제정한 것이라고 믿어왔다.

1.2 이에 근거하여 훈민정음의 현대 언어학적 연구를 처음으로 시도한 일본이 언어학자 오구라 신페이(小倉進平)는 强母音 /아, 야, 오, 요, 으/와 弱母音 /어, 여, 우, 유, 의로 나누고 중성모음으로 /이, 의를 추가하여 모음조화를 이룬다고 보았다(小倉進平, 『鄕歌及び吏讀の硏究』, 1927, 京城). 오구라의 이러한 연구는 후대의 한국학자들에게 지대한 영향을

---

1) 制字의 한자는 製字가 옳은 것 같지만 <해례본>에서 '制字'로 일관하였으므로 본고에서도 이에 따른다.
2) 세종이 훈민정음 창제 당시에 만들어진 신문자 제정의 근거를 보여주는 것으로 이 세 자료는 널리 알려졌다. 가장 완벽한 것은 <해례본>으로서 세종의 御製 序文, 例義, 解例, 鄭麟趾의 後序를 모두 갖추었으며 다음은 <실록본>으로 전자에서 '解例' 부분만 빠져있다. 현전하는 <해례본>이 어제서문 등에서 후대의 가필 補整한 것도 있어 <실록본>이 가장 신뢰할 수 있는 자료로 알려졌다. 끝으로 {신편}『월인석보』의 권두에 실린 훈민정음은 <해례본>의 御製 序文과 例義 부분의 석장 반을 언해한 것으로 흔히 <언해본>으로 불린다. 졸고(2006b)에서는 世宗의 생존 시에 편찬된 {구편}『월인석보』가 있고 그 권두에 부재된 「훈민정음」이 있었으면 박승빈씨의 구장본 「훈민정음」이 바로 그것이라는 주장을 하였다. 이것이 사실이라면 이 세 자료는 모두 세종이 생존하였을 때에 만들어진 것으로 모두 훈민정음의 이론을 밝히고 이 신문자의 교육과 傳播를 위하여 편찬된 것으로 보아야 할 것이다.

끼쳐서 해방 이전까지 이러한 주장은 계속되었다.

이로부터 현대 국어학계에서는 많은 논저에서 중세한국어는 7개의 모음으로 구성된 모음체계를 가졌다고 보았고(이숭녕, "ᄋᆞ音攷", 1940, "母音調和 修正論", 1947) 그동안 이 모음들이 양모음 3개 /ᄋᆞ, 오, 아/와 음모음 3개 /으, 우, 어/, 그리고 중립모음으로 1개 /이/로 구성되었으며 이들 가운데 陰陽의 6개 모음은 모음조화를 이룬다고 보았다. 그리고 김완진(1963)에서는 이 모음조화가 전설모음(음모음) 대 후설모음(양모음)이라는 충격적인 주장이 제기되어 한동안 많은 論難이 있었다.

1.3 초기에 제창된 7개 단모음의 문자 제정을 훈민정음 제정 당시, 즉 15세기의 한국어의 음운이라고 보았으나 훈민정음 제정과『동국정운』의 편찬을 고찰한 연구로부터 훈민정음이 우리 한자음, 즉 東音의 음운을 분석하여 문자를 제정한 것이라는 주장이(유창균, 1966) 관심을 모았다. 그것으로부터 훈민정음에서 제정한 모음자들은 실제로는 모음조화의 문자이며 이것은 고대한국어의 모음체계에 소급된다는 주장이(이기문, 1968) 설득력을 얻게 되었다. 왜냐하면 우리 한자음, 즉 東音은 고대한국어의 음운체계에 맞추어 정착되었다고 보기 때문이다.3) 따라서 훈민정음에서 제정된 문자들은 고대한국어의 음운을 분석한 것이라는 가설이 제기되었고 이를 추종하는 많은 연구가 계속되어 현재로는 거의 학계의 정설로 굳어져 가는 것처럼 보인다.

---

3) 졸고(2003b, 2005)에서는 한자가 한반도에 유입된 것은 고조선의 衛滿朝鮮까지 소급하지만 漢四郡시대를 거쳐 삼국시대에 본격적으로 한자가 통치문자로 사용되었고 특히 통일신라시대에 우리 한자음이 정착한 것으로 보았다. 이것은 東音이 신라어, 즉 고대한국어의 음운체계에 맞춘 것이라는 그 동안의 주장을 뒷받침한 것이다.

그러나 우리의 전통적인 한자음에서 훈민정음의 中聲字에서 보여준 바와 같은 확연한 모음조화 현상이 보이지 않을뿐더러 고대한국어에서는 모음조화가 없었다는 주장이 외국학자들에 의하여 계속적으로 주장되었다(Martin, 1991, 2000; Vovin, 1993, 2010; Whitman, 1985). 또 국내에서 김완진(1978)에서는 10여 년 전에 주장했던 김완진(1963)의 여섯 개 모음이 전설모음(陰) 셋과 후설모음(陽) 셋의 모음조화이며 이를 통하여 중세한국어의 모음체계를 수립하였던 것을 반성하고 새로운 5모음 체계를 수립하였다.

졸저(2011)에서는 한반도의 고대한국어에서 모음조화를 찾아보기가 매우 어려움을 밝혔다. 한자 차자표기에 보이는 한자들의 中古音을 추적하여 이 언어들에 보이는 모음을 정리한 결과 고구려어는 물론 백제어와 신라어에서 보인다는 모음조화는 실제는 語幹과 語尾, 또는 語基와 添辭에서 이루어지는 母音同化 현상에 불과하다고 보았다. 그리하여 고구려어에서는 6개 단모음 /i, ɨ, u, e, ə, a/가 존재하였고 /i, ə/의 원순음 /ü, o/와 /u/의 이완모음 /ʊ/가 있었던 것으로 추정하였다. 적어도 한자음을 통하여 얻을 수 있는 단모음들은 6개이며 이 가운데 /ə/는 /o/로 원순화되었고 중설고모음 /ɨ/가 소실되어 이 고구려의 6개모음은 고대일본어의 5모음 /a, i, u, e, o/로 변천되었다고 보았다(졸저, 2011 : 453~454).

1.4 고대한국어인 신라어의 모음도 이것과 크게 다르지 않았다고 본다. 김완진(1978a)에서 주장한 대로 훈민정음 제정 당시의 5개 모음은 고대한국어에 소급된다고 필자는 생각한다. 따라서 고대한국어에서 존재한 것으로 주장되어 온 모음조화는 실제로는 존재하지 않았다고 볼 수밖에 없다.

본고에서는 우리 한자음, 즉 고대한국어에 모음조화가 존재하지 않았다면 어떻게 <해례본>에서는 모음인 중성자를 음양으로 나누어 制字하게 되었는가를 설명하려는 것이다. 이것은 그동안 우리 학계가 아무런 해답도 갖지 못했던 문제이기도 하다.

2. 훈민정음의 중성자와 모음의 대립

2.0 우선 훈민정음에서 中聲이라고 부르던 모음의 글자 제정에 대하여 살펴보기로 한다. 훈민정음에서는 모음의 글자, 즉 中聲字로서 기본자 3자 /·, ㅡ, ㅣ/와 初出字 4자 /ㅗ, ㅏ, ㅜ, ㅓ/, 그리고 再出字 4자 /ㅛ, ㅑ, ㅠ, ㅕ/를 制字하였고 이들을 다시 陰陽으로 나누어 陽 5字 /·, ㅗ, ㅏ, ㅛ, ㅑ/와 陰 5字 /ㅡ, ㅜ, ㅓ, ㅠ, ㅕ/, 그리고 中立 1字 /ㅣ/로 나누어 모두 11字의 中聲字를 정리하였다.

2.1 이러한 훈민정음에서의 중성자의 제자에 대하여 졸저(2012 : 251)에서는

<해례본>에서 중성자의 제자(制字)는 '천지인(天地人)' 삼재(三才)를 상형하여 기본자를 제정하고 이들을 조합하여 모두 11자를 제자(制字)하였음을 위에서 언급한 바가 있다. 즉 /·/는 천원(天圓)을, /ㅡ/는 지평(地平)을, /ㅣ/는 인립(人立)의 모습을 상형한 것으로 기본자가 되었다. 즉 'ㅗ'는 '/·/(天圓) + /ㅡ/(地平)'의 결합이며 'ㅏ'는 '/ㅣ/(人立) + /·/(天圓)', 'ㅜ'는 '/ㅡ/(地平) + /·/(天圓)', 'ㅓ'는 '/·/(天圓) + /ㅣ/(人立)'의 결합이라고 설명하였다. 이들은 한 번씩 결합한 것이

기 때문에 초생(初生)이라고 하고 이렇게 하여 만들어진 '⊥, ㅏ, ㅜ, ㅓ'의 4자를 초출자(初出字)로 보았다. 반면에 'ㅛ, ㅑ, ㅠ, ㅕ'의 4자는 결합하는 방법이 위와 같으나 재생(再生)으로 보아 재출자(再出字)라 하였으며 따라서 훈민정의 중성자는 기본자가 3, 초출자 4, 재출자 4로 모두 11자가 된다.

라고 하여 天地人 三才를 기본으로 하여 圓(·)과 가로 세로의 직선(一, ㅣ)으로 中聲字를 制字하였음을 밝혔다.

이들 세 기본자를 결합하여 初出字 4자 /⊥, ㅏ, ㅜ, ㅓ/와 再出字 4자가 만들어져 기본자 /·, ㅡ, ㅣ/와 더불어 11개의 글자가 만들어진 것이다.

2.2 이렇게 만들어진 11개의 중성자는 <해례본>을 비롯하여 다른 두 <언해본>과 <실록본>에서 중립적인 /ㅣ/를 제외하고는 모두 각자 상관관계를 갖고 서로 對立的으로 존재한다고 보았다. 즉 <해례본>의 「制字解」에 의하면 이들은 생위(生位)와 성수(成數), 즉 '생겨난 五行의 위치'와 '만들어진 天地의 數'가 있다고 하였는데 이에 대한 설명을 <해례본>에서 옮겨보면 다음과 같다.

ㅗ初生於天, 天一生水之位也。ㅏ次之, 天三生木之位也。ㅜ初生於地, 地二生火之位也。ㅓ次之, 地四生金之位也。ㅛ再生於天, 天七成火之數也。ㅑ次之, 天九成金之數也。ㅠ再生於地, 地六成水之數也。ㅕ次之, 地八成木之數也。水火未離乎氣, 陰陽交合之初, 故闔。木金陰陽之定質, 故闢。·天五生土之位也。ㅡ地十成土之數也。ㅣ獨無位數者, 盖以人則無極之眞, 二五之精, 妙合而凝, 固未可以定位成數論也。是則中聲之中, 亦有陰陽五行方位之數也。 -/ㅗ/는 天에서 初生한 것이니 [河圖에서의

위치는] '天一'이고 [五行의 相生에서] '生水'의 자리다. /ㅏ/는 그 다음이니 [河圖에서의 위치는] '天三'이고 [五行의 相生에서 木을 낳게 하는] '生木'의 자리다. /ㅜ/는 地에서 첫 번에 생겨났으니 [하도에서의 위치가] '地二'이고 [火를 낳게 하는] '生火'의 자리다. /ㅓ/는 그 다음이니 '地四'이고 [金을 낳게 하는] '生金'의 자리다. /ㅛ/는 天에서 再生한 것이니 '天七'이고 '成火'의 자리다. /ㅑ/는 그 다음으로 '天九'이고 [金을 완성시키는] '成金'의 자리다. /ㅠ/는 地에서 재생한 것이니 '地六'이고 [水를 완성시키는] '成水'의 자리다. /ㅕ/는 그 다음이니 '地八'이고 [木을 완성시키는] '成木'의 자리다. 水와 火가 氣(아직 물질로 이루어지지 않은 상태, 성리학에서 말하는 만물의 기)로부터 분리되지 않은 음양이 서로 합쳐지는 초기이기 때문에 닫힌 상태(闔)이다. 木과 金은 음양이 質(구체적 형태, 모양)을 정할 때여서 열린 상태(闢)이다. /·/는 [河圖에서의 위치는] '天五'이고 [土를 낳게 하는] '生土'의 자리다. /ㅡ/는 '地十'이고 [土를 이루는] '成土'의 자리다. [천지인의 人을 표시하는] /ㅣ/는 홀로 자리도 수도 없으니 대체로 무극의 진리요 二五, 즉 음양과 오행의 정수가 교묘하게 합쳐서 엉긴 것이라 위치를 정하고 수효를 이루는 것을 논할 수가 결코 없다. 이것은 중성 가운데 역시 음양과 오행과 방위의 수가 있는 것이다.

라고 하여 陰陽, 五行과 方位로서 中聲字의 상호 대립관계를 표시하였다. 즉 /·, ㅗ, ㅏ/ 와 /ㅡ, ㅜ, ㅓ/, 그리고 /ㅛ, ㅑ, ㅠ, ㅕ/의 상호 대립 관계가 /· : ㅡ/와 /ㅗ : ㅜ/ 및 /ㅏ : ㅓ/, /ㅛ : ㅠ/ 및 /ㅑ : ㅕ/의 대립으로서 '天 : 地', '陰 : 陽', 그리고 五行에서의 '水 : 火', '金 : 木', '闔 : 闢'으로 설명하였다.

2.3 위에서 설명한 중성자의 天地數와 生位成數를 표로 정리하면 다음과 같다.

〈표 1〉 훈민정음 11개 中聲字의 대립관계

字	制字	天地數	生位成數	八卦	비고
·	天圓	天五	生土之位		基本字 (天地의 대립과 중립)
ㅡ	地平	地十	成土之數		
ㅣ	人立	無位	獨無位數		

字	制字	天地數	生位成數	八卦	비고
ㅗ	初生於天	天一	生水之位	乾	初出字 (乾坤, 水火와 巽震, 木金의 대립)
ㅏ	次之	天三	生木之位	巽	
ㅜ	初生於地	地二	生火之位	坤	
ㅓ	次之	地四	生金之位	震	

字	制字	天地數	生位成數	八卦	비고
ㅛ	再生於天	天七	成火之數	兌	再出字 (兌坎, 火水와 離艮, 金木의 대립)
ㅑ	次之	天九	成金之數	離	
ㅠ	再生於地	地六	成水之數	坎	
ㅕ	次之	地八	成木之數	艮	

이에 의하면 〈해례본〉에서 제시한 중성자 11개는 각기 생위성수(生位成數)로 표시할 수 있어 'ㅣ/-獨無位數, /·/-天五, /ㅡ/-地十, /ㅗ/-天一, /ㅏ/-天三, /ㅜ/-地二, /ㅓ/-地四, /ㅛ/-天七, /ㅑ/-天九, /ㅠ/-地六, /ㅕ/-地八'과 같이 표시하였다.

〈해례본〉의 해례에서 보여준 이러한 설명은 무엇을 말하고자 한 것인가에 대하여 우리는 그동안 아무런 해답을 갖고 있지 않았다. 그러나 위의 설명에서 "· 天五, ㅡ 地十, ㅣ 獨無位數－'/·/'는 하늘 5의 위치이고 '/ㅡ/'는 땅 10의 위치인데 '/ㅣ/'만은 혼자 위치의 수자가 없다."라는 설명에서 生位와 成數가 혹시 中聲字, 즉 모음의 대립을 말하

고자 한 것이 아닌가 한다.4)

　왜냐하면 중세한국어의 모음조화에서 '/ㆍ/'와 '/ㅡ/'는 서로 대립되는 모음이었는데 <해례본>의 生位成數에서는 이를 각기 '天'과 '地'로 대립시켰으며 유일하게 모음조화에서 대립을 갖지 않은 모음은 '/ㅣ/'뿐인데 '/ㅣ/[i] 獨無位數'라고 한 것은 이것과 대립되는 모음이 없음을 말하는 것으로 이해할 수 있기 때문이다.

　뿐만 아니라 '/ㅗ/'와 '/ㅜ/'는 五行에서 '水 : 火'로, 八卦에서는 '乾 : 坤'으로 대립시켰고 '/ㅏ/'와 '/ㅓ/'는 '木 : 金'과 '巽 : 震'으로 대립시켰다. '/ㅛ/'와 '/ㅠ/', 그리고 '/ㅑ/'와 '/ㅕ/'도 각기 '火 : 水, 兌 : 坎'과 '金 : 木, 離 : 艮'으로 대립시켜 다음과 같은 11개 중성자를 대립적으로 이해한 것이다. 이를 정리하면 다음과 같다.

　　　　기본자- /ㆍ/(天) : /ㅡ/(地), /ㅣ/(人 - 獨無位數)
　　　　　　　　　　　ㆍ　ㅡ　ㆍ　ㅡ　ㅣ
　　　　초출자- /ㅗ/(水, 乾) : /ㅜ/(火, 坤), /ㅏ/(木, 巽) : /ㅓ/(金, 震)
　　　　　　　　　　　ㅗ　ㅜ　ㅏ　ㅓ
　　　　재출자- /ㅛ/(火, 兌) : /ㅠ/(水, 坎), /ㅑ/(金, 離) : /ㅕ/(木, 艮)
　　　　　　　　　　　ㅛ　ㅠ　ㅑ　ㅕ

　따라서 위의 설명은 性理學에서 대립을 체계적으로 설명하는 데 쓰이는 天地, 陰陽과 五行 및 방위의 대립을 이용하여 중성자 11개의 상호 대립을 설명한 것으로 볼 수밖에 없다.

　<해례본>의 해례(explanation and examples)에서 중성자에 대한 生位成

---

4) 여기서 天五니 地十이니 하는 天地의 숫자는 河圖에서 말하는 生位의 자리다. 이에 대하여는 졸고(2002)를 참고.

數의 설명은 '天地, 陰陽, 五行'에 의한 대립만을 말한 것이 아니다. 주지하는 바와 같이 생위성수는 河圖와 洛書에 찍혀있는 점의 수효와 위치를 말한다. 특히 河圖는 중국 三皇시대의 伏羲氏 때에 黃河에서 龍馬가 가지고 나왔다는 55점의 그림으로 洛書와 함께 周易의 기본이 된다. 이 하도에는 55점의 그림이 동서남북으로 나뉘어 찍혀있고 그 각각의 수가 차지한 위치가 生位成數로 알려졌다. 이에 대하여는 졸저(2012 : 249~251)에서 상세히 설명하였다.

2.4 구조주의 언어학에 입각한 음운론에서는 음운의 존재를 개별적으로 이해하지 않고 전체의 체계 속에서 파악하려고 한다.5) 그리고 각개 음운이 서로 대립적으로 존재한다고 본다. 즉 음운이란 언어요소들이 서로 대립관계에 있음을 중요하게 생각하고 음운체계란 음운론적 대립의 총체를 말한다고 본다.

실제로 각 음운은 다른 음운과 변별적 대립(distinctive opposition)으로 존재하며 이 대립에 의하여 언어의 의미를 분화키는 것이다.6) 이 대립

---

5) 이에 대하여는 "構造音韻論者(Structo-phonologist)들은 각 음소들(phonemes)을 언어 분석의 究極的 要素(ultimate elements)로서 추출해 내는 것이 중요하지 않고 그 요소들의 상호 대립 관계를 중심으로 체계 속에서 파악하는 것이 더 중요한 것이라고 생각했다. 이러한 구조주의적 발상은 물론 자연과학에서 分子論(The molecular theory)이 세력을 얻은 이후에 그로부터 영향을 받은 것이지만 20세기 전반의 언어 연구에서 가장 발전된 분야로 알려진 언어학의 이러한 인식은 다른 인문학 분야에도 많은 영향을 끼쳤다."(졸저, 2012 : 246)라는 설명을 참조할 것.
6) 음운의 대립은 대립을 이루는 두 항과 다른 대립 항과의 관계에 의하여 양면대립(bilateral opposition)과 다면대립(multilateral opp.), 그리고 비례대립(proportional opp.)과 고립대립(isolated opp.)으로 나눌 수 있고 대립을 이루는 두 항 사이의 논리적 관계에 따라 유무대립(privative opp.)과 漸層대립(gradual opp.), 等值대립(equipollent opp.)으로 나눌 수 있으며 대립 항이 가지는 변별력의 多寡에 따라 不變대립(constant opp.)과 가중화대립(neutralizing opp.)으로 나눈다(이기문, 김진우, 이

적으로 존재하는 모든 음운들은 서로 親疎관계를 갖고 있으며 이러한 관계에 따라 각 음운들은 相關關係를 맺게 된다. 예를 들어 한국어에서 유기음을 변별적 자질로 하는 /ㄱ : ㅋ, ㄷ : ㅌ, ㅂ : ㅍ, ㅈ : ㅊ/의 대립은 兩面대립이고 比例대립이며 또 有無대립과 可中和대립에 있다고 할 수 있다.

이렇게 유기음을 변별적 자질로 하는 /ㄱ : ㅋ/와 /ㄷ : ㅌ/, /ㅂ : ㅍ/, /ㅈ : ㅊ/는 다른 음운보다 서로 매우 밀접한 관계를 맺고 있는데 이들은 유기음의 상관관계에[7] 있다고 하고 이들의 각 두 항을 相關雙(correlation pair)이라고 하며 이러한 상관관계에 있는 음운들의 총집합이 하나의 체계를 이룬다고 본다.

놀랍게도 <해례본>을 보면 훈민정음 제정 당시에 이러한 구조음운론에 입각하여 문자를 제정한 것으로 보인다. 初聲에서 全淸의 無徵標(unmarked) 계열로 보이는 /ㄱ[k], ㄷ[t], ㅂ[p], ㅅ[s], ㅈ[ʧts]/에 대하여 次淸의 유기음(aspirates) 계열로 보이는 /ㅋ[kh], ㅌ[th], ㅍ[ph], ㅊ[ʧh]/,[8] 그리고 불청불탁의 비강공명음(nasal) 계열을 징표로 갖는 /ㅇ[ng], ㄴ[n], ㅁ[m]/[9]와 유성음(voiced), 또는 성문 긴장(glottal tension)을 징표로 갖는 全濁 계열의 /ㄲ, ㄸ, ㅃ, ㅆ, ㅉ/을 制字하여 이들이 서로 유기음 상관, 공명음 상관, 유성음 또는 성문긴장음 상관을 이루고 있음을 보여주었다. 20세기에서 시작된 구조주의 음운론의 음운 인식이 500년 전에 있었던 참으로 놀라운 일이 아닐 수 없다. 진정한 의미로 보는 훈민정음

상억, 1984).

7) 이때의 유기음을 상관징표(correlation mark)라고 한다.

8) /ㅅ/의 유기음 상관쌍은 없다. 이와 같이 /ㅋ,ㅌ,ㅍ,ㅊ/와 같이 짝이 있는 음운(phonéme apparié)에 대하여 /ㅅ/는 짝이 없는 음운(phonéme nonapparié)이다.

9) 역시 이 상관에서 /ㅅ, ㅈ/는 짝 없는 음소다.

의 과학성은 바로 이런 것을 말한다.

2.5 中聲의 제자도 바로 구조음운론의 원리에 맞추었다. 즉 앞에서 살펴본 바와 같이 중성자들은 河圖의 生位成數에 따라 /ᄋ : 으, 오 : 우, 아 : 어, 요 : 유, 야 : 여/의 대립을 인정하였다. 이들은 김완진(1963)과 이기문(1968)에서 주장된 바와 같이 혀의 위치를 상관징표로 하는 상관쌍들로서 전설모음 /으, 우, 어, 유/에 대하여 후설모음 /ᄋ, 오, 아, 요, 야/가 서로 혀의 높이에 따라 대립을 이루고 있는 전형적인 상관관계라고 할 수 있다. 다만 <해례본>에서는 후자를 陽, 전자를 陰으로 보아 陰陽의 대립으로 설명하였다.

여기서 /ᄋ, 으, 이/의 기본 3자에 대하여는 /ᄋ/가 天(陽)이고 /으/가 地(陰)로 서로 대립적인 존재이며 /이/는 人으로서 天地의 대립에서 벗어나 있다. 따라서 /이/는 천지의 대립, 즉 음양의 대립으로 전설 대 후설의 대립적 존재이지만 /이/는 이러한 대립과 관련이 없는 음운으로 앞서 설명한 짝 없는 음운인 것이다. 그리고 이들 세 모음은 입술모양의 원순성에 의한 상관관계는 없는 음운이다.

따라서 이들을 도표로 그리면 다음과 같을 것이다.

〈표 2〉 中聲 기본자의 字形, 象形, 대립

글자	制字의 원칙(三才)	전설 대 후설(음양의 대립)
ᄋ	天(地에 대립함)	후설, 陽
으	地(天에 대립함)	전설, 陰
이	人(대립이 없음)	모음조화에서 중화됨

그러나 나머지 8개 中聲字는 /오, 우, 요, 유/에 대하여 /아, 어, 야, 여

/는 후자가 口張이고 전자가 口蹙이라 하여 원순성의 징표로 이루어진 상관관계가 있음을 밝혔다. 즉 <해례본> 「制字解」에

ㅗ與‧同而口蹙, 其形則‧與一合而成, 取天地初交之義也。ㅏ與‧同而口張, 其形則ㅣ與‧合而成, 取天地之用, 發於事物, 待人而成也。ㅜ與一同而口蹙, 其形則一與‧合而成, 亦取天地初交之義也。ㅓ與一同而口張, 其形則‧與ㅣ合而成, 亦取天地之用, 發於事物, 待人而成也。[하략]
- /ㅗ/는 /‧/와 더불어 [조음위치가] 같으나 /ㅗ/는 입술을 쭈그리고 그 글자 모습은 /‧/에다가 /ㅡ/를 결합해서 이루어진 것이며 하늘과 땅이 처음 [한번] 어울렸다는 뜻을 따른 것이다. /ㅏ/는 /‧/와 [조음위치가] 같지만 /ㅏ/는 입술을 펴고 그 글자 모습은 /ㅣ/에다가 /‧/를 결합해서 이루어진 것이며 하늘과 땅의 쓰임이 사물에서 시작하지만 사람을 기다려 완성된다는 뜻을 따른 것이다. /ㅜ/는 /ㅡ/와 더불어 [발음위치가] 같지만 그 글자 모습은 /ㅡ/에다가 /‧/를 결합하여 이루어진 것으로 역시 하늘과 땅이 처음 [한 번] 어울렸다는 뜻을 따른 것이다. /ㅓ/는 /ㅡ/와 더불어 [조음위치가] 같으나 입술이 펴지고 그 글자 모습은 /‧/에다가 /ㅣ/를 결합하여 이루어진 것으로 역시 하늘과 땅의 쓰임이 사물에서 시작하지만 사람을 기다려 완성된다는 뜻을 따른 것이다.

라는 설명은 이 중성자들이 원순성에 의한 상관관계가 있음을 설명한 것이다. 이 설명을 도표로 보이면 다음과 같다.

〈표 3〉 훈민정음 中聲 初出字의 조음위치 口形, 字形, 대립, 象形

글자	조음 위치	입술 모양	制字 방법	天(圓)의 위치와 음양	천지의 이치
ㅗ	‧同	口蹙	‧ + ㅡ	上, 陽	天地初交之義

ㅏ	·同	口張	ㅣ + ·	外, 陽	天地之用, 發於事物, 待人而成
ㅜ	一同	口蹙	ㅡ + ·	下, 陰	天地初交之義
ㅓ	一同	口張	ㅡ + ·	內, 陰	天地之用, 發於事物, 待人而成

이것은 재출자 /ㅛ, ㅑ, ㅠ, ㅕ/의 경우도 같다. 다만 하늘과 땅이 두 번 결합하는 再出의 뜻이 있는 것이 다를 뿐이다. 이를 같은 표로 보이면 다음과 같다.

〈표 4〉中聲 再出字의 조음위치 口形, 字形, 대립, 象形

글자	조음 위치	입술 모양	制字방법	天(圓)의 위치와 음양	ㅣ계이중 모음	천지의 이치
ㅛ	ㅗ同(陽)	口蹙	·+·+ㅡ	上, 陽	起於ㅣ	兼乎人, 爲再出。二 其圓, 取其再生之義
ㅑ	ㅏ同(陽)	口張	ㅣ+·+·	外, 陽	起於ㅣ	兼乎人, 爲再出。二 其圓, 取其再生之義
ㅠ	ㅜ同(陰)	口蹙	ㅡ+·+·	下, 陰	起於ㅣ	兼乎人, 爲再出。二 其圓, 取其再生之義
ㅕ	ㅓ同(陰)	口張	·+·+ㅣ	內, 陰	起於ㅣ	兼乎人, 爲再出。二 其圓, 取其再生之義

이러한 〈해례본〉의 장황한 설명은 /ㅣ/를 뺀 10개의 中聲字들이 조음 위치를 상관징표로 하는 상관과 원순성에 의한 상관, 그리고 ㅣ계 이중모음에 의한 상관관계를 맺고 있음을 설명한 것이다. 즉 /·, ㅗ, ㅏ, ㅛ, ㅑ/는 후설모음이고 /ㅡ, ㅜ, ㅓ, ㅠ, ㅑ/는 전설모음으로 〈해례본〉에서는 陰陽으로 구분하였다. 그리고 /ㅗ, ㅛ, ㅜ, ㅠ/과 /ㅏ, ㅑ, ㅓ, ㅕ/는 각기 ㅡ闔ㅡ闢한다고 하여 전자는 闔, 즉 원순 모음이고 후자는

闢, 즉 비원순 모음이라 하고 이를 <해례본>에서는 口蹙과 口張으로 구분하였다.10)

따라서 /·/와 /ㅡ/를 뺀 초출자로 표시된 4개 모음 /ㅗ, ㅏ, ㅜ, ㅓ/와 재출자로 표시된 4개 모음 /ㅛ, ㅑ, ㅠ, ㅕ/는 음양으로 표시된 후설 대 전설의 대립 이외에도 각기 원순성, ㅣ계 이중모음을 상관징표로 하는 모음들로 상관관계를 맺고 있음을 밝혀두었다. 즉 /ㅗ, ㅜ, ㅛ, ㅠ/는 원순계열이고 /ㅏ, ㅓ, ㅑ, ㅕ/는 비원순 계열이라 후자는 '口張(입술을 펴다)'로, 전자는 '口蹙(입술을 오므리다)'로 표시하였다.

또 초출자 /ㅗ, ㅏ, ㅜ, ㅓ/는 단모음이고 재출자 /ㅛ, ㅑ, ㅠ, ㅕ/는 ㅣ계 이중모음이어서 후자는 "起於ㅣ, 再出 再生, 兼乎人, 二其圓 - ㅣ에서 나왔으며 재출, 또는 재생으로 人의 /ㅣ/을 겸하여 圓이 두 개다"로 표시하고 전자는 "初出, 初交, 一其圓 - 처음 나왔으며 [천지가] 첫 번 교합한 것으로 圓이 하나다"로 글자의 모습을 설명하였다. 이로부터 재출자 /ㅛ, ㅑ, ㅠ, ㅕ/는 ㅣ계 이중모음임을 명기하였다.

---

10) 이에 대하여는 <해례본>「제자해」의 "[전략] 此下八聲, 一闔一闢, ㅗ與·同而口蹙, 其形則·與一合而成, 取天地初交之義也。ㅏ與·同而口張, 其形則ㅣ與·合而成, 取天地之用發於事物待人而成也。ㅜ與一同而口蹙, 其形則ㅣ與·合而成, 亦取天地初交之義也。ㅓ與一同而口張, 其形則·與ㅣ合而成, 亦取天地之用發於事物待人而成也。ㅡ이 다음의 8성(ㅗ, ㅏ, ㅜ, ㅓ, ㅛ, ㅑ, ㅠ, ㅕ)은 하나는 합(闔), 즉 [입술을] 다물고 하나는 벽(闢), 즉 열고 [발음하니] /ㅗ/는 /·/와 [발음 위치가] 같되 입술을 쭈그리며(口蹙) 그 [글자의] 모습은 '·(天圓)'에다가 'ㅡ(地平)'를 결합하여 이룬 것으로 천지가 첫 번 교합하는 뜻을 취한 것이다. /ㅏ/는 /·/와 같되 구장(口張), 입술을 펴며 그 모습은 'ㅣ(人立)'에다가 '·(天圓)'를 결합하여 이룬 것이니 천지의 쓰임이 사물에서 시작하지만 사람을 기다려서 완성이 된다는 뜻을 취한 것이다. /ㅜ/는 /ㅡ/와 같되 입술을 쭈그리며 그 모습은 'ㅣ(人立)'에다가 '·(天圓)'을 합하여 이룬 것이니 역시 천지가 첫 번 교합하는 뜻을 취한 것이다. /ㅓ/는 /ㅡ/와 같되 입술을 펴며 그 모습은 '·(天圓)'과 'ㅣ(人立)'이 결합하여 이룬 것이니 역시 천지의 쓰임이 사물에서 시작하지만 사람을 기다려 완성된다는 뜻을 취한 것이다."라는 설명을 참조할 것.

2.6 이를 보면 재출자 /ㅛ, ㅑ, ㅠ, ㅕ/는 단모음이 아님을 표시한 것이어서 <해례본>에서는 스스로 이 4개 모음을 뺀 7개 中聲만이 단모음을 표기한 것임을 밝혔다. 따라서 그동안 학계에서는 훈민정음이 당시 7개 단모음을 문자화한 것으로 인식하고 있었으며 이들은 조음위치에 의한 陰陽과 口張 및 口蹙으로 표시한 원순성에 의한 상관관계를 맺고 있다고 <해례본>의 설명을 이해하였다.

따라서 <해례본> 「제자해」의 7개 중성자로부터 다음과 같은 모음체계를 상정할 수 있다.

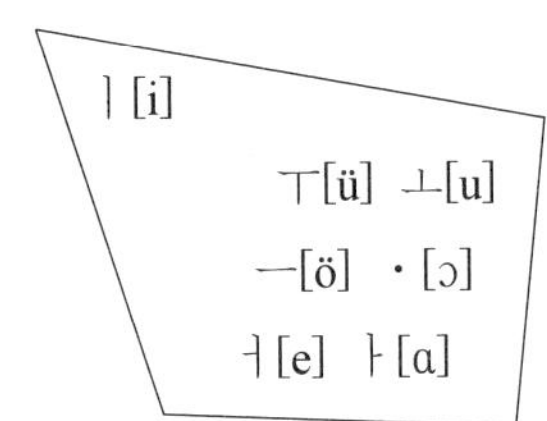

<그림 1> 훈민정음 중성의 모음체계

이 모음체계는 김완진(1963)에서 훈민정음 제정 당시인 중세한국어의 모음체계로 주장되었고 이기문(1968)에서 중세한국어의 모음체계가 아니고 당시의 모음조화 체계이며 이것은 고대한국어의 모음체계였을 것이라는 주장이 있었다. 그리고 이를 추종하는 수많은 연구논문이 뒤를 이었다.

그러나 이것은 졸저(2009)에서 중세몽고어의 모음체계로서 元代 『蒙古字韻』의 喩母로 정리된 파스파의 모음자에 의거한 것이라는 주장이 제기되었다. 이 논문에서 필자는 중세몽고어의 음운을 근거로 하여 문자를 제정한 파스파 문자에서 중세몽고어의 7모음을 문자화한 것이 『蒙

古字韻』의 喩母字 7字이며 훈민정음은 이 7개 모음에 이중모음 4개 / ㅛ, ㅑ, ㅠ, ㅕ/를 再出字로 추가하여 11개의 중성자를 만든 것이라고 하였다(졸저, 2009 : 272~275).

3. 모음조화와 한국어의 모음체계

3.0 모음조화(vowel harmony)는 일종의 동화현상이다.11) 기본적으로 모음조화는 한 어휘의 語幹 내에서 동일한 부류의 모음으로 구성되는 것을 말한다. 같은 종류의 모음끼리 모이려는 현상이 인접한 모음을 변화시키거나 서로 다른 모음을 가진 異形態에서 같거나 유사한 모음을 가진 조사와 어미를 선택한다. 한국어와 같이 어미나 조사가 어간의 모음과 유사한 모음을 가지려는 현상은 특히 동화로 보는 것이 옳을 것이다. 따라서 모음조화는 발음 위치가 같거나 유사한 모음끼리, 예를 들면 전설모음은 전설모음끼리, 후설모음은 후설모음끼리 모이려는 口蓋的 조화(palatal harmony)가 있고 원순성의 여부에 의하여 원순모음끼리, 또는 반대로 비원순모음끼리 모이려는 脣的조화(labial harmony)

---

11) 모음조화가 모음의 동화현상이라는 사실에 대하여 일찍이 이숭녕(1949)에서 '모음조화의 개념과 동화작용과의 관계'란 제목으로 상세히 고찰하였다. 즉 "[전략] 그러나 母音調和를 前部와 後部母音에 관련한 前進的 同化作用(une assimilation progressive intéréssant les voyelles antérieur et postérieures)이라고 본 데는 앞서 말한 에스페르센의 progressive assimilation과 다른 것이다. 그리하여 모음조화는 Szinnyei의 규정과 같이 母音同化作用이라고 부른다. 쏘바죠오의 恩師인 드니(J. Deny)도 역시 명백히 harmonie ou assimilation vocalique라 言明하였으니 母音調和는 일종의 모음동화작용이라고 봄도 알 수 있다."(이숭녕, 1988 : 179~180에서 인용)라고 하여 모음조화가 모음의 동화작용임을 누누이 강조하였다.

가 있으며 이 둘을 복합한 複合조화(labio-palatal harmony)가 있을 수 있다. 그리고 아주 드물지만 고모음은 고모음끼리, 저모음은 저모음끼리 모이려는 水平的 조화(horizontal harmony)가 있다(Ladefoged, 1975).

이 4종류의 모음조화 가운데 가장 많이 나타나는 것이 전설모음은 전설모음끼리, 후설모음은 후설모음끼리 모이는 구개적 조화로 알타이 제어에서 나타는 모음조화는 이 구개적 조화를 기본으로 갖고 있다고 한다.12) Poppe(1965 : 181)에서

> The vowel harmony is a feature common to all Altaic languages. It is not easy to give a general definition of what vowel harmony is, which could be applied to all Altaic languages without any exceptions. In the simplest cases, the vowel harmony manifests itself in that in one word there may occur either only back vowels or only front vowels.

라 하여 알타이제어에서 모음조화는 공통으로 나타나는 자질이며 가장 일반적인 단순한 형태는 전설모음과 후설모음의 대립에 의한 조화, 즉 구개적 조화(Palatal harmony)임을 밝혀놓았다.

특히 몽고제어에서 모음조화는 가장 단순한 형태의 구개적 조화로서 /i/가 중립적이라고 하였다. 즉, 전게한 Poppe(1965 : 184)에서 몽고어의 모음조화에 대하여

> In proceeding to vowel harmony in Mongolian languages, it should be

---

12) 이에 대하여는 Poppe(1955 : 84~94, 1960 : 147~152) 및 Räsänen(1949 : 96~ 106), Cincius(1949 : 116~124). Ramstedt(1939 : 25~28) 등을 참고할 것. 여기서 참고한 Poppe의 논문은 몽고어의 모음조화, Räsänen은 튜르크어, Cincius는 만주-퉁구스어, Ramstedt는 한국어의 모음조화에 대하여 언급하였다.

remarked that the simplest type, namely, back versus front vowels, is represented by the vowel harmony in Written Mongolian and Kalmuck. Here, in one word only /a, o, u/ or /e, ö, ü/ may occur, the vowel /i/ being neutral.

라 하여 몽고어, 특히 몽고문어와 칼묵어에서의 모음조화는 가장 단순한 형태의 전설 대 후설의 대립을 기본으로 하는 구개적 조화이며 /i/는 이러한 대립에서 중립이라고 하였다(Poppe, 1955 : 84~94).

이 중세몽고어의 모음들은 파스파 문자에서 7개의 문자로 표기되었다.

3.1 한국어의 역사 연구에서 모음조화에 대한 연구는 각 시대의 모음체계 수립과 관련하여 연구되었다. 앞에서 살펴본 훈민정음 7개 중성자는 음양으로 나뉘어 '天'의 數를 가진 'ᆞ, 오, 아'는 陽이고 '地'의 수를 가진 '으, 우, 어'는 陰이라 하여 모음 6개를 두 계열로 나누었다.

여기서 말하는 陰과 陽은 무엇을 말하는 것일까? 일찍이 김완진(1963)에서는 훈민정음의 중성자들이 전후의 대립을 가진 것으로 보고 陰의 중성자는 전설모음, 陽은 후설모음으로 보아 훈민정음의 11개 중성자 가운데 단모음의 문자인 7개 중성자는 다음과 같은 중세국어의 모음체계를 문자화한 것으로 보았다.

<pre>
          전설(陰) 후설(陽)
    이   우   오   - 고모음
             으   ᆞ   - 중모음
             어   아   - 저모음
</pre>

〈그림 2〉 김완진(1971 : 43)의 모음체계도

그러나 이기문(1968)에서는 이러한 대립이 당시 모음체계를 반영한 것이 아니라 言衆의 의식 속에 들어있는 모음조화의 체계를 반영한 것으로 모음 체계와 모음조화의 체계는 일치하지 않을 수도 있다고 주장하였다. 그리하여 모음조화의 체계를 반영한 훈민정음의 중성자 체계는 오히려 고대국어의 모음체계와 유사하다고 주장하였다.

필자도 이것이 훈민정음 제정 당시의 모음체계로 보기 어렵다고 생각한다. 우선 '오~으'의 대립이 이미 15세기에 매우 흔들리고 있으며 이것은 16세기에 '오'음의 제1차 소실, 즉 비음운화 현상이 매우 진전되었기 때문이다. 그리고 무엇보다도 '우~오'의 대립이 더 이상 전후의 대립이 아니라는 점이다. 『四聲通解』에 소개된 蒙古韻13)을 고찰하면 이미 '오[o, u], 우[ü]'로부터 '오[o], 우[u]'의 변천이 있어서 이미 현대어와 같이 '고 ~저'의 대립을 보이기 때문이다(졸고, 2002 : 36~41).

3.2 그렇다면 훈민정음 제정 당시 한국어의 모음체계는 어떠하였으며 그것이 중성자의 제자(制字)에 어떤 영향을 미쳤을까? 이 문제는 한국어 音韻史를 연구하는 사람들에게는 오랜 숙제였다. 그리하여 많은 연구논문이 발표되었으나 아직도 모든 의혹이 해소된 것은 아니라고 보는 것이 필자의 견해다.

가장 널리 알려진 이기문(1998)의 연구에서 고대국어, 전기 중세국어, 그리고 훈민정음 제정 당시인 후기중세국어의 모음체계는 다음과 같이 변화하였다고 보았다.

---

13) 蒙古韻은 『사성통해』에서 『蒙古韻略』의 파스파(八思巴) 문자로 한자음 표음을 인용한 것이라고 하지만 이 운서는 오늘날 전하지 않으므로 가능한 것은 현전하는 『몽고자운』의 파스파자 표음과 비교하는 것이다.

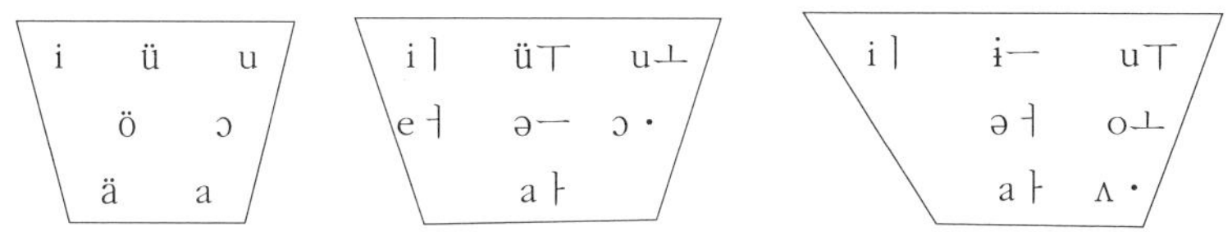

고대국어(이기문, 1998 : 82) 전기중세국어(같은 책 : 108) 후기중세국어(같은 책 : 143)
〈그림 3〉 한국어사에서 본 각 시대별 모음체계

이 주장의 특징은 훈민정음 제정 당시인 후기중세국어에서 이미 '　ㅗ : ㅜ'와 'ㅏ : ㅓ'는 '후설 : 전설'의 대립이 아니라 '고모음 : 저모음'이었다는 점이다. 따라서 훈민정음 중성자의 제자에서 'ㅗ : ㅜ'와 'ㅏ : ㅓ'를 전설 대 후설의 대립으로 보아 '陽 : 陰', 또는 '天 : 地'로 이해한 것은 그 전시대, 즉 고대국어나 전기중세국어의 모음체계에 이끌린 것이라고 설명하였다.

훈민정음이 제정된 후기중세국어 시대의 국어 모음체계가 '으~우, 어~오, 아~ᄋ'의 전후 대립을 보이고 있다는 이 견해에 대하여 대체로 동의한다. 그러나 〈해례본〉의 해례에서는 중성자에 대하여 음양, 즉 전후의 대립만을 말한 것이 아니라 闔闢과 口蹙, 口張의 대립도 인정하였다. 즉 〈해례본〉의 '制字解'에 "此下八聲一闔一闢, ㅗ與·同而口蹙.[중략] ㅏ與·同而口張, [중략] ㅜ與一同而口蹙, [중략] ㅓ與一同而口張, [중략] ㅛ與ㅗ同而起於ㅣ, ㅑ與ㅏ同而起於ㅣ, ㅠ與ㅜ同而起於ㅣ, ㅕ與ㅓ同起於ㅣ。"라 하여 다음 8성 /ㅗ, ㅏ, ㅜ, ㅓ, ㅛ, ㅑ, ㅠ, ㅕ/는 하나는 闔, 즉 口蹙音(원순모음)이고 또 하나는 闢, 즉 口張(비원순모음)이라 하여 口蹙音과 口張音으로 나누었다. 이에 의하면 다음과 같은 구별이 가능하다.

闔(口蹙) － ㅗ, ㅜ, ㅛ, ㅠ - 원순모음
闢(口張) － ㅏ, ㅓ, ㅑ, ㅕ - 비원순모음

이 가운데 '/ㅛ, ㅑ, ㅠ, ㅕ/'의 4음은 '起於ㅣ'라 하여 전술한 바와 같이 /ㅣ/[i]계 이중모음임을 분명히 밝히고 있다. 따라서 <해례본>의 '중성해'는 모음조화에 관여하는 8개모음을 陰陽의 대립(전설 대 후설)과 闔闢의 대립(원순대 비원순), 그리고 단모음과 이중모음(초출자대 재출자)의 대립으로 나누어 분류한 것이다. 적어도 <해례본>에서는 한국어 모음의 3개 相關雙을 인정하고 이들이 서로 대립적으로 존재한다고 본 것이다.14)

3.3 김완진(1978)에서는 '/ㆍ/'와 '/ㅗ/'가 같은 위치에서 발음되고 '/ㅡ/'와 '/ㅜ/'가 역시 동기관음(homorganic)이지만 비원순모음과 원순모음의 구별이 있다고 보아 다음과 같은 모음체계를 모음사각도에 그렸다.

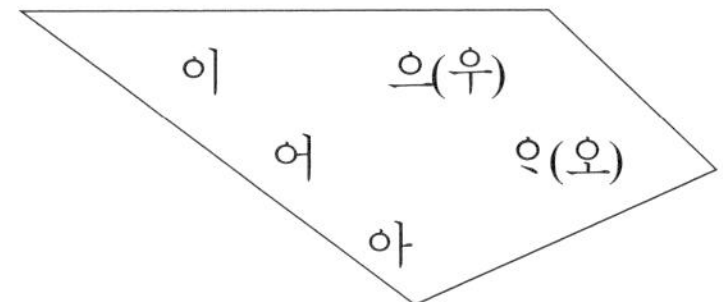

〈그림 4〉 훈민정음 제정 당시의 조선어 모음체계

---

14) 이들은 각기 음성상징(sound symbolism)을 보이며 대립한다. 즉 중세국어의 "놀곤(古) ~ 늘근(老), 포르다(碧) ~ 프르다(靑)"에서의 '으 ~ ᆞ'의 대립과 "곧다(直) ~ 굳다(堅), 노기다(融) ~ 누기다(弛), 보ᄃ라온(軟) ~ 부드러운(柔)"의 대립에서 '우 ~ 오', 그리고 "갓(皮) ~ 것(表), 남다(餘) ~ 넘다(溢), 갓가(刻) ~ 것거(折)"의 대립에서 '아 ~ 어'의 대립을 찾을 수 있는데 후설모음계열의 'ᆞ, 오, 아'는 가볍고 밝은 느낌을 주고 전설의 '으, 우, 어'는 어둡고 무거운 느낌을 주는 것으로 보인다. 현대국어에서도 이러한 음성상징은 그대로 유지되었다.

이 모음사각도는 후기 중세국어의 모음이 아직도 '우～오, 으～♀,
어～아'가 前後의 대립을 보인다는 가정 아래에 수립된 것이다. 이것은
몽고어의 차용에서 국어의 '어[ɛ]'가 前舌이었다는 점을 설명하기에 매
우 합리적이고 아울러 파스파字로 표기된 몽고운의 'u～우', 'o～오'를
설명할 수 있다. 그런 의미에서 이 체계는 상당한 설득력을 갖고 있으
며 "ᄉ매(袖) > 소매"와 "블(火) > 불"의 변화도 전후한 인접 자음에 의
하여 동기관음의 모음이 圓脣化된 것으로 쉽게 설명할 수 있다.

　3.4 이상의 논의에서 훈민정음 제정 당시의 한국어, 즉 후기 중세한
국어 시대에는 전설모음 대 후설모음의 모음조화가 존재하지 않았음
을 분명하게 알 수 있다. 그럼에도 불구하고 <훈민정음>에서는 왜 위
와 같은 모음조화를 염두에 두고 中聲을 陰陽으로 나누었을까? 그리고
<그림 1>과 같은 모음체계를 상정하고 중성자를 제자하였을까? 이에
대한 해답은 아무래도 파스파 문자의 모음자와 연관하여 찾을 수밖에
없다.

4. 元代 파스파자의 모음자와 중세몽고어의 모음조화

　4.0 몽고어에서도 모음조화 현상은 발견된다. 몽고어의 모음조화는
어간 내부의 모음구조가 전설모음, 또는 후설모음으로만 이루어지는
전형적인 구개적 조화를 보인다.15) 특히 전설고모음 '*i'가 모음조화에

---

15) 이에 대하여는 Poppe(1955 : 84~5)에 "Vocalic harmony is an old phenomenon in
　　Mongolian. [중략] Vocalic harmony is manifested by the fact that in one and the

관여하지 않고 전설모음이나 후설모음의 모두와 연결이 가능한 것은 한국어의 특성과 일치한다. Poppe(1955 : 84)에 의하면 알타이어의 고대 시대에 모음 '*i'와 '*ï'가 통합되었기 때문에 '*i'가 중립적이 되었다고 한다.16)

따라서 몽고어에서 보이는 전설 대 후설 모음의 대립을 훈민정음 中聲字 제정에서도 그대로 적용하여 3쌍의 전설 대 후설모음의 대립을 인정하고 이러한 대립과 관계없는 한 개 중성자를 制字한 것으로 보인다. 그것이 <해례본> 설명에서 '獨無位數'로 나타난 것이다. 중성자의 제정도 당시 조선어의 음운을 반영하였다고 보기 어려운 이유가 여기에 있다.

훈민정음의 제자가 당시 음운을 완벽하게 분석하여 究極적 단위인 音素를 추출하고 그 하나하나에 문자를 부여한 것을 보기가 어렵다고 한 근거는 이러한 많은 변수가 있는 것을 모두 참작해야 하기 때문이다.

4.1 이러한 훈민정음의 中聲은 파스파 문자의 모음 문자와 같다. 졸고(2009c, 2011a)에서 처음으로 제기된 바와 같이 파스파 문자의 모음자는 모두 7개이다. 元代 쿠빌라이 칸(忽必烈汗)의 勅令으로 제정된 파스파 문자는 중세몽고어를 기록하기 위하여 제정된 것이며 이 문자들은 당시 몽고어의 음운을 기호화하여 문자로 제정한 것임을 여러 논저에서 밝히고 있다. 또 이 파스파 문자는 졸저(2009, 2012) 등에서 훈민정음 제

---

same stem only back or only front vowels may occur. This means that the one and the same word may contain only *a, *o, *u, *ï or only *e, *ö, *ü, *i."라는 논술을 참고할 것.

16) 이에 대하여는 "The vowel *ï converged with *i long ago and the latter became a neutral vowel. Now it may occur in stems with any vowels." (Poppe, 1955 : 84)라는 논술을 참고할 것.

정의 기반이 되었음을 주장한 바가 있다.

파스파 문자의 모음자는 그동안 Poppe(1957)에서 8모음자로 소개되었으나 실제로는 더 많은 모음자를 실제 이 문자의 해독에서 제공하였다. 그동안은 파스파자의 모음자에 대하여 여러 가지 가설이 있었지만 가장 명확한 것은 Poppe(1957, 1965)에 도표로 보인 8모음자이다. 이를 여기에 옮겨 보면 다음과 같다.

〈그림 5〉 포페교수의 모음자(사진)    〈그림 6〉 포페교수의 자음자(사진)

〈그림 5〉에서 보이는 바와 같이 포페교수는 8개 파스파 모음자를 추출하였고 〈그림 6〉의 자음자에서도 모음자로 보아야 하는 [y], [ʸ], [ɰ]가 있으나 이것은 파스파 문자에 대한 이해의 부족으로 보인다. 모음자에 부속된 구별부호(diacritical mark)로 보아야 할 것을 단독문자로 본 것이다(졸고, 2011a).

훈민정음의 제정에서 『東國正韻』과 같은 역할을 했던 파스파 문자
제정의 『蒙古字韻』에서는 권두의 「字母」에서 모음자를 규정했다고 보
았다. 졸고(2009c)에서는 중세몽고어의 단모음 [a, o, u, e, ü, ö, i]를 문
자화한 것이 다음 <그림 7>에서 보이는 『몽고자운』 권두의 「자모」에
서 우측에 "此七字歸喩母– 이 7개 글자가 喩母에 돌아가는 것"이라고
하여 /ᗺ/를 포함한 /ᄎ, ᅙ, ᄂ, ᄀ, ᄏ, ᅀ/의 7자를 喩母에 속하는
글자로 제시한 것이다.17) 『몽고자운』의 喩母는 바로 『東國正韻』의 '欲
母'로서 모음자를 말한다.18)

4.2 졸고(2009c)에서는 『蒙古字韻』 권두의 '字母'에 "ᅀᅙᄀᄎᄏᄂ
此七字歸喩母"라고 보인 것이 실은 6개 파스파자의 모음자이며 여기서
7개 문자라고 한 것은 喩母의 /ᗺ, ᗃ[a]/를19) 포함하여 'ᅀ[i], ᅙ[u], ᄀ
[i+o/u, ü], ᄎ[o], ᄏ[e+o/u, ö], ᄂ[e]'의 7개 모음을 표기한 글자를 말한
것으로 파악하였다(졸고, 2011a :).20)

---

17) 이 가운데 /ᄀ/는 아마도 /ᅀ/[i] + /ᄼ/[o/u]의 複字로 보인다. 상단의 가로 획을 취
    했을 것이다. 반면에 /ᄏ/는 /ᄂ/[e] + /ᄼ/[o/u]의 複字일 것이다. 고모음인 경우 /i/,
    중모음인 경우 /e/를 덧붙여 전설 고모음 /ü/와 전설 중모음 /ö/를 표기한 것으로
    보인다. /ᄼ/가 원순 후설모음을 표기한 것은 포페 교수의 <그림 6>의 마지막 문
    자를 참고할 것.
18) 파스파 모음자에 대한 졸고(2009c)의 주장은 물론 시행착오도 있었지만 세계 文字
    學界에서 처음 있는 주장이었다. 그러나 파스파 문자의 연구에서 服部四郎의 논문
    을 게재하는 등 가장 오랜 전통을 갖고 있는 東京大學 言語學科에서 발간하는 『東京
    大學 言語學論集』 제31호(2011)에 필자의 이러한 주장을 담은 졸고(2011a)가 오랜
    논문 심사 끝에 卷頭 논문으로 揭載되어 어느 정도 인정을 받기에 이르렀다. 한국
    학계에서는 이 문자에 대한 아무런 관심이 없어 국어학회가 간행하는 『국어학』
    56호(2009)에는 이러한 주장을 하는 졸고(2009c)가 학회지의 말미에 겨우 실렸을
    뿐이다.
19) 이 두 문자는 서로 異體字로 몽고어 [a]를 표기한 모음자이다.
20) 다만 졸저(2009)에서는 이를 명확하게 언급하지 못하고 /ᄀ/를 [u̯, iu]로, /ᄏ/를

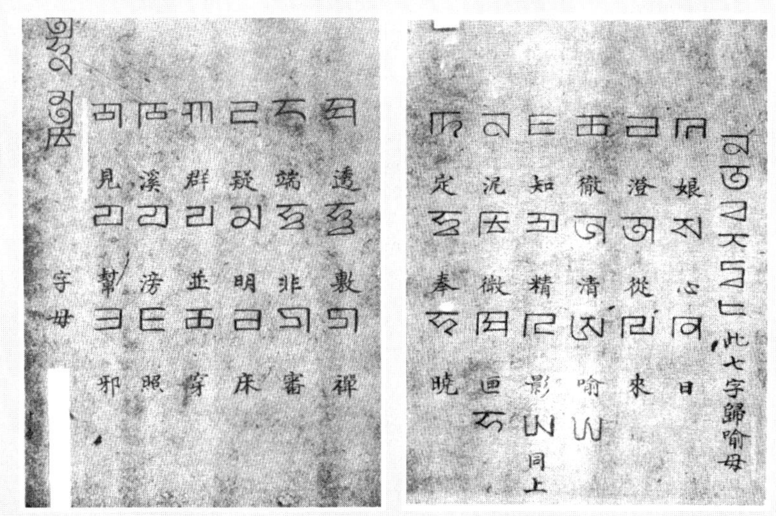

〈그림 7〉『몽고자운』, 「字母」 도표 (오른 쪽 끝에 종서로 7개 喩母字가 보인다)

그러나 『몽고자운』은 파스파 문자가 사라진 지 수 백 년 후인 淸代
에 필사된 것이어서21) 字形이 많이 毀損되었다. 따라서 〈그림 5〉에 보
이는 포페 교수의 8모음 문자와는 자형이 많이 다르나 음운론적으로는
[e]를 제외한 7개 모음을 문자화한 것으로 기본적으로 동일한 것이다.

그리고 자음 다음에는 오는 모음이 아니라 애초부터 모음으로 시작
되는 경우에 喩母의 /ꡝ/를 먼저 쓰고 다음에 모음자를 쓰는 경우가 있
고 [ü, ö]와 같은 전설모음은 후설모음의 [u]/ꡟ/, [o]/ꡡ/에 전설모음
[i]/ꡠ/와 [e]의 /ꡦ/를 첨가하여 제자한 것이다. 한글 모음자에서 /ㅗ,

[eu, ü]로 재구하는 오류를 범하였다. 여기서 바로 잡는다.
21) 현존하는 元代 朱宗文의 『몽고자운』의 전본은 필사본뿐으로 영국 런던의 대영도
    서관 소장본이 유일한 전본이며 졸저(2009)에서는 尾崎雄二郎(1962 : 166) 등의 연
    구를 통하여 런던 鈔本이 淸代 乾隆 연간(1736~1795), 그것도 乾隆 40년(1775) 이전
    에 필사된 것으로 보았다(졸저, 2009 : 100~101).

ㅏ, ㅜ, ㅓ/에 /ㅣ/를 붙여 /ㅚ, ㅐ, ㅟ, ㅔ/와 같은 전설모음을 만드는 것과 같다(졸고, 2009c). 여기에 훈민정음에서 모음자에 欲母[ㅇ]를 붙여 /오, 아, 우, 어, 외, 애, 위, 에/와 같이 쓴다. 파스파 문자에서도 喩母를 덧붙여 표기하면 [ü]는 'ᚣ[喩母]+ᄃ[e]+ᚥ[u]'으로 /ᚥᚣᚥ/[위]이고 [ö]는 'ᚣ[喩母]+ᄃ[e]+ᚬ[o]로서 /ᚥᚣᚲ/[외]가 된다. 실제로 포페 교수의 [사진 2-1]에서 보이는 파스파 문자의 모음자 /ü/와 /ö/의 글자들은 모두 複字들이다.22)

4.3 전설모음 ᄃ[e]를 후설모음자에 덧붙여 전설모음자로 표기하는 방법은 훈민정음에서도 踏襲되었다. 즉 <해례본>에서 /ㅣ/를 /·, ㅡ, ㅗ, ㅏ, ㅜ, ㅓ, ㅛ, ㅑ, ㅠ, ㅕ/의 10자에 덧붙여 /·ㅣ, ㅢ, ㅚ, ㅐ, ㅟ, ㅔ, ㅙ, ㅒ, ㅞ, ㅖ/의 10자를 만들 수 있다고23) 한 것은 바로 파스파 모음자에서 전설 모음자를 덧붙여 제자하는 방법에서 온 것이다. 다만 파스파자의 경우는 모음의 앞에 붙였는데 훈민정음에서는 뒤에 붙인 것이 다르다.

따라서 『몽고자운』의 「字母」에 명시된 喩母의 7자는 다음과 같은 중세몽고어의 모음조화를 염두에 두고 제자한 것이다.

---

22) 單字들, 즉 /ᄃ[ㅓ], ᚥ[ㅜ], ᚬ[ㅗ]는 바로 세웠으나 複字들, /ᚥᚣᚥ[위], ᚥᚣᚲ[외]/는 인쇄의 편의상 옆으로 뉘었다. 이하 같으며 포페 교수는 명확하게 언급하지 않았으나 [ü]과 [ö]는 문자의 구조상 이를 複字로 볼 수밖에 없다.

23) <해례본> 「中聲解」에 "一字中聲之與ㅣ相合者十, ·ㅣㅢㅚㅐㅟㅔㅙㅒㅞㅖ是也。 - 한 자로 된 중성과 /ㅣ/가 서로 합하여 만든 것이 열 개이니 /·ㅣㅢㅚㅐㅟㅔㅙㅒㅞㅖ/가 그렇다."를 참조.

〈표 4-1〉 중세몽고어의 모음조화

전설모음 /⊏[e], ⧠⧠[ü], ⧠⧠[ö]/
후설모음 /⧠[ɑ], ⧠[u], ⋏[o]/
중립모음 /⧠[i]/

4.4 〈해례본〉에서 陰陽으로 구분한 모음들은 전설모음(/ㅡ, ㅜ, ㅓ, ㅠ, ㅕ/)과 후설모음(/ㆍ, ㅗ, ㅏ, ㅛ, ㅑ/)을 말하는 것으로 알려졌다. 김완진(1963)에서 /ㅗ/와 /ㅜ/과 오늘날의 한국어 모음에서 고모음 [u] 대 중모음 [o]이 아니라 전설모음 대 후설모음, 즉 /ㅜ[ü/ : /ㅗ[u]/임을 밝혀내었던 것이다. 그리하여 전설의 /ㅡ[ö], ㅜ[ü], ㅓ[e]/와 후설의 /ㆍ[ɐ], ㅗ[u, ɔ], ㅏ[a]/가 서로 대립하는 口蓋的 조화의 모음을 문자화한 것으로 인식되었다.24)

이기문(1998 : 82)에서 보인 고대한국어의 모음체계는 〈해례본〉의 中聲에서 陰陽으로 분류한 陰의 /으[ö], 어[ɛ], 우[ü]/와 陽의 /ㅇ[ɐ], 오[u,o], 아[a]/와 동일하다. 이로부터 훈민정음은 고대한국어의 음운으로 정착한 한자음을 분석하여 얻은 음운을 문자화한 것으로 보게 되었다.

그러나 훈민정음에서 中聲 陰의 /으, 우, 어/와 陽의 /ㅇ, 오, 아/, 그리고 중립의 /이/는 모음조화에서 구개적 조화로 전설의 /ä, ü, ö/와 후설의 /a, u, o/, 그리고 중립의 /i/로서 중세몽고어의 모음조화와 유사하다. 또 이것은 고대한국어에는 모음조화가 없었고 훈민정음 제정 당시에 쓰인 자료들, 예를 들면 언문의 초기 자료들에서 모음조화에 맞지 않는 예들이 많이 발견된다는 사실을 고려한다면 중세몽고어의 모음조

---

24) /ö/는 /ɔ/의 움라우트로 하였으나(이기문, 1998) 필자의 컴퓨터에는 이 기호가 없어 /ö/로 대신한다. 이하 같다.

화에 입각하여 문자를 만든 파스파 문자의 영향을 받은 것으로 파스파 문자의 喻母字, 즉 모음을 그대로 훈민정음에서 中聲으로 제자한 결과가 아닌가 하는 의심을 갖게 한다.

특히 /i/가 모음조화에서 중립적인 것은 중세몽고어나 몽고문어와 동일하여 훈민정음 중성에서 陽으로 본 /·, ㅗ, ㅏ/와 陰이라 한 /ㅡ, ㅜ, ㅓ/, 그리고 중립이라고 한 /ㅣ/는 전술한 몽고문어의 모음조화에서 보이는 후설의 /a, o, u/와 전설의 /e, ö, ü/, 그리고 중립적인 /i/와 매우 유사하다. 그리고 이를 문자화한 파스파 문자의 喻母字들의 전설모음 /ᛁ[e], ᛁᛁᛂ[ü], ᛁᛁᚲ[ö]/와 후설모음 /ᛁᚱ[a], ᚷ[u], ᚾ[o]/, 그리고 중립모음 /ᛟ[i]/로부터 온 것은 아닌가 생각하게 된다.

5. 결어

이상 훈민정음의 中聲字 제정을 파스파 문자의 喻母字, 즉 모음자와 관련하여 고찰하였다. 한국어의 모음을 문자화한 훈민정음의 中聲은 모두 11개 문자 /ᄋᆞ, 으, 이, 오, 아, 우, 어, 요, 야, 유, 여/로서 이 가운데 ㅣ계 이중모음인 /ㅛ, ㅑ, ㅠ, ㅕ/를 빼면 모두 7개 단모음을 문자로 만든 것이다. 그런데 이 7개 단모음은 陰陽으로 나누어 陽에 /ᄋᆞ, 오, 아/, 陰에 /으, 우, 어/, 그리고 중립에 /이/로 분류하였다.

<해례본>의 설명에 의하면 이렇게 제자한 中聲字들은 서로 대립적으로 존재함을 『周易』의 음양과 五行, 그리고 「河圖洛書」의 生位成數로 설명하였다. 이러한 설명을 종합하여 보면 훈민정음의 7개 中聲字들은 전설모음 계열 대 후설모음 계열의 대립을 기반으로 하는 모음조화가

있었음을 말하는 것으로 후설모음 3개와 전설모음 3개가 서로 대립적으로 존재하고 중립적인 /이/ 모음을 인정한 것이다.

<해례본>은 놀랍게도 20세기의 언어학에서 사용하는 구조언어학적인 이해를 통하여 中聲의 모음조화를 설명하였다. 初聲에서도 그러하였지만 中聲에서도 혀의 위치를 상관징표로 하여 전설의 相關과 후설의 相關束을 각기 陰陽으로 설명하였고 /ᄋ : 의, /오 : 우/, /아 : 어/의 대립쌍과 이러한 대립에서 중립적인 /이/가 존재함을 五行, 또는 河圖의 生位成數로 설명하였다.

그러나 한국어에서 고대시대의 언어나 훈민정음이 제정된 중세시대의 언어에서도 모음조화가 존재했다고 보기 어렵다. 훈민정음의 설명에 이끌려 한 때 한국어에서 고대시대에는 물론 중세시대에도 모음조화가 있었다고 보았으나 최근의 여러 연구에서는 모음조화를 한국어에서 인정하기 어렵다는 학설이 점차 일반화되었다. 어간과 어미, 또는 어기와 첨사 사이에 보이는 일부 모음의 동화현상은 모음조화가 아니라 일반적인 동화현상이라 할 것이다.

그러면 어떻게 존재하지 않은 모음조화를 훈민정음에서는 문자 제정의 가본으로 삼았을까? 이것은 전설모음과 후설모음의 모음조화가 확연한 중세몽고어를 기반으로 하여 제정한 파스파 문자의 喩母字, 즉 모음자에 의거하여 훈민정음의 中聲이 제정되었기 때문이다. 주지하는 바와 같이 중세몽고어와 몽고문어에서는 모음조화가 뚜렷하여 전설 대 후설의 대립이 확연하고 중립모음 /이/가 존재했었다. 그리고 이 언어를 기록하기 위하여 만든 파스파 문자는 喩母에 속하는 7개 문자를 제정하여 이 언어의 모음을 기록하였는데 지금까지 세계 문자학계에서는 파스파 문자의 7개 모음자 제정을 제대로 파악하지 못했던 것이다.

훈민정음의 中聲이 파스파의 喩母字로부터 영향을 받은 흔적은 매우 많다. 먼저 중국 聲韻學의 전통적인 36字母에서 모음은 喩母(/ʊɴ/)에 속한다고 보는 파스파 문자의 제정으로부터 모음자로 시작할 때에는 아무 음가가 없는 'ʊɴ'를 붙여 표기하는 방법으로부터 훈민정음에서는 中聲이 欲母([ㅇ])에 속한다고 보아 모든 中聲字에는 /ㅇ/를 붙여 /ᄋ, 으, 이, 오, 아, 우, 어/와 같이 쓰는 것이라든지 전설모음 표기에서는 전설의 /이/를 붙여 '의, 외, 애, 위, 에'와 같이 표기하는 방법은 파스파 문자에서 전설모음 /ᴄ[e]/, 또는 /ᴆ[i]/를 붙여 표기하는 방법에서 영향을 받은 것이다.

참고문헌

姜信沆(1987), 『訓民正音 研究』, 成均館大學校 出版部.

金芳漢(1964), 「국어모음체계의 변동에 관한 고찰」, 『동아문화』 제2호, 서울대 동아문화연구소.

金完鎭(1963), 「國語母音體系의 新考察」, 『震檀學報』 제24호, 震檀學會, pp.63~99. 김완진(1971) 재수록.

______(1971), 『國語音韻體系의 研究』, 一潮閣.

______(1978), 「母音體系와 母音調和에 대한 反省」, 『어학연구』 14-2호, pp.127~139.

______(1996), 『문자와 언어』, 신구문화사.

金完鎭 外 2人(1997), 金完鎭・鄭光・張素媛, 『國語學史』, 韓國放送大學校 出版部.

김현역(1972), 『構造主義란 무엇인가』, 文藝出版社, J. B. Fages, Comprendre le structualisme(1968)의 번역.

朴炳采(1987), 「고대국어의 모음 음소체계에 대하여」, 『한글』 제195호, 한글학회.

朴昌遠(1986), 「국어 모음체계에 대한 가설」, 『국어국문학』 제93호, 국어국문학회.

俞昌均(1966), 『東國正韻研究』, 螢雪出版社.

______(1973), 『較定 蒙古韻略』, 台北 : 成文出版社.

______(1978), 『蒙古韻略과 四聲通解의 研究』, 大邱 : 螢雪出版社.

李基文(1961), 『國語史槪說』, 民衆書館, 改訂版(1972).

______(1968), 「모음조화와 모음체계」, 『이숭녕선생송수기념논총』, 을유문화사.

______(1972a), 『國語音韻史 研究』, 韓國文化研究院.

______(1972b), 『改訂 國語史槪說』, 民衆書館.

______(1976), 「최근의 訓民正音研究에서 提起된 몇 問題」, 『震檀學報』 42호, 震檀學會, pp.187~190.

______(1998), 『新訂版 國語史槪說』, 태학사.

______(2008), 「訓民正音 創制에 대한 再照明」, 『韓國語研究』 제5호, pp.5~45.

이기문・김진우・이상억(2000), 『개정증보판 국어음운론』, 학연사.

李東林(1970), 『東國正韻研究』, 東國大學校 大學院.

______(1974), 「訓民正音創製經緯에 對하여-俗所謂 反切二十七字와 相關해서」, 『국어국문학』 제64호, 국어국문학회, pp.59~62.

李崇寧(1940), 「ㆍ音攷」, 『震檀學報』 제12권, 진단학회, pp.1~106.

______(1946), 「모음조화 修正論,“『한글』 제12권 2호(통권 100호), 한글학회, pp.2~12.

______(1949), 「母音調和 研究」, 『震檀學報』 제16호, 진단학회, pp.1~109. 『음운론 연구』(1955), pp.1~164에 재수록.

______(1954), 『國語音韻論研究 第一集 「ᄋᆞ音攷」, 乙酉文化社.

______(1955), 『音韻論研究』, 民衆書館.

______(1981), 『世宗大王의 學問과 思想』, 亞細亞文化社.

______(1988), 이병근·전광현·최명옥·홍윤표 편, 『李崇寧國語學選集 1』 「音韻篇 1」, 民音社.

鄭然粲(1972), 『洪武正韻譯訓의 研究』, 一潮閣.

拙　稿(2002), 「훈민정음 中聲字의 음운대립」, 『문법과 텍스트』, 서울대학교출판부, pp.31~46. 졸저(2009)에 재수록.

______(2003), 「朝鮮漢字音の成立と變遷」, 일본 中國語學會 제53회 전국대회 심포지움 “漢字音研究の現在” 主題發表, 2003년 10月25日 일본 早稻田大學 大隈講堂.

______(2006), 새로운 자료와 시각으로 본 훈민정음의 創製와 頒布」, 『언어정보』 제7호, 고려대학교 언어정보연구소, pp.5~38.

______(2008a), 「<蒙古字韻>의 八思巴 문자와 訓民正音」, 『제2차 한국어학회 국제학술대회 발표요지』, ‘한글’ 국제학술대회, 일시 : 2008년 8월 16~17일, 장소 : 고려대학교 인촌기념관) Session 1 ‘한글과 문자’ pp.10~26.

______(2008b), 「『蒙古字韻』과 八思巴 文字－訓民正音 제정의 이해를 위하여」, 제1차 세계 속의 한국학 연구 국제학술토론회, 2008년 10월 25~26일, 중국 북경중앙민족대학, 중국 중앙민족대학 한국학－조선학 연구중심 주최.

______(2008c), 「훈민정음 자형의 독창성－『몽고자운』의 八思巴 문자와의 비교를 통하여」, 한국학중앙연구원 주최 『훈민정음과 파스파문자 국제학술 Workshop (International Workshop on Hunminjeongeum and hPags-pa script)』(2008년 11월 18일, 한중연 세미나실)의 발표요지.

______(2009a), 「訓民正音の字形の獨創性－『蒙古字韻』のパスパ文字との比較を通して」, 『朝鮮學報』 第211輯(平成21年4月刊), 일본 朝鮮學會, pp.41~86.

______(2009b), 「훈민정음 中聲과 파스파 문자의 모음자」, 『국어학』, 제56호, 국어학회, pp.221~247.

______(2011a), 「<蒙古字韻>喩母のパスパ母音字と訓民正音の中聲」, 『東京大學 言語學論集』 제31호, 東京大學言語學科, pp.1~20.

______(2011b), 「훈민정음 초성 31자와 파스파자 32자모」, 『譯學과 譯學書』 제2호, 譯學書學會, pp.97~140.

______(2012), 「<몽고자운>의 파스파 韻尾字와 훈민정음의 終聲」, 『譯學과 譯學書』 제3호, 譯學書學會, pp.5~34.

拙   著(2006), 『훈민정음의 사람들』, 제이앤씨.

______(2009), 『몽고자운 연구』, 博文社.

______(2011), 『삼국시대 한반도의 언어 연구』, 博文社.

______(2012), 『훈민정음과 파스파 문자』, 역락.

洪起文(1946), 『正音發達史』 上·下, 서울신문사出版局.

尾崎雄二郎(1962), 「大英博物館本 蒙古字韻 札記」, 『人文』 제8호, pp.162~180.

龜井 孝·河野六郎·千野榮一(1988), 『言語學大辭典』, 第1卷 「世界言語編」上, 東京：三省堂.

河野六郎(1940), 「東國正韻及び洪武正韻について」, 『東洋學報』 27권 4호, 일본 東洋文庫.

______(1959), 「再び東國正韻について」, 『朝鮮學報』 14호, 日本朝鮮學會.

______(1964~65), 「朝鮮漢字音の研究」, 『朝鮮學報』 第31~35號, 일본 朝鮮學會.

______(1968), 『朝鮮漢字音の研究』, 天理：天理大學 出版部.

河野六郎·千野榮一·西田龍雄 編(1989), 『言語學 大辭典』 上·中·下, 東京：三省堂.

______________________ 編(2001), 『言語學 大辭典』 別卷 「世界文字辭典」, 東京：三省堂.

田中謙二(1961), 「蒙文直譯体における白話について」, 京都大學人文科學研究所 元典章研究班排印本 『元典章の文體』(校定本 元典章 刑部第1冊 附錄), 京都, pp.4~52.

______(1962), 「元典章における蒙文直譯體の文章」, 『東方學報』 第32冊, 京都大學人文科學研究所, pp.47~161.

______(1965), 「元典章文書の構成」, 京都大學人文科學研究所 元典章研究班排印本 『元典章の文體』(校定本 元典章 刑部 第1冊 附錄), pp.187~224.

西田龍雄(1987), 「チベット語の変遷と文字」, 長野泰彦·立川武藏 編, 『チベットの言語と文化』, 東京：冬樹社.

野間秀樹(2010), 「『ハングルの誕生－音から文字を創る』, 平凡社新書 東京; 平凡社.

服部四郎(1946), 『元朝秘史の蒙古語を表はす漢字の研究』, 東京：龍文書局.

______(1984a), 「パクパ字(八思巴字)について - 特にeの字とėの字に關して -(一)」 "On the ḥPhags-pa script - Especially Concerning the letters e and ė -(I)", 1984년 5월에 완성한 논문을 服部四郎(1993：216~223)에서 재인용.

______(1984b), 「パクパ字(八思巴字)について - 特にeの字とėの字に關して -(二)」, "On the ḥPhags-pa script - Especially Concerning the lettes e and ė -(II)" 1984년 6

월에 완성한 논문을 服部四郞(1993 : 224~235)에서 재인용.

______(1984c), 「パクパ字(八思巴字)について-再論」 "On the ḫPhags-pa script ‑ the Second Remarks", 1984년 10월에 완성한 논문을 服部四郞(1993 : 236~238)에서 재인용.

______(1986), 「元朝秘史蒙古語のoおよびöに終わる音節を表わす漢字のシナ語音の簡略ローマ字轉寫」, 「The Broad Roman Transcription of the Chinese Sounds of the Chinese Characters Representing the Mongolian Syllables Ending in -o in the Yüan-ch'ao Mi-shih」, 1986년의 논문을 服部四郞(1993) 제2권 pp.202~227에서 재인용.

______(1993), 『服部四郞論文集』卷3, 東京 : 三省堂.

村山七郞(1948), 「ジンギスカン石碑文の解讀", 『東洋語硏究』 4輯, pp.59~95, 이의 독일어판 Murayama(1950) Shichiro Murayama : "Über die Inschrift ayf dem 'Stein des Cingis'", Oriens 3, pp.108~112.

山口瑞鳳(1976), 「『三十頌』と『性入法 』の成立時期をめぐって」, 『東洋學報』 57号.

吉池孝一(2004), 「跋蒙古字韻 譯註」, 『KOTONOHA』 22号, 古代文字資料館, pp.13~16.

______(2005), 「パスパ文字の字母表」, 『KOTONOHA』 37号, 古代文字資料館, pp.9~10.

______(2008), 「原本蒙古字韻再構の試み」, 『訓民正音과 파스파 文字 국제 학술 Workshop』(주최 : 한국학 중앙연구원 주최, 일시 : 2008년 11월 18일~19일, 장소 : 한국학 중앙연구원 대강당 2층 세미나실, Proceedings) pp.141~160.

江愼修・孫國中(1989), 點校 『河洛精蘊』, 學苑出版社, 北京   이하 가나다順.

寧忌浮(1992), 「蒙古字韻校勘補遺」, 『內蒙古大學學報』, pp.9~16.

______(1994), 「『蒙古字韻』與『平水韻』」, 『語言硏究』, pp.128~132.

金光平・金啓綜(1980), 『女眞語言文字硏究』, 北京 : 文物出版社.

羅常培・蔡美彪(1959);『八思巴文字與元代漢語』[資料匯編], 北京 : 科學出版社.

鄭再發(1965), 『蒙古字韻跟跟八思巴字有關的韻書』, 臺灣大學文學院文史叢刊之十五, 臺北.

照那斯圖(1981), 『八思巴字百家姓校勘』, 北京 : 中國社會科學院出版社.

______(1988), 「有關八思巴字母ė的几个問題」, 『民族語文』 1988-1, 北京. pp.1~17. 이 논문은 1987년 9월 25일에 열린 내몽고대학 국제학술토론회에서 발표한 논문이다.

______(2001), 「<訓民正音>的借字方法」, 『民族語文』 第3期, 社會科學院民族研究所, pp.336~343.

______(2003), 『新編 元代八思巴字 百家姓』, 北京 : 文物出版社.

________(2008), 「訓民正音基字與八思巴的關係」, 『훈민정음과 파스파문자 국제학술 Workshop』 International Workshop on Hunminjeongeum and hPags-pa script), pp.39~44.

照那斯圖・宣德五(2001a), 「訓民正音和八思巴字的關係探究-正音字母來源揭示-」, 『民族語文』(중국社會科學院 民族研究所) 第3期, pp.9~26.

________(2001b), 「<訓民正音>的借字方法」, 『民族語文』 第3期, 社會科學院 民族研究所, pp.336~343.

照那斯圖・薛磊(2011), 『元國書官印匯釋』(中國蒙古學文庫), 沈陽：遼寧民族出版社.

照那斯圖・楊耐思(1984), 「八思巴字研究」, 『中國民族古文字研究』, 中國民族古文字研究會, pp.374~392.

________(1987), 『蒙古字韻校本』, 北京：民族出版社.

Asher(1994), R. E. Asher ed. : *The Encyclopedia of Language and Linguistics*, Pergamon Press, Cincius(1949), V. I. Cincius : Sravnitelnaya fonetika tunguso-mančžurskix yazikov, Leningrad.

Fages(1968), J. B. Fages : *Comprendre le Structualism*, Paris.

김현 역(1972), 『構造主義란 무엇인가』, 文藝出版社.

Finch(1999), Roger Finch : "Korean Hangul and the_hP'ags-pa script」, in Juha Janhunen and Volker Rybatzki ed., *Writing in the Altaic World*, Studia Orientalia 87, Helsinki.

Gale(1912), J. S. Gale : "The Korean alphabet", *Transactions of the Korean Branch of the Royal Asiatic Society of Korea*, vol. 4, Part I, pp.13~61.

Ladefoged(1975), Peter Ladefoged : A Course in Phonetics, 2nd ed.(1982), New York

Ledyard(1966), Gari Ledyard : *The Korean language reform of 1446*-The Origin, ackground, and Early History of the Korean Alphabet, Unpublished Ph. D dissertation, University of California. 이 논문은 한국에서 출판되었다(Ledyard, 1998).

________(1998), Gari Ledyard : *The Korean language reform of 1446*, 국립 국어연구원 총서 2, 신구문화사.

________(2008), The Problem of the 'Imitation of the Old Seal' : Hunmin Chŏng'ŭm and hPags-pa, *International Workshop on Hunminjeongeum and hPags-pa script*, 2008년 11월 18~19일, 한국학중앙연구원 대강당, 豫稿集 pp.11~31.

Ligeti(1948), L. Ligeti : "le Subhāṣitaratnanidhi mongol, un document du moyen mongol」,

Bibliotheca Orientalis Hungarica VI, Budapest.

______(1962), L. Ligeti : "Trois notes sur l'écriture 'Phags-pa", AOH 13(1, 1962) pp.201~237.

______(1973), Louis Ligeti : *Monuments en écriture 'Phags-pa*, Pièces de chancellerie en transcription chinoise, Budapest, Vol. I, 1972; Vol. II, 1973.

Martin(1966), Samuel E. Martin, 「Lexical Evidence Relating Korean to Japanese」, *Language* 42 : 185~251.

______(1987), *The Japanese Language Through Time,* New Haven : Yale University Press.

______(1991), "Recent Research on the Relationships of Japanese and Korean." In : Sydney M. Lamb and E. Douglas Mitchell, eds., *Sprung from Some Common Source* : Investigations into the Prehistory *of* Languages. Stanford : Stanford University Press, pp.269~292.

______(1997), 「How Did Korean Get -l for Middle Chinese Wods Ending in -t ?」, *Journal of East Asian Linguistics* 6.3 : 263~271.

______(2000), 「How Have Korean Vowels Changed Through Time?」, *Korean Linguistics* 10 : 1~59.

Pauthier(1862), G. Pauthier : "De l'alphabet de P'a-sse-pa", *JA*, sér. V, 19 : 8(Janv, 1862), pp.1~47.

Pelliot(1925), Paul Pelliot : "Les systèmes d'écriture en usage chez les anciens Mongols", *Asia Major*, vol. 2 : pp.284~289.

Poppe(1933), Nicholas Poppe : *Бурят-монгольское языкознание*, Leningrad.

______(1954), *Grammar of Written Mongolian*, Otto Harrassowitz, Wiesbaden

______(1955), *Introduction to Mongolian Comparative Studies*, Suomalais-Ugrilainen Seura, Helsinki.

______(1957), *The Mongolian Monuments in ḥP'ags-pa Script*, Second Edition translated and edited by John R. Kruger, Otto Harrassowitz, Wiesbaden.

______(1960), *Vergleichende Grammatik der altaischen Sprachen*, Otto Harrassowitz, Wiesbaden.

______(1965), *Introduction to Altaic Linguistics*, Otto Harrassowitz, Wiesbaden.

Ramstedt(1911), G. J. Ramstedt : "Ein Fragment mongolischer Quadratschrift」, JSFOu 27(3) pp.1~4, 이 논문은 Pentti Aalto : "The Mannerheim Fragment of Mongolian 'Quadratic' Script", *Stud. Orient.* Fenn. 17(7), 1952, pp.1~9와 동일

하다.

Räsänen(1949), Marti Räsänen : *Zur Lautgeschichte der türkischen Sprachen*, Helisinki.

Sampson(1985), Geoffrey Sampson : *Writing Systems —A linguistic introduction—*, Hutchinson, London.

Saussure(1961), F. de Saussure, *Cours de la linguistique générale*, Geneva.

최승언 역(1990), 『일반언어학 강의』, 민음사.

Trubetzkoy(1939), N. S. Trubetzkoy : *Grundzüge der Phonologie*, Travaux de Circle linguistique de Prague VIII, 2 aufl.

Twaddell(1935), William Freeman Twaddell : On defining the phoneme, *Language Monograph*. No. 16. In Joos(1957), pp.55~79.

Vladimirtsov(1921), Boris Ya. Vladimirtsov : *Монгольскій сборникъ разсказовъ изъ Pañcatantra*, Peterograd.

__________(1929), Vladimirtsov : *Сравительная грамматика монгольского п исьм енного языка и халхаского наречия*, Vvedeni i fonetica, Leningrad.

__________(1931), 「Монгльский международный алфавит XIII", века, *KPV* 10 : 32.

________(1932), Boris Ya. Vladimirtsov : "Монгольские литературиые язык и", *ZIV* 1 : 8.

Vovin(1993), Alexander Vovin, 「Notes on Some Japanese-Korean Phonetic Correspondences」, In *Japanese/Korean Linguistics*, ed. Sonnja Choi, 3 : 338~350, Stanford Center for the Study of Language and Information, Stanford University.

______(2003), 「Once again on lenition in Middle Korean」, *Korean Studies*, 27 : 85~107.

______(2005), 「The end of the Altaic Controversy」, *Central Asiatic Journal* 49.1 : 71~132.

______(2010), *Koreo-Japonica-A Reevaluation of a Common Genetic Origin*, University of Hawai'i Press, Honolulu.

Whitman(1985), John B. Whitman, *The Phonological Basis for the Comparison of Japanese and Korean*. Ph.D. diss., Harvard University.

왜 한국계 언어*와 퉁구스계언어가
동일 기원이라는 것을 실증할 수 없는가?**

알렉산더 보빈

대개의 장기비교언어학자(long-ranger; 조어 비교로 이미 확립된 어족들 간의 장기적 관계를 탐색하는 역사언어학자)들, 특히 '알타이 제어' 가설의 지지자들이 여전히 이해하지 못하는 주류 역사언어학의 방법론적 초석 중 하나는 '가설적(hypothetical) 계통 관계'와 '입증 가능한(demonstrable) 계통 관계' 사이에 엄청난 차이가 있다는 것이다. 가설적 계통 관계는 거의 그럴듯하지 않은 것부터 다소 그럴듯한 것까지 다양한데, 현대의 주류 역사언어학에 알려진 유력 방법론으로는 그것을 입증하기가 불가능하다. 반면에, 입증 가능한 계통 관계는 환상의 구름 위가 아닌 실제의 대지 위에 굳건히 두 발을 디디고서 유력 방법론에 의해 논란의 여지 없이 입증될 수 있는 것이다. 인간 언어의 단일 발생설이 다원 발생설보다 훨씬 그럴듯하기 때문에 모든 인간 언어는 아마도 궁극적으로는

---

* 필자는 최근 한국어 자체가 아니라 어족을 지칭하는 데 있어 '한국어(Korean)'보다는 '한국계 언어(Koreanic)'를 사용하는데, 이는 고유 한국어, 제주도어, 북부 함경도어라는 세 가지 언어를 포함하는 혼성 어족임을 나타내기 위해서이다.

** 본고를 작성하는 데 있어 Stefan Georg의 조언에 굉장한 도움을 받았으며 그에게 감사의 뜻을 표한다. 물론 모든 오류는 필자의 책임이다.

관련되겠지만, 어느 정도까지, 얼마나 가까이 관련되는가? 결과적으로, 입증 가능하지 않은 무언가를 입증하려는 어떠한 시도도 고려할 가치가 없는 지적 유희에 불과하기 때문에, 입증 가능하지 않은 계통 관계는 접촉에 의한 '그럴듯한 우연'으로 다시 평가되어야 한다.

'알타이' 제어 간의 가설적 계통 관계에 대한 가장 흔한 반론 중 하나는 Gerard Clauson 경의 1969년 논문까지 거슬러 올라가는데, 기본 어휘, 예를 들면 신체부위나 자연 현상의 이름과 같은 특히 결정적인 어휘 영역에서 어느 쪽도 전혀 일치하지 않거나, 그것들이 유사해 보일지라도 대응의 일관성에 문제가 있으면서/있거나 설명되지 않는 분절(segment)이 존재한다. 한국계 언어와 퉁구스계 언어 사이에도 그런 문제가 있다. 예를 들어보자.

단어	MK	pK	만주어	pT
코	kwóh(고ㅎ)	*kwoko	(eforo)[1]	*xoŋo
손	swón(손)	*swon	gala	*ŋla
이	ní(니)	*ni	weihe	*xkte
발	pál(발)	*par	(bethe)	*palgan
달	tór(돌)	*torar	biya	*bga
해	hóy(힉)	*wuko(l)-i	šun	*sigun
불	púl(블)	*pur	tuwa	*t^a/₀go

위 표에서 pK *kwoko ~ pT *xoŋo '코'와 pK *par ~ pT *palgan '발'이라는 두 개의 비교만이 다소 그럴듯해 보인다. 그러나 첫 번째 사례에

---

1) 괄호 안의 어형은 동원어(cognate)가 아닌 형식을 나타낸다.

서 pK *-k-와 pT *-ŋ-의 대응은 불규칙하고, 두 번째 사례에서 pT *palgan의 -gan은 pK *par에서 대응하는 부분이 없어 설명되지 않는 분절이다. 그러나, 기본 어휘에서의 불일치에만 의존한 주장은 특히 강력한 것이 아닌데, 오늘날에는 논란의 여지가 없는 여러 어족과 거대어족, 예를 들면 Na-Dene나 Uralo-Eskimo와 같은 것들이 존재하며 그것들은 공통된 계열적 형태론에 기반해 증명되었으나 공통된 어휘 항목이 거의 없다는 것을 알기 때문이다(Seefloth 2001).

훨씬 더 심각한 두 가지 문제가 있다. 즉 규칙적인 음성 대응의 부재 및 어원에 대한 가강 그럴듯한 논의에서조차 설명되지 않는 분절이 그 둘이다. 앞서의 예에 더하여 본고에서는 더 많은 예를 제시할 것이다. 이것은 한국계 언어와 퉁구스계 언어 모두가 복잡한 형태론을 지니는 반면(마찬가지로 복잡한 형태론을 갖지만 그 대부분은 부차적인 것으로 보이는 이웃한 일본 제어(Japonic)와 달리), 그것들은 **계열적**(paradigmatic) 형태론, 특히 **계열적 동사 형태론**(paradigmatic verbal morphology)에서 사실상 일치하는 것이 없다는 사실로 인해 더욱 악화된다. 이 상황은 매우 기이한데, 만일 이들 두 어족이 실제로 관련되었다면 인도유럽 제어와 상당히 유사하게 계열적 동사 형태론에서 완벽한 일치가 기대되기 때문이다. 물론 고립된 형태론적 표지는 계산에 들어가지 않는다. 예를 들어 만주어는 종결 부동사 -tala ~ -tele를 몽골어에서 차용했지만, 만주어와 몽골어의 동사 패러다임은 일치하지 않는다. 게다가 이들 고립되고 공통된 형태론적 표지들은 보통 주변적이다. 예를 들어 격 표지 간의 유사점은 처격과 장소동작격(lative)에서는 발견되지만(이기문 1964 : 20), 속격이나 대격에 대해서는 발견되지 않는다.

Gustav J. Ramstedt(1939, 1949, 1951, 1953, 1982)의 선구적인(그러나 지

금은 너무 낡은) 업적 이후로, 한국어와 퉁구스계 언어의 비교에 대한 대부분의 업적은 이기문(1958a, 1958b), 성백인(1978, 1990, 1996), 김동소(1972, 1977, 1981)을 비롯하여 여기 언급하기에는 너무 많은 다른 한국인 학자들에 의해 이루어졌다.

이들 논저에 제시된 막대한 양의 자료에도 불구하고, 필자는 한국계 언어와 퉁구스계 언어 간의 계통적 관계를 지지하는 이제까지의 증거가 납득되지 않는다. 그 주된 이유는 한국계 언어와 퉁구스계 언어 양쪽의 역사에 극히 정통한, 뛰어난 한국인 학자들에 의해 이루어진 이들 비교에 이중적인 방법론이 적용되었기 때문이다. 그들은 두 가지 개별 어족을 다루는 동안에는 주류 역사언어학의 패러다임에 따랐다. 하지만 외적 비교에 관한 한 여전히 전(全)비교주의(omnicomparativism)의 모든 특징을 지닌 예상 밖이고 부적절한 '방법론적 해이함(methodological relaxation)'이 존재한다. 요컨대, **논란의 여지가 없는**(uncontro versial) 어족 내부에서는 허용되지 않았던 신용할 수 없는 비교 업적의 익숙한 악덕들, 즉 음성 대응에서의 규칙성 부족, 설명되지 않는 분절, 어휘적 유령, 표면적 유사성에 대한 의존, 과도한 의미론은, 외적 비교가 관련되자마자 갑자기 활기를 띤다.

언급할 가치가 있는 또 다른 방법론적 요점은 계통 관계를 지지하여 제시된 외적 어원론은 그에 대해 충분한 근거를 갖고 논박할 때보다 언제나 더 적은 지면을 필요로 한다는 것이다. 그러므로 김동소(1981)과 같은 기념비적 업적에는 원래의 저작 이상은 아니라 할지라도 적어도 지금보다 두 배는 긴 연구논문의 형식으로 답할 필요가 있다.2) 결

---

2) 필자는 현재, 한국계 언어−일본 제어의 계통 관계를 논박하는 데 전념한 이전 연구서 『Koreo-Japonica』(2010)의 속편이 될 『Koreo-Tungusica』라는 제목의 책에서 이

과적으로, 이 짧은 글은 훨씬 더 누그러진 목표를 갖는다. 필자는 명확히 MK와 만주어의 비교에 바쳐진 이기문(1958a)라는 중대한 논문을 다룰 것이다. 이기문은 그의 글에서 236개의 비교를 제시했지만 이 숫자는 본고의 한정된 지면 내에서 다루기에는 여전히 너무 많으므로, 필자는 중세 한국어와 만주어 동사 어간에 대한 비교로 제한할 것이다.3) 이 선택은 분명한데, 알타이 학자들과 다른 장기비교언어학자들은 종종 동사 어간이 차용의 영향을 받지 않거나 적어도 명사보다는 차용되기가 훨씬 어렵다고 주장하기 때문이다. 불행히도 이것은 역사언어학에 대한 많은 저작에 계속해서 스며드는 아주 끈질긴 신화이다. 아래에서 필자는 이 신화가 쉽게 부정될 수 있음을 입증할 것이다.

한국계 언어-퉁구스계 언어 비교에 대한 매우 구체적인 문제도 있다. 필자가 이전에 수많은 자리에서 지적해 왔듯이(Vovin 2006a, 2006b, 2007, 2013), 한국계 언어의 어휘 항목에 대한 가장 그럴듯한 퉁구스 어원론의 대부분은 만주어와 여진어에서만4) 발견된다. 그것들이 다른 퉁구스계 언어와 동원어를 가지는 드문 경우, 이들은 언제나 Nanai, Ulcha, Oroch, Solon, Udihe, Neghidal과 같이 청 제국(1644-1911 AD)의 옛 영토 내부에 위치하여 만주어에 가까운 언어들에서만 발견될 뿐, 대부분의 Ewenki 방언들, Ewen, Arman과 같이 역사 시대에 만주어와 접촉

러한 대답을 계획하고 있다.

3) 이기문(1958a)에 제시되지 않은 일부 추가 내용과 함께 Lee and Ramsey(2011)에서도 다루어졌다.

4) 아래에서 언급되는 거의 모든 동사 중에 여진어에서 검증되는 것은 없다. 이는 의심의 여지없이 우리의 처리에서 사용된 여진어 자료의 양이 한정되어 있음에 기인한다. 그러나 '만주어(Manchu)'는 정치적 명칭이고, 언어학적으로 만주어는 단지 운 좋게 청 왕조의 공식 언어가 되어 그 결과 여진어의 다른 모든 방언들보다 훨씬 많이 기록된, 수많은 여진어 방언 가운데 한 방언일 뿐이라는 것을 잊어서는 안 된다.

이 없었던 언어들에서는 거의 발견되지 않는다. Ewenki 방언들, Ewen, Arman까지 추적될 수 있는 몇 안 되는 단어들은 대개 대응 관계의 규칙성이 부재하고, 설명되지 않는 분절이 존재하며, 의미 해석이 과도한 등의 문제에 시달리는 유령 단어이거나, 다른 유사동원어이거나, 혹은 어떤 다른 이유로 퉁구스계 언어 자체에서 옹호될 수 없는 것으로 판명된다.

결과적으로, 이기문(1958a)의 목록에서 발견되는 동사 비교의 대부분은 장기비교언어학자의 가장 흔한 악덕, 즉 규칙적인 음성 대응의 부족, 설명되지 않는 분절, 유령 단어, 다른 언어들로부터의 차용, 부담스러운 의미 해석, 심지어는 의미적 윤색 때문에 거부감 없이 폐기될 수 있다. 다섯 가지 예면 충분할 것이다.

(A) MK spuri-(쓰리-) '뿌리다, 물주다' ~ Ma. bura- 'id.'(이기문 1958a : 107, #14). 이 비교는 MK의 설명되지 않는 분절 s-와 MK -i에서 Ma. -a로의 불규칙한 대응 때문에 거부되어야만 한다. 그러나 훨씬 더 중요한 것은 Ma. bura-는 기원적으로 의성어였을 것 같다는 사실이다. cf. Ma. bur bur seme '콸콸 쏟아지는, (샘물)의 분출'

(B) MK psuch-(붗-) '손으로 문지르다' ~ Ma. bišu- '문지르다, 손으로 쓰다듬다'(이기문 1958a : 106, #11). 필자가 말할 수 있는 한, MK psuch-(붗-) '손으로 문지르다'은 유령 단어이다. MK súc-(슺-) '씻다, 닦다, 청소하다'(남광우 1997 : 910)과 EMdK psus-(뿟-) 'id.'(남광우 1997 : 779)이 있는데, 후자는 기저형으로 *psuc-이 아니라 검증된 부정사형 psus-e(뿟-어)(여사 2 : 32)에 기반하여 확립될 수 있는 *psus-을 갖는다. MK형과 EMdK형이 실제로 관련되는 것은 불가능하지만 이 단어의 내적인 역사는 상당한 논의를 요구하며, 만일 그것들이 관련된 것으로

밝혀진다면 만주어와의 비교는 세 가지 설명에 실패할 것이다. (a) EMdK psus-(븟-)의 p-는 분절 가능한 반면 Ma. bišu-의 bi는 그렇지 않고, (b) pK *p-suc-에서 마지막 자음 -c가 만주어에서 무엇에 대응될 것인지 분명하지 않으므로 그것은 결국 설명되지 않는 분절로 남게 되며, (c) 만주어 bišu-는 bišun '매끄러운'에서 온 파생어이다.

(C) MK talkwo-cir-(달고-질-) '빨다, (땅에) 찧다' ~ Ma. cirge- 'id.' (이기문 1958a : 107, #20). MK a : Ma. i와 MK wo : Ma. e의 대응은 불규칙하므로, 이 어원론은 폐기되어야 한다.

(D) MK nem-(넘-) '초과하다, 건너가다' ~ Ma. neme- '더하다, 증가하다' ~ WM neme- '더하다, 증가하다'(이기문 1958a : 115, #168), (Lee and Ramsey 2011 : 26). 이것은 어형들을 실제보다 더 동원어처럼 만들기 위해 계획적으로 의미를 윤색한 사례임이 분명하다. MK : nem-(넘-)은 이전의 pK 구조인 *nemV-를 반영하는 R 성조 악센트를 갖는 부류 6의 동사이고 또한 몽골계 언어와 유사점을 지니기 때문에 일견 계통 비교에 있어 유효한 주장인 것처럼 보이지만, 모든 증거들을 살펴보면 단지 우연한 유사성인 것으로 밝혀진다. 한국계 언어 쪽의 동사들의 기본 의미는 산, 성벽, 강과 같은 물리적 장애물을 건너거나 넘어가는 것과 관련 있고, 수나 양을 더하는 것과는 관련이 없다(이 언어의 훨씬 뒤 단계를 제외하면). 다른 한편으로 대응되는 몽골어와 만주어의 원형은 수나 양을 더하거나 그것의 증가라는 개념과 직접적으로 연결된다. MM neme-는 가장 초기의 MM 텍스트까지 추적될 수 있고(e.g. MNT 3.49 : 04, MNT 12.55 : 10) Dongxiang과 Baoan을 제외한 모든 현대 몽골 제어에서 검증되는 반면(孫竹 外 1990 : 504), 만주어 단어는 다른 퉁구스계 언어와의 유사성 없이 또다시 퉁구스계 언어에서 고립되어 있

다(Cincius 1975 : 622). 이로써 이 단어는 몽골 제어로부터의 차용에 대한 매우 강력한 후보가 되고, 이전에도 몽골 제어 차용으로 확인되어 왔다(Rozycki 1994 : 162).

(E) MK pùz-(붖-) '붓다' ~ Ma. fusu- '뿌리다'(이기문 1958a : 111, #82), (Lee and Ramsey 2011 : 25). 필시 이 단어는 양쪽에서 의성어일 것이다. MK pùz-(붖-)은 그것이 pK *pusu-에서 왔다고 했을 때 예상되는 R 성조가 아닌 예상 밖의 L 성조를 갖는다. 퉁구스계 언어 쪽도 역시 별로 좋지 않다. Ewenki husu- ~ us-와 Ewen hus- ~ us- 둘 다 h-와 Ø-간의 언어 내적 교체를 보여주고(두 언어에서 안정된 어두의 h-가 예상된다), Nanai에는 어두의 p-가 있을 것으로 예상되는 *pusu 대신 xusi-가 있다(Cincius 1977 : 355). 만일 이들 문제가 한국어와 퉁구스계 언어 양쪽에서 먼저 내적으로 해결될 수 없다면, 외적 비교에 대해서는 희박한 가능성조차도 없다.

그러나, 이기문(1958a)에는 쉽게 넘길 수 없는 다른 예들이 있다. 얼핏 그것들은 견고하고 유효한 어원론인 것처럼 보인다. 필자는 이하에서 한 사례를 제외하고 그것들 모두가 한국어로부터의 일방적인 차용임을 입증할 것이다.

(1) MK pòzóy-(비쵝-) '비치다' ~ Ma. foso- '비치다, 비추다'(이기문 1958a : 110, #68), (Lee and Ramsey 2011 : 25). 이 만주어 단어는 다른 퉁구스계 언어에서 발견되지 않는다. 한국계 언어에서 만주어로 향하는 차용의 방향성은 쉽게 확립되는데, *-Vy 연쇄는 만주어 동사 어근 끝에서 음소배열적으로 허용되지 않기 때문이다. 이것은 또한 pK *-s- > MK -z-의 약화에 앞서는, 오래된 차용임에 틀림없다.

(2) MK kèt-(걷-) '접다, 말아 올리다' ~ Ma. hete- '말아 올리다, 접

다, 들어올리다'(이기문 1958a : 112, #105), (Lee and Ramsey 2011 : 25). Nanai 와 Ulcha에서 xete- '들어올리다' 또한 검증된다(Cincius 1975 : 483). 그러나 Nanai와 Ulcha의 단어들은 만주어로부터의 차용이 분명한데, 진짜 동원어의 음성 대응은 Ma. Ø-와 Nanai 및 Ulcha의 x-이지 Ma. h-와 Nanai 및 Ulcha의 x-가 아니기 때문이다. 따라서 이것이 계통 관계의 사례라면 예상되는 만주어 단어는 *ete-이지 hete-가 아니다. 한국계 언어에서 만주어로 향하는 차용의 방향성은 쉽게 확립되는데, 원시 만주어에서 *-n을 제외한 어말 자음은 만주어 동사 어근 끝에서 음소배열적으로 허용되지 않기 때문이다. 따라서, 한국계 언어 kèt-은 예상대로 만주어에서 반향 모음(echo vowel)을 취한다. 게다가, MK의 kèt-에서처럼 약화되지 않은 -t-는 pK *-t-가 아닌 *-nt-로 거슬러 올라가기 때문에(Vovin 2003), 우리는 이 만주어 단어가 고대 한국어에서 *-nt- > -t-의 전환이 완료된 이후 한국계 언어로부터 차용되었다는 사실에 대해 또 다른 강한 증거를 갖게 된다.

(3) MK tòr-(돌-) '달리다, 질주하다' ~ Ma. dori- '질주하다'(이기문 1958a : 108, #33), (Lee and Ramsey 2011 : 25). 만일 필자가 무언가를 놓치지 않았다면, '질주하다'에 해당하는 MK 단어는 사실 MK *tòr-(돌-)이 아니라 tòrGí-(돌이-)이다(유창돈 1964 : 185, 남광우 1987 : 486, 한글학회 1999. 2 : 5026). MK tòrGí-(돌이-)는 Ma. dori-의 두 번째 음절에 있는 모음 -i-의 존재를 설명한다. 마찰음 [ɣ]인 MK -G-의 반사형이 만주어 대응형에 없는 것은 이들을 동원어가 아닌 차용어로 보면 쉽게 설명된다. 만주어 /-g-/는 틀림없이 폐쇄음이지 마찰음이 아니므로, MK -G-[-ɣ-]는 차용 과정에서 쉽게 탈락될 수 있었다. Nanai의 derī와 Ulcha의 derin- '점프하다' 또한 검증되지만 둘 다 Ma. -o-에 대해 -e-라는 불

규칙 대응을 나타내고, 게다가 만주어의 완료형은 dori-ha < *dori-ka 이지 dori-ka < *dorin-ka가 아니기 때문에, Ma. dori-에는 어말 *-n에 대한 증거가 없다. 그러므로 Ma. dorion과 Nanai의 derĩ 및 Ulcha의 derin-은, 특히 의미 차이를 고려하면, 계통적으로 관련되지 않을 가능성이 높다.

(4) MK tòróy-(드리-) '활을 당기다' ~ Ma. dara- 'id.'(이기문 1958a : 107, #25). Ma. dara-와 MK tòrGóy-(돌의-) (sic!, tòróy-(드리-)가 아님) (남광우 1997 : 486)는 '끌어당기다, 끌다, 늘이다, 잡아당기다'라는 더 일반적인 의미를 갖는다. Ma. dara-는 이 단어의 퉁구스 동원어가 없어 고립되어 있다(Cincius 1975 : 198). 한국어에서 만주어로 향하는 차용의 방향을 나타내는 두 가지 특징으로 MK -y : Ma. -∅ 그리고 MK -G- : Ma. -∅-가 있는데, 각각 위의 (1)과 (3)을 보라.

(5) MK tàsólì-(다스리-) '통치하다, 지배하다' ~ Ma. dasa- 'id., 바로 잡다'(이기문 1958a : 107, #27), (Lee and Ramsey 2011 : 25). 이기문(1958a : 107)는 "MK tàsólì-의 -ri-는 후대의 발달일 수 있다"라고 언급했다. 그러나 그는 이 접미사의 기능이 무엇인지 설명하지 않았고, 사실 필자가 아는 바로는 여기 필요한 기능의 빈자리에 들어맞는 MK 접미사 같은 것은 없다. 만일 그가 옳다면, 이 한국계 어형의 형태론적 복합성은 아마도 만주어에서 한국어로 향하는 방향성을 나타냈을 것이다. 그러나 MK tàsól-(다술-)(금강 3.2 : 6), tàsólGó-(다술ᄋ-)(원각 3.1 : 53), tàsólGí-(다술이-)(소학 4 : 34) '지배하다' 등도 고려하면 이들 네 가지 형식 모두 어근 tàsól-(다술-)과 -ri-(-리-)가 아닌 접미사 -Gi-(-이-) ~ -Go-(-오-) ~ -i-(-ㅣ-) (아마도 사동 또는 타동화소)를 나타낸다. 이미 위의 (2)에서 지적했듯이 -l이나 -r로 끝나는 만주어 동사 어근은 없고, 그러므

로 한국계 언어에서 만주어로 향하는 방향성의 가능성은 배제될 수 없다. 이 방향성은 Ma. dasa- '통치하다'가 퉁구스계 언어에서 고립되어 있다는 사실로 더욱 강화된다(Cincius 1975 : 204).

(6) MK kal-(갈-) '바꾸다' ~ Ma. hala- '교환하다, 바꾸다'(Lee and Ramsey 2011 : 25). MK 형식이 *kal-(갈-)이 아니라 kól-(골-)이라는 점을 제외하면(남광우 1997 : 237), 이 비교는 이 만주어 단어가 한국계 언어로부터의 차용어임과 차용의 방향성이 한국계 언어 > 만주어 > 몽골 제어임을 입증한 Vovin(2013)에서 상세하게 다루어졌다.

(7) MK càp-(잡-) '움켜잡다, 들다, 잡다' ~ Ma. jafa- '움켜잡다, 들다'(이기문 1958a : 113, #120), (Lee and Ramsey 2011 : 25). cf. Jur. jafa- 'id.'(Kane 1989 : 326). 이 단어의 퉁구스계 '동원어(cognate)'는 많다(Cincius 1975 : 240-41). 이것이 놀랍지 않은 것은, 이 단어가 의성어이기 때문이다. 예를 들어 cf. 러시아어 capa- 'id.'.

(8) MK ꞉mal-(말-) '그치다, 삼가다' ~ Ma. mara- '줄어들다, 거부하다, 거절하다'(이기문 1958a : 114, #147), (Lee and Ramsey 2011 : 25). MK ꞉mal-(말-) '그치다, 삼가다'는 이전의 pK 형식인 *marV-를 반영하는 R 성조 악센트를 갖는 부류 6의 동사이다(Ramsey 1991 : 225-227). 이 비교는 처음에는 유효해 보이지만 문제는 Ma. mara-가 퉁구스계 언어에서 또 다시 고립되어 있다는 것이다. Cincius(1975 : 532)에 제시된 유사 동원어 Oroch의 mari- '주장하다', Ulcha의 mori-qu '완고한', Nanai의 maria '논쟁하다'는 이 단어의 만주계 어형과 조화되기에는 음운론에서 극복할 수 없는 문제를 드러낸다. 따라서, 다시 한 번 Ma. mara- '줄어들다, 거부하다, 거절하다'는 필시 한국계 언어 *marV-로부터의 차용어임을 인정해야 한다. Ma. mara-를 한국계 언어로부터의 차용어로 확

립하는 것은 pK의 역사에 대해 두 가지 중요한 통찰을 제공한다는 점에서 주목할 만하다. 첫째로, 그것은 이 단어의 두 번째 자음이 *r이지 *l이 아니었다는 것을 어떤 의심의 여지도 없이 확립하게 한다. 한국계 언어에서는 OK 단계 이후에 대체로 소실된 /r/ ~ /l/ 대조가 만주어에는 있으므로,5) 만일 한국계 언어의 *l이 *r로 차용되었다고 하면 이해될 수 없을 것이다. 둘째로, 그것은 원시 한국계 언어의 두 번째 음절의 미명세 모음이 다른 어떤 후설이나 중설 모음이 아니라 필시 *a였을 것임을 확립하게 한다.

(9) MK ptó-(ᄠ-) '따다, 뽑다, 모으다' ~ Ma. fata- '꼬집다, 뽑다, 모으다'(이기문 1958a : 109, #52), (Lee and Ramsey 2011 : 25). Cincius(1977 : 371-72)는 Ewenki의 hetukēt-, Ewen의 hetʌkle- '꼬집다', Ulcha의 pataraǯi- '잡다'와 같은 여러 퉁구스 유사동원어를 제시했는데, 이들은 모두 실제 계통 관계의 확립을 방해하는 음성·형태론적 문제가 있다. 그러나 MK ptó- '따다, 뽑다, 모으다'와 Ma. fata- '꼬집다, 뽑다, 모으다' 간의 차용어 관계를 인식하자마자, 후자는 내적 재구가 불가능한, MK ptó-의 이전 시기 음운사를 재구하는 데 도움이 된다. 즉, Ma. fata-는 두 음절의 모음이 모두 *a인 *pata-로 pK 형식을 재구할 수 있게 한다.

(10) MK pil-(빌-) '기도하다'6) ~ Ma. firu- 'id.' ~ Mo. irüge <

---

5) 그냥 -l(-ㄹ)보다는 -lq(-ᄚ)로 적힌 서상법 동사 한정어의 초기 한글 철자는 최소한 이 형태소가 15세기에는 그것의 원래 발음을 /l/로 지속했음을 나타내는 것일지도 모른다.

6) Lee and Ramsey는 또한 '구걸하다'라는 뜻을 더했지만(2011 : 25) 이것은 실수임에 틀림없는데, MK에는 이들 개념에 대해 악센트에 따라 달라지는 pil-(빌-; 평성) '구걸하다'과 :pil-(빌-; 상성) '기도하다'이라는 두 가지 서로 다른 동사가 있었기 때문이다(유창돈 1964 : 415).

hirüge < *pirüge- 'id.' (이기문 1958a : 109, #52). MK ：pil-은 pK *pilV-로 거슬러 올라가는 6부류 동사이기 때문에 겉보기에는 계통 비교에 있어 모든 것이 매우 유망해 보이지만, 현실은 그렇지 않다. Cincius(1977 : 327-28)에 열거되어 있는 비(非)만주어 퉁구스계 어형은, 분명히 의미적으로 들어맞지 않는 Ewenki의 hiru- '꾸짖다' 등의 소수를 제외하면 모두 몽골어 차용으로 보이는데, 그것들이 모두 사동 표지 -ɣa- ~ -ge-임에 틀림없는 몽골어 접미사 -ge-를 반영하기 때문이다. 그렇다면, MM *hirü-나 WM *irü-(둘 다 검증되지 않음)의 1차적 의미는 '기도하다'일 수 없고 아마도 *'듣다'('기도하다' = '[신들이] 듣게 하다')와 같은 것일 가능성이 크며, 결과적으로 만주어와 한국계 언어 간의 비교는 형태론·의미론적인 근거가 모두 사라져 버린다. 고립된 만주어 어형 firu-는 MK ：pil-(빌-)에 잘 들어맞지만, 차용어라서 그런 것은 아니며 동원어도 아니다. 이 형식은 나아가 pK 형식을 그냥 *pirV-가 아니라 *piru-로 재구하도록 돕는다.

(11) MK pthó-(뜨-) '현악기를 연주하다, 솜을 타다' ~ Ma. fithe-'id., 때리다, 솜을 타다'[7](이기문 1958a : 109, #62), (Lee and Ramsey 2011 : 25). 말할 것도 없이, 한국계 언어와 퉁구스계 언어 양쪽의 조어(祖語)들은 이 지역에 현악기나 솜이 도입되기 훨씬 전에 분화되었다.[8] 결과적으로, 여기서는 차용어만을 다룰 수 있다. 예상되듯이, 다른 퉁구스계

---

7) 만주어 단어에 대한 뜻풀이는 Norman(1978 : 89)에서 제시된 뜻풀이보다 더 정확하게 원문의 용법을 반영하는 Zakharov(1875 : 1056)에 기반했는데, 전자는 Lee and Ramsey(2011 : 25)에서 되풀이되었다.

8) 이후에 '현악기를 연주하기'와 '솜을 타기'로 진화하는 어떤 다른 원래의 의미가 양쪽 모두에 있었다고 주장할 수도 있지만, 그것이 양쪽 모두에서 매우 특정한 두 가지 의미로 진화했다는 사실은 이 시나리오를 거의 가능성이 없는 것으로 만든다.

언어에는 Ma. fithe-의 동원어가 없다(Cincius 1977 : 300). 그러므로 이것은 MK pthó-(뜨-)로부터의 차용일 가능성이 더 크다. 만일 이것이 비교적 최근(발해? 이래)의 차용이 아니라면, 이 특정한 사례에서는 MK -th-가 '< pK *-K[V]t-'가 아닌 '< pK *-t[V]K-'임을 나타낼 수도 있다.

(12) MK tam-(담-) '채우다, 싣다' ~ Ma. tama- '아우르다, 채우다' (이기문 1958a : 118, #215), (Lee and Ramsey 2011 : 26). R 성조를 갖는 MK : tam-(담-)은 pK *tamV-를 나타낸다. Cincius(1977 : 148)에서 제시된 퉁구스계 언어의 유사동원어는 만주어와 관련될 수 없는데, (음운론적 이유에서 만주어로부터의 차용어일 가능성이 있는) Nanai의 tama-를 제외하면 이들 모두가 pT *taba나 *tawa-를 반영하기 때문이다. 따라서, Ma. tama-는 필시 Nanai로 연속적으로 확산하던 한국계 언어로부터의 차용일 것이다. Ma. tama-는 또한 pK *tamV-가 *tama-로 재구될 수 있음을 나타낸다.

(13) MK sùmúy-(스믜-) '담그다, 스며들다' ~ Ma. sime- 'id.'(이기문 1958a : 117, #194), (Lee and Ramsey 2011 : 26). Cincius(1977 : 87)은 Ma. sime-를, 퉁구스계 언어와 수많은 동원어를 갖는 Ma. simi- '빨아들이다'와 동일한 항목에 두었지만, 이것은 부정확한 것이다. 왜냐하면 두 번째 음절의 모음이 서로 달라 Ma. sime-가 pT *simi-로부터 규칙적으로 도출될 수 없기 때문이다. 그러므로 Ma. sime-는 퉁구스계 언어에서 고립되어 있고 한국계 언어로부터의 또 다른 차용어임을 시사한다. MK -y가 Ma. -Ø에 대응함에 다시 주목하라(또한 위의 (1)과 (4)를 보라). 한국계 언어의 *simuy '담그다, 스며들다' (> MK sùmúy-(스믜-))는 아마도 OJ sim(ï)- 'id.'로도 차용되었겠지만, 이 이야기는 상당히 길

고 복잡하므로 자세한 사항은 Vovin(2010 : 181-82)를 보라.

(14) MK : mey-(메-) '어깨로 나르다' ~ Ma. meihere- 'id.', Ma. meiren '어깨'(이기문 1958a : 114, #149), (Lee and Ramsey 2011 : 26). 이기문 (1958a)과 반대로, 분명히 Ewenki, Solon의 mīre, Ewen의 mīr, Neghidal의 mīye, Oroch의 miye, Nanai의 meire, Ulcha의 ŋuire, Orok의 muire와 관련 되는(Cincius 1975 : 538) Ma. meiren '어깨'은 퉁구스계 언어에서 고립되 어 있고9) 불투명한 내적 구조를 갖는 Ma. meihere- '어깨로 나르다'와 어원론적으로 관련이 없다. 접미사 -re-는 Ma. 동사화소 -ra- ~ -re- 일 수도 있지만, 그 나머지 meihe-가 더 분석될 수 있을지는 분명치 않 다. meihe-가 MK : mey-(메-) '어깨로 나르다' + MK 명사화소 -kay-(-개-) ~ -key-(-게-)(이숭녕 1981 : 109)를 반영한다고는 상상조 차 할 수 없다. 만일 이 분석이 옳다면, 만주어에서 불투명한 한국어 형태론은 어떤 의심의 여지도 없이 여기서 다루는 것이 한국계 차용어 임을 증명할 것이다. 그러나 퉁구스계 언어에 있는 Ma. meihere-의 분 포조차 이 단어가 한국계 언어로부터의 차용일 가능성을 극히 높게 만 든다.

(15) MK (?)10) tàsk-(닭-), MdK takk-(닭-) '(콩 또는 참깨를) 볶다' ~ Ma. tasga-11) '(콩, 밀가루, 밤을) 솥에 볶다'(이기문 1958a : 118, #216), (Lee and Ramsey 2011 : 26). Ma. tasha- ~ tasga-에 대한 다른 퉁구스 동 원어가 없으므로(Cincius 1977 : 170), 한국계 언어의 차용일 것이다.

---

9) 분명히 Ma.로부터의 차용인 Nanai의 meihere- '어깨에 둘러메다'도 있다(Cincius 1975 : 538).

10) 필자는 '볶다'라는 의미로 검증되는 MK의 예를 알지 못하지만, 이 의미는 현대 표준어와 방언에서 검증된다.

11) 또한 tasha-(Zakharov 1875 : 704-05).

(16) MK swúm-(숨-) '자기자신을 감추다' ~ Ma. somi- 'id.'(이기문 1958a : 117, #198), (Lee and Ramsey 2011 : 26). Cincius(1977 : 109)는 Ma. somi- '자기자신을 감추다'를 pT *sōm- '닫다'을 반영하는 다른 퉁구스계 언어형과 동일한 어휘 항목에 두었지만, 의미적으로 너무 멀리 떨어져 있다. 따라서 Ma. somi- '자기자신을 감추다'는 퉁구스계 언어에서 또 다시 고립되어 있고, 그러므로 그것은 한국계 언어 차용일 가능성이 매우 높다. 이 어원론에는 두 가지 다른 문제가 있다. 먼저, MK swúm-(숨-)은 동사 어간에서는 드문 H 성조를 갖는데 결과적으로 이것은 pK *Vswum-을 가리키는 것일 수 있어서, 이 동원어 비교를 지지할 수 없게 한다. 둘째로, MK wu와 Ma. o의 대응은 불규칙하다(MK wo를 예상할 것이다).

(17) MK nel-(널-) '펼치다' ~ Ma. nerki- '넓어지다, 펼치다'(이기문 1958a : 115, #169), (Lee and Ramsey 2011 : 26). 자료가 모두 올바르게 인용되어 있지는 않다. nel-(널-)은 MK 형식이 아니라 EMdK 형식이다(남광우 1997 : 283). 만일 이 형식을 퉁구스계 언어에서 고립되어 있는(Cincius 1975 : 625) Ma. nerki-와 비교한다면, 그 비교는 만주어에서 설명되지 않는 분절 -ki- 때문에 불가능할 것이다. 그러나 EMdK에서만 검증되는 *nèl-(널-) '넓은'에서 온 타동 파생어 MK nèlhí-(널히-) '펼치다, 넓히다'(한글학회 1999.2 : 4935)가 있다. MK nèl-hí-(널-히-) '펼치다, 넓히다'가 형태론적으로 복합적인 반면, Ma. nerki-는 단일하다는 사실은 한국계 언어에서 만주어로 향하는 차용의 방향성을 나타낸다. MK *nel-(널-), EMdK nel-(널-) '넓은'은 MdK nelp-(넓-) 'id.'보다 더 개신형이기 때문에, 이것은 아마도 비교적 최근의 차용일 것이다.

그러므로 한국계 언어와 만주어 간의 계통 관계를 지지하여 이기문

(1958a)와 Lee and Ramsey(2011)에서 제시된 중세 한국어와 만주어 간의 최선의 비교는 모두 만주어의 한국계 언어 차용어일 뿐이라는 것을 알 수 있다. 이들 차용어가 다른 퉁구스계 언어에서 나타나는 경우는 거의 없고, 그렇지 않더라도 어김없이 만주어로부터의 차용으로 볼 수밖에 없다. 만주어에 한정된 이 기이한 분포 너머의 역사적 실제는 만주어 화자들이 고구려와 발해에서 한국어를 사용하는 엘리트에게 통치를 받았다는 사실로 쉽게 설명될 수 있다. 그러므로 여기서 우리는 만주어로 들어간, 그 중 일부는 결과적으로 이웃한 퉁구스계 언어에까지 퍼진, 한국어 차용어를 다룬 것이다.

그러나 확실히 한국계 언어와 만주어 간의 경우와 같은 극심한 언어 접촉 상황에서 차용이 단지 한 방향으로만 이루어지는 일은 아주 드물다. 지배적으로 한 방향으로 갈 가능성이 훨씬 많지만, 반대 방향의 차용 또한 일어날 수 있다. 이기문(1958a)와 Lee and Ramsey(2011)의 예들 중 하나는 만주어에서 한국계 언어로 들어온 차용을 나타낼 가능성이 높다.

(18) MK kàcí-(가지-) '취(取)하다, 나르다' ~ Ma. gai- '취하다, 치우다'(Lee 1958a : 111, #83), (Lee and Ramsey 2011 : 25). 이 비교는 이를테면 거부되어야만 할 것인데, MK -c-와 Ma. -Ø-의 비교는 불규칙하기 때문이다. 그러나 MK kàcí-(가지-) '취하다, 나르다'에 완벽하게 대응하는 Ma. gaji- '가져오다'가 있다. 여기서는 만주어에서 한국계 언어로 향하는 차용의 방향만이 가능한데, Ma. gaji- '가져오다'는 gai- '취하다' + ji- '오다'이므로 형태론적으로 복합적인 반면, MK kàcí- '취하다, 나르다'는 형태론적으로 더 분석될 수 없기 때문이다.

본고에서는 세 가지 중요한 점을 논증했는데 그 중 두 가지는 방법론적인 것이다.

먼저, 알타이어족 지지자, 노스트라틱 어족 지지자 및 다른 장기비교언어학자에 의해 부정되었던 동사 어간의 차용이 상당히 흔한 현상일 수 있음이 다시 한번 입증되었다. 그리고 그것은 우리가 '알타이계 언어(Altaic)' 내부에서 찾아낸 그림에 완벽하게 들어맞는다. 예를 들어, 만주어는 한국계 언어뿐만 아니라 몽골어로부터도 상당히 광범위하게 동사 어간을 차용했다. Ma. yabu- '가다' < Mo. yabu '가다', Ma. dabta- '되풀이하여 하다' < Mo. dabta- '반복하다', Ma. buksi- '매복했다가 습격하다' < Mo. bögsi- '매복하여 기다리다', Ma. bitu- '가장자리를 따라가다' < MM bitü- '강둑을 따라가다', Ma. badara- '넓어지다, 확대되다' < Mo. badara- '확산되다, 확대되다' 등. 매우 유사하게, 몽골어는 고대 터키어로부터 동사 어간을 차용했다. e.g. WM sana- '생각하다, 헤아리다' < OT sana- 'id.', MM šiŋe- ~ šiŋge- '스며들다, 담그다' < OT siŋ- 'id.', MM qïrɣa- ~ kirɣa- '자르다, 면도하다' < OT qïrq- 'id.', WM jalbar- ~ jalbari- '기도하다, 구걸하다' < OT yalbar- ~ yalvar- 'id.', MM bürkü- '덮이다' < OT bürkür- '(구름으로) 덮이다' 등.

둘째, 본고는 자주 언급되는 다음의 주장, 즉, 한국계 언어의 동사들이 차용에 잘 견딘다는 주장(Lee and Ramsey 2011 : 25)에 대해 의심스럽다고 판단했다. 위의 (18)을 보라. 이 주장을 완전히 논박하기 위해서는 더 많은 예들이 필요하긴 하지만, 기본 어휘에서 가져온 단 하나의 예조차도 한국계 언어가 동사를 차용할 수 있음을 입증한다. 그러나 이 작업은 같은 이유로 쉽지 않을 것인데, 한국계 언어에 일본계 차용어가 존재하기는 하지만 일본계 언어에 존재하는 한국계 차용어에 비교하면 없는 것과 다름없어 찾기가 쉽지 않기 때문이다. 통치 엘리트의 언어 한국계 언어였던 고대 국가는 수 세기 동안 문화적 정치적인 측면에서 그 지역의 지배적인 권력이었으므로, 따라서 한국계 언어에 주변 언어들에서 온 차용어가 드물다는 것은 전혀 놀랍지 않다.

    셋째, 주로 한국계 언어와 만주어 간의 비교에 의존하여 주장되는 한국계 언어와 퉁구스계 언어 간의 계통 관계는 공통 기원에 기인하는 것이 아니라 오랜 세월 동안의 접촉을 반영하는 지역적(areal) 관계일 가능성이 더 높음을 입증했다.

참고문헌

1차 자료

한국어

금강	금강경언해(金剛經諺解), 1464 AD
소학	소학언해(小學諺解), 1586 AD
여사	여사서언해(女四書諺解), 1736 AD
원각	원각경언해(圓覺經諺解), 1465 AD

몽골어

MNT	Mongγol-un Niuča Tobča'an (몽골비사), 1228 AD

2차 자료

김동소(1972), 「국어와 만주어의 기초 어휘 비교 연구」, 『상산 이재수 박사 환력기념 논문집』, 대구 : 형설출판사, pp.133~56.

김동소(1977), 「용비어천가의 여진 어휘 연구」, 『국어교육연구』 9, pp.91~105.

김동소(1981), 『한국어와 퉁구스어의 음운 비교 연구』, 효성여자대학교출판부.

남광우(1997), 『교학 고어사전』, 교학사.

성백인(1978), 「한국어와 만주어의 비교 연구 (1) : 알타이 조어의 어두 파열음 체계 재구에 관한 문제점」, 『언어학』 3, pp.121~44.

성백인(1990), 「한국어와 만주-퉁구스 제어의 비교 연구」, 『대동문화연구』 24, pp.261~76.

성백인(1996), 「한국어 계통 연구의 현상과 과제」, 『한국 민족의 기원과 형성』 2권, 소화, pp.371~466.

유창돈(1964), 『이조어사전』, 연세대학교출판부.

이기문(1958a), 'A comparative study of Manchu and Korean.' *Ural-Altaische Jahrbücher* 30 : 104~20.

이기문(1958b), 「중세 여진어 음운론 연구」, 『인문사회과학』 7, pp.343~395.

이기문(1964/1987), 『국어사개설』, 탑출판사.

이숭녕(1981), 『중세국어문법』, 을유문화사.

한글학회 편(1999), 『우리말 큰사전』 1-2권, 어문각.

孫竹 外 編(1990), 『蒙古語族語言詞典』, 西寧 : 靑海人民出版社.

Cincius, Vera I.(1975/1977), *Sravnitel'nyi slovar' tunguso-man'chzhurskikh iazykov* [A Comparative Dictionary of the Tungusic Languages], vol. 1 and vol. 2. Leningrad : Nauka.

Clauson, Sir Gerard(1969), 'Лексикостатистическая оценка алтай ской теор ии. [Lexicostatistical evaluation of the Altaic theory]' // ВЯ 1969, No. 5, с. 22~41.

Kane, Daniel(1989), *The Sino-Jurchen Vocabulary of the Bureau of Interpreters.* Bloomington : Indiana University Research Institute for Inner Asian Studies.

Lee, Ki-moon and S. Robert Ramsey(2011), *A History of the Korean Language.* Cambridge : Cambridge University Press.

Norman, Jerry(1978), *A Concise Manchu-English Lexicon.* Seattle & London : University of Washington Press.

Ramsey, S. Robert(1991), 'Proto-Korean and the Origin of Korean Accent.' In *Studies in the historical phonology of Asian languages*, ed. William G. Boltz and Michael C. Shapiro, 215~238. Amsterdam and Philadelphia : John Benjamins Publishing Company.

Ramstedt, Gustav J.(1939), *A Korean Grammar.* Mémoires de la société Finno- Ogrienne, LXXXII. Helsinki : Suomalais-Ugrilainen Seura.

Ramstedt, Gustav J.(1949), *Studies in Korean Etymology.* Mémoires de la société Finno-Ogrienne, XCV. Helsinki : Suomalais-Ugrilainen Seura.

Ramstedt, Gustav J.(1951), 'Über die Stellung des Koreanischen.' *Journal de la société Finno-Ougrienne*, LV.

Ramstedt, Gustav J.(1953), *Studies in Korean Etymology II*. Ed. by Pentti Aalto. Mémoires de la société Finno-Ogrienne, XCV : 2. Helsinki : Suomalais- Ugrilainen Seura.

Ramstedt, Gustav J.(1982), *Paralipomena of Korean Etymologies.* Collected and ed. by Songmoo Kho. Mémoires de la société Finno-Ogrienne, 182. Helsinki : Suomalais-Ugrilainen Seura.

Rozycki, William(1994), *Mongol Elements in Manchu.* Bloomington : Indiana University Research Institute for Inner Asian Studies.

Seefloth, Uwe(2001), 'Die Entstehung polypersonaler Paradigmen im Uralo- Sibirischen.' *Zentralasiatische Studien* 30 : 163~191.

Vovin, Alexander(2003), 'Once Again on Lenition in Middle Korean.' *Korean Studies* 27 : 85~107.

Vovin, Alexander(2006a), 'Are Koguryǒ and Paekche different languages or dialects of Old Korean?' *Journal of Inner and East Asian Studies* 2.2 : 107~42.

Vovin, Alexander(2006b), 'Why Manchu and Jurchen are looking so non-Tungusic?' *Tumen jalafun jecen akū Festschrift for Giovanni Stary's 60th Michael Weiers.* 2006, Wiesbaden : Harrassowitz, pp.255~66.

Vovin, Alexander(2007), 'Korean Loanwords in Jurchen and Manchu.' *Althai hakpo* 17 : 73~84.

Vovin, Alexander(2010), *Koreo-Japonica : a Re-evaluation of a Common Genetic Origin.* Honolulu : University of Hawai'i Press.

Vovin, Alexander(2013), 'Borrowing of Verbal Roots across Language Families Boundaries in the 'Altaic' World.' *Festschrift for Prof. Seng Paykin.* Ed. by Kim Juwǒn. Forthcoming, 6.

Zakharov, Ivan(1875), *Polnyi man'chzhursko-russkii slovar'* [A Complete Manchu-Russian Dictionary]. St. Petersburg : Tipografiia Imperatorskoi Akademii Nauk.

약어

H	거성
L	평성
Ma.	만주어
MK	중세 한국어
MM	중세 몽골어
Mo.	몽골어
OT	고대 터키어
pK	원시 한국계 언어
pT	원시 퉁구스계 언어
R	상성
WM	몽골 문어

퉁구스어, 니브흐어를 포함한
일본어와 한국어의 명사결합 유형비교

쓰마가리 도시로

1. 서론

　본 심포지엄의 궁극적인 목적은 한국어의 기원탐구, 특히 한국어, 일본어와 알타이어 간의 계통적 관계를 해명하는 데 있다고 생각한다. 이러한 노력들이 물론 중요는 하겠지만, 비교언어학적 방법을 통한 계통탐구에 일종의 한계가 있다는 사실도 의식해 둘 필요가 있겠다. 지금까지 많은 선행연구들에서 이들 언어 간의 어휘적 유사점을 발견하고 음운대응 규칙을 체계화하기 위해 노력해 왔으나 아직까지는 납득이 갈 만한 성과를 얻지 못하고 있다. 한국어와 다른 언어와의 관계뿐 아니라 알타이제언어의 세 그룹(튀르크어, 몽골어, 퉁구스어) 간의 상호관계에 있어서도 결과는 마찬가지다. 심지어 「알타이어족」에 대해 회의적인 시선을 보내는 이들도 많다.

　한편, 이들 「알타이형」(가메이(龜井)·고노(河野)·지노(千野) 編著 1996 : 28-29) 제언어가 보여주는 음운과 문법의 유형적 유사성에는 그냥 지나치기 어려운 부분들이 있다. 유사성의 요인인 「동계성(同系性)」을 제외하고라도, 접촉에 의한 영향관계라던지 언어보편성으로의 전개 등 논의할 점들이 많다. 이처럼 유형적으로 유사하다는 실상에 파고들어 그 유사의 요인이 무엇인지를 찾는 도중, 역사적 또는 계통적 관계에 대한 귀중한 시사점을 발견할 수 있을 지도 모른다. 유형적 비교는 인간언어에서 나타날 수 있는 형태(타입)뿐 아니라 언어 상호간의 역사적 관계를 해명하는 데도 기여하는 바가 크다. 알타이제언어 및 한국어와 일본어의 문법사항 전반에 걸친 유형론적 조사를 행한 선행연구로 가자마(風間, 2003)가 있다. 특히 pp.275~279에서는 본 발표에서 논의하고자 하는 문제들도 언급되고 있다. 또한 가자마(風間, 2009)는 니브흐어를 핵으로 삼아 한국어를 위시한 근처의 제언어들과 니브흐어의 문법사항을 대조하고 있다(본 발표와 관련된 문제에 관해서는 p.128에 짧게 언급하고 있다).

본 발표에서는 이러한 관점에서, 일본어·한국어 그리고 그 외 약간의 주변언어(특히 알타이제어부터 퉁구스제어까지, 고아시아제어부터 니브흐어까지)를 대상으로, 종속적 명사 D(ependent)와 머리명사 H(ead)로 이루어진 구조에 대해 그 결합수단(결합부의 음운/형태변화)의 형태를 중심으로 한 유형비교를 시도해 보고자 한다. 발표자는 이미 쓰마가리(津曲, 1992)에서 동북아시아 제언어를 대상으로 구조유형을 비교 분석하였다. 하지만 그 때는 양도가능/불가능 소유라고 하는 DH간의 의미적 관계에만 주의를 기울이고 형태적·통어적 결합도의 차이는 문제삼지 않았다. 때문에 기본적으로 구를 다루고 있으면서도 복합어로 봐야 할 것까지 구별하지 않고 비교대상으로 삼았었다. 본고에서는 결합수단이 달라지는 데 따른 결합도의 차이에 주의하면서, 복합어부터 구까지를 분석대상에 포함시킬 생각이다. 다만 한국어에 대한 발표자의 지식이 이들 문제를 논하기에는 턱없이 부족한 바임을 밝히고 싶다. 주로 일본어의 예에 중점을 두고, 한국어에 대해서는 발표자의 한정된 이해범위 안에서 기술하는 데 그칠 수밖에 없겠다. 많은 분들의 비판과 가르침을 받고자 한다.

2. DH결합 방법

본 절에서는 DH의 결합 방법을 모두 6가지 타입으로 나누고, 각각의 타입에 대해서 일본어의 예를 중심으로 한국어 및 기타 언어와 비교해 보고자 한다.

2.1 무표결합(명사병렬)

2개의 명사를 아무 변화 없이 그대로 병렬하여 결합시키는 방법이다. 일본어에서는 악센트변화(높은 피치가 하나로 정리)를 통해 한 단어가 된다 : asa-gohaN 「朝ごはん(아침식사)」(asa+**gohaN** → **asago**haN : 굵은 글씨가 높은 피치를 나타낸다). 단, 본 발표의 분석대상이 되는 종속관계가 아니라 등위관계를 나타내는 경우도 존재한다 : yama-kawa 「山(や)川(산과 강)」, ame-kaze 「雨(と)風(비와 바람)」(등위관계에서는 뒤에 오는 명사에 모음교체나 연탁(連濁)현상이 일어나지 않는다는 점에 주의).

한국어에도 무표결합으로 생긴 복합어가 적지 않다(이하, 한글표기 뒤의 [ ]는 개략적인 발음을 표시한 것) : 손목 [sonmok], 산나물 [sannamul]. 일본어와 마찬가지로 등위관계를 나타내는 경우도 있다 : 논밭[nonbat], 팔다리 [phaldari](등위관계에서는 뒤에 오는 명사에 s가 삽입되지 않는다 : Sohn 1999 : 179). 한국어가 일본어와 크게 다른 점은 장소명사가 D에 속격을 동반하지 않고 무표 상태로 결합한다는 점이다(단, 종종 후술명사에 s삽입이 동반한다) : 물속에 [mul(s)soge], 집뒤[cip(t)twi]. 어떤 소유관계(인칭대명사의 경우 우리[uri]만 해당) : 우리학교[urihakkyo], 우리개[urigɛ], 개다리 [kɛdari]에서는 표기상으로는 무표지만 후술명사의 두음이 음성적으로 유성화된다(이러한 유성화는 복합경계에 한정되지 않고 음운적 조건이 맞으면 자동적으로(automatic) 일어난다는 점, 무성/유성의 음운적 대립이 없다는 점에서 일본어의 연탁현상과 다르다).

　통구스제어에서는 일반적으로 무표복합어가 적은 편이다. 그러나 D명사가 속성 등을 나타내는(형용사적인) 명사들이 존재한다 : Uil. eekteputte 「딸, 소녀」(여자＋아이). 만주어 등에서는 꽤 일반적으로 나타나는 현상이다 : Man. hahajui 「아들, 남자아이」(남자＋아이), mukeihan 「물소」.

2.2 D말음(末音)의 변화

　일본어에는 복합될 때 D의 끝 모음이 교체되는 현상이 있다. 모음교체에 몇 가지 형태가 있는데 여기에서는 그 중 중요한 몇 가지만 소개하고자 한다. 교체되는 페어 중에서 자립형식을 [노출형], 결합형식을 [피복형]이라고 부르는데, 이것은 일본어 전통문법에서 사용하는 호칭이다. 양쪽 모두 특정한 일본어 고유어에서만 일어나며 생산성은 없다. 그 중 ①e/a-교체가 가장 광범위하게 나타나는데, 의미특성 상으로는 공통점을 찾아내기 어렵다. 밑에 열거하는 예들 외에도 ue/uwa-「위」,

tume/tuma-「손톱」, koe/kowa-「목소리」, kane/kana-「금」, ine/ina-「벼」, te/ta-「손」, mure/mura-「무리」, yone/yona-「쌀」, nae/nawa-「모종」, kage/kaga-「그림자」(kaga-mi 거울) : 鏡＜影見) 등이 있다.

①e/a- : ame 「雨(비)」/ama-mizu 「雨水(빗물)」, kaze 「風(바람)」/kaza-kami 「風上(바람이 불어오는 쪽)」, mune 「胸(가슴)」/muna-moto 「胸元(가슴팍)」, hune 「船(배)」/huna-tabi 「船旅(뱃여행)」, sake 「酒(술)」/saka- mori 「酒盛り(술잔치)」. 이처럼 역사적으로 보면 모음교체를 동반하는 복합어이지만, 공시적으로는 단일어로 인식되는 단어들도 있다 :

saka(-)na 「魚(생선)」: 酒菜, ma(-)buta(←huta) 「눈꺼풀」: 目蓋.

②i/o- : ki 「木(나무)」/ko-no-ha 「木の葉(나뭇잎)」(kinoha라고도 함), kodati 「木立(나무숲)」, ko(-)zue(←sue) 「梢(우듬지)」＜木末, hi 「火(불)」/ho-kuti 「火口(화구)」

③i/u- : kami 「神(신)」/kamu-kaze 「神風(신의 위력으로 일어나는 바람)」(오늘날에는 kami-kaze), kuti 「口(입)」/kutu(-)wa 「轡(재갈)」: 口輪, tuki 「月(달)」/tuku-yo 「月夜(달밤)」(오늘날에는 tuki-yo)

④o/a- : siro 「白(흰색)」/sira-uo 「白魚(뱅어)」, cf. sira(-)ga 「白髮(흰머리)」(-ga는 ke 「毛털」에 모음교체와 연탁현상이 일어난 것. 후속명사에 -a형이 나타나고 있다. 상대(上代)에는 sira-ka였다). cf. kuro 「黑(검은색)」/kura-i 「暗い(어두운)」, kura(-)gari 「暗がり(어둠)」; kure 「暮れ(저물녘)」

한국어에서는 D의 말미자음(받침)이 후속비음에 동화되는 형태로 변화하는 현상이 있는데, 이 또한 음운적 조건 때문에 자동적으로 일어난다는 점에서 복합의 형태적 변화와는 구분된다 : 한국말[hanguŋmal](←hanguk mal). 또한, 복합의 경우에 받침 l이 n, t, s, c 앞에서 탈락하는 현상이 일어난다 : 소나무[sonamu](←솔＋나무). 이러한 현상은 등위관계에서도 일어난다 : 마소 [maso] (←말＋소)(李翊燮 外, 2004 : 84).

2.3 H두음의 변화

일본어에서는 오늘날에도「연탁(連濁)」현상이 생산적으로 일어나고 있다. 복합어의 경우 후속어(명사 뿐만 아니라)의 무성두자음(k, t, s, h)이 일정 조건에서 각자가 대응하는 탁음(유성자음 g, d, z, b)으로 교체된다. 연탁현상을 일으키는 조건은 다음과 같다.

① 후속어가 원칙적으로 일본고유어일 것 (일본고유어가 되어 버린 일부 한자어는 제외 : kabusiki-gaisya「株式會社(주식회사)」, kao- zyasin「顔寫眞(얼굴사진)」)

② 등위관계가 아닐 것 (oya-ko「親子(부모와 자식)」, siro-kuro「白黑(흑백)」; 단 동어반복에서는 연탁이 일어날 수 있다 : hito-bito「人々(사람들)」, ki-gi「木々(나무들)」, kuro-guro「黑々(새까만)」)

③ 후속어에 탁음이 섞여있지 않을 것 (haru-kaze「春風(봄바람)」*haru-gaze ; 단, nawa-basigo「縄梯子(줄사닥다리)」)

④ 선행어가 후속어의 목적어가 아닐 것 (sakana-turi「魚釣り(낚시질)」cf. umi-duri「海釣り(바다낚시)」; 단, sake-dukuri(saka-dukuri라고도 함)「酒造り(술빚기)」, hito-gorosi「人殺し(살인)」) 등의 경우에는 그 조건과 기원이 아직 충분히 해명되어 있지 않은 상태이다.

이처럼 각 조건마다 예외가 있으며, 위의 조건을 만족시킴에도 불구

하고 연탁현상이 일어나지 않는 예로 doku-kinoko 「毒キノコ(독버섯)」, hosi-kusa 「干し草(건초)」 등이 있다.

한국어에는 음성레벨에서 단어 중의 유성음 간에 일어나는 유성화가 있는데, 위에서도 기술했듯이 연탁현상과는 그 사정이 다르다. 또 폐음절 뒤에 개음절이 오면 종성이 초성화되는 형태로 재음절화(연음화)가 일어나는데, 이것도 자동적인 음성현상에 지나지 않는다. 그 외에, 유기음화(ㅂㄷㄱㅈ + ㅎ → ㅍㅌㅋㅊ)와 같은 음절결합에 따른 음변화에 관해서도 마찬가지다. 또한, 후항이 i로 시작할 때 n음이 부가되는 경우가 있는데(그와 함께 전항의 받침이 비음동화된다), 이는 그야말로 복합어에 고어의 형태가 남아있는 예로 보여진다(李翊燮 外 2004 : 88) : 앞니[amni](앞+이), 꽃잎[kkonnip].

한편 니브흐어에서는 수식구조를 이루는 명사결합의 경우 후속명사가 조직적으로 어두자음교체를 한다고 알려져 있다. 선행요소의 말미가 모음, 폐쇄음, 비음 혹은 측음이고 후속명사의 두음이 폐쇄음일 경우에, 후속명사의 두음이 그에 대응하는 마찰음으로 교체된다(이하, 니브흐어의 예는 핫토리(服部, 1988에서 발췌) : ytk-swax 「아버지 세대」(←cwax), azmc-fřy 「남자의 오두막」(←přy). 같은 취지의 자음교체가 목적어 명사 뒤에 붙는 타동사의 두음에서도 보이는데, 교체조건과 패턴은 다르다. 마찰음 뒤에서 타동사의 어두마찰음이 그에 대응하는 폐쇄음으로 교체된다 : tax-pespez- 「이마를 닦다」(←fespez-).

이와 같이 니브흐어의 경우 명사수식 구조와 타동사 구조에 있어서 자음교체가 형태론적으로 중요한 역할을 한다고 말할 수 있겠다. 일본어에서도 명사끼리의 결합뿐만 아니라, na-dukeru 「名付ける(이름짓다)」

(←tukeru), e-gaku 「描く(묘사하다)」(←繪-kaku)의 경우처럼 목적어 명사와 동사가 결합할 때 연탁현상이 일어나며, 자음교체가 문법기능을 한다는 점에서 그 공통점이 인정된다. 단, 일본어의 경우 (h/b를 제외하고) 거의 대부분이 단순한 무성/유성교체인 데 반해서, 니브흐어의 경우는 자음교체의 조건과 패턴이 훨씬 복잡하다. 또한, 일본어의 연탁현상이 (어느 정도 생산성이 있다고 할지라도) 어느 정도 정해진 단어결합에서만 일어나고 있는 데 반해서, 니브흐어의 자음교체는 조건만 충족된다면 모든 단어결합에서 일어난다는 점에서 어휘화 정도가 낮고 「포합」에 가까운 측면을 지니고 있다고 할 수 있겠다.

니브흐어와 달리 퉁구스제어의 경우에는 앞에서 기술한 바와 같이 복합적 단어결합이 적은 편이다. 하지만, 다음과 같은 윌타어의 예는 후속명사의 (두음)변화에 포함시킬 수 있을지도 모르겠다. 윌타어의 eekte-nnɛɛ 「여자」, gasa-nnɛɛ-ni 「마을사람」은 eekte 「여자」와 gasa 「마을」에 nari 「사람」라는 명사가 복합·융합되는 과정을 거쳐 역사적으로 접사화된 경우라고 보여진다. 윌타어에서 nari라는 음소연속이 규칙적으로 융합하여 -nnɛɛ가 된 것은 동사어간 끝의 -na-와 현재분사 -ri 사이에서 관찰된다 : ana+ri-ni→annɛɛ-ni 「그가 밀다」(밀다+PresPart-3). gasannɛɛni가 3인칭소유표시 -ni를 동반하는 것은 gasanari-ni(마을사람-그)라는 소유구조에서 유래하기 때문이다.

2.4 DH사이의 결합표식삽입

일본어에서는 DH의 사이에 속격조사(ノ[no], 오래 전에는 ガ[ga], ツ[tu],

ナ[na] 등도 사용)를 매개로 삼아 복합어나 명사구를 구성하는 것이 극히 일반적이었다. 일본어문법에서는 이 개입요소를 조사(부속어)로 보는데 유형적으로 보면 D명사의 형태변화로 취급할 수도 있다. kinoko「キノコ(버섯)」(＜木の子), takenoko「タケノコ(죽순)」(竹の子) 등은 복합어로 출발해서 공시적으로 단일어가 된 경우에 해당된다. ガ[ga]의 예로는 오늘날 겨우「我が」(wa＋ga : 1인칭대명사의 비자립적 형식)가 남아 있을 뿐인데, 「我が」에는 다양한 후속명사가 붙을 수 있다 : wa-ga-kuni /ya /ko /mono /bokoo「내 나라/내 집/내 아이/내 물건/모교」 등. 이에 반해, ツ[tu]、ナ[na]는 역사적 복합어 안에 화석화되어 남아 있다 : ma-tu-ge「まつ毛(눈썹)」(目つ毛), ma-na-ko「まなこ(眼)(눈)」(目な子). 모음교체현상이 일어나고 있으며 전자의 경우는 연탁현상도 동반되고 있음을 볼 수 있다. mi-na-to「港(항구)」(水な門)에서는 mizu(＜midu)가 고유의 단축형태를 띠고 있다.

결합할 때 자음이 삽입된 경우를 살펴보면, 모음으로 시작하는 극히 적은 수의 단어 앞에 s가 삽입되어 있다 : haru-s-ame「春雨(봄비)」(-s-ame의 또 다른 예로는 ko-s-ame「小雨(가랑비)」, kiri-s-ame「霧雨(안개비)」등이 있다 ; 단, oo-ame「大雨(큰비)」, niwaka-ame「にわか雨(소나기)」, tenki-ame「天氣雨(여우비)」등에서는 -s-ame가 되지 않는다). ma-Q-s-ao「眞っ青(새파람)」에서는 촉음(ッQ)을 동반한다(고어에서는 masawo). 한편, ma를 접두어로 생각하는 경우도 있는데 p, t, k, s의 앞에서 촉음이 나타난다. 그 밖에 고어(古語)의 경우 taba-s-ine「束稻」, ara-s-ine「荒稻」처럼 ine「稻(벼)」앞에 s가 나타나는 경우가 있다.

한편, 발음(撥音, ンN)이 삽입되었다고 보여지는 예가 있다 : maNmaru「眞ん丸(아주 둥근 모양)」(위에서 기술한 ma가 비음 앞에서 maN-의 형태를 띤다). yuNde「弓手(왼쪽, 왼손)」(＜ゆみて[yumite]), yamaNba「山姥(산속 마귀할멈)」(＜やまうば[yamauba])에서는 전항 혹은 후항의 음이 축약해서 발음화 현상이 일어난다. oreNti「俺んち(나)」(＜俺のうち[orenouti]), ieNnaka「家ん中(집안)」(＜家の中[ienonaka])는 모두 구어적 표현인데, 속격의 ノ(전자의 경우는 후항의 두음까지)가 축약된 경우이다. 이들은 모두 결합 때문에 음이 축약된 결과이며, 통시적으로 볼 때 N이 전후를 연결한다고 보는 견해는 적절하지 못하다.

반면, 촉음이 전항과 후항을 연결하는 (혹은 결합을 강조하는) 역할을 한다고 보여지는 예들이 있는데, 이들은 꽤 생산적이다 : hitori-Q-ko「一人っ子(외둥이)」, edo-Q-ko「江戸っ子(동경토박이)」, kara-Q-kaze「空っ風(강바람)」, uwa-Q-tura「上っ面(표면)」(전항의 모음교체와 공기(共起). uwa-tura도 가능), gake-Q-puti「崖っぷち(벼랑끝)」, sita-Q-para「下っ腹(아랫배)」(sita-hara, sita-bara도 가능), de-Q-pa「出っ歯(뻐드렁니)」(앞의 세 가지 예에서는 후항의 h→p자음교체가 동반된다), ko-Q-pa「木っ端(지저깨비)」(모음교체＋자음교체).

일본어 음운론에서 촉음은 어중(고유어의 경우는 p, t, k, s의 앞)에만 나타나며 그 자체로 하나의 모라를 형성하는 특수음소의 위치를 부여 받고 있다. 그러한 점에서 결합표식이라는 기능을 노리기 쉽다고 할 수 있을지도 모르겠다. 후항이 명사가 아닌 경우에도 강조 기능으로써 촉음(っ)을 동반하는 경우가 있다 : これ(っ)きり(이것뿐), 思い(っ)きり(힘껏), まる(っ)きり(전혀), 一人(っ)きり(혼자), はじめ(っ)から(첫머리부터), 根っから(애초부터)(*根から도 같은 의미). 한편, 一人っ子(혼자)」와 달리,「根っこ(뿌리), 端っこ(끄트머리), 驅けっこ(달리기)」의 -(Q)-ko는 일반적으로 접미사로 여겨진다. mi-Q-ka「三日(사흘)」, yo-Q-ka「四日(나흘)」의

-(Q)-ka도 날짜를 나타내는 접미사이며 복합과는 구별할 필요가 있겠다.

위에서 기술한 일본어의 s삽입(haru-s-ame 「春雨(봄비)」 등)은 언뜻 보기에 한국어의 「사이시옷」을 연상시킨다. 그러나, 일본어의 s삽입이 모음으로 시작하는 단어 앞에서 발생하며, 전항의 말미모음과의 모음충돌(hiatus)을 회피하는 기능을 가지고 있는 반면, 한국어의 s삽입(사이시옷)은 일반적으로 모음 앞에서는 일어나지 않으며 후항의 어두자음이 ㅂp, ㄷt, ㄱk, ㅈc, ㅅs인 경우에는 농음화(ㅃpp, ㄸtt, ㄲkk, ㅉcc, ㅆss)의 형태로 나타난다는 점에서, 오히려 일본어의 촉음삽입에 가깝다. 또, 후항 어두자음이 비음일 경우에 동화된 비음으로 나타난다는 점은 발음(撥音)삽입과도 가깝다. 특히, 전항에 받침이 있는 경우에는 s가 표기되지 않는다.

李翊燮 외(2004 : 118)는 한국어 「사이시옷」의 「정확한 통어의미론적 기능은 확실하지 않으며」, 「완전히 똑같은 음운론적인 환경임에도 불구하고 그 현상이 일정하게 나타나지 않으며, 사이시옷의 출현 조건은 아직 밝혀지지 않았다」고 기술하면서 다음과 같은 예를 들어 대비시키고 있다(후항의 단어가 똑같더라도 (a)에서는 「사이시옷」이 나타나고, (b)에서는 나타나지 않는다고 한다) :

(a) 뱃머리[pɛnmɔri], 처갓집[chɔgaccip], 솔방울[solppaŋul],
봄비[pomppi], 물고기[mulkkogi]
(b) 소머리[somɔri], 기와집[kiwajip], 말방울[malbaŋul],
산성비 [sansɔŋbi], 불고기[pulgogi]

2.5 H말미의 인칭표시

(1)~(4)에서는 DH의 결합부분에서 일어나는 음의 변화와 삽입에 대해 살펴보았다. 이러한 현상과는 달리 퉁구스제어에서는 일반적으로 H 말미에 표식(소유인칭어미)을 붙여서 D와의 결합관계를 나타내는 방법이 사용된다. D가 1·2인칭대명사의 경우에는 그에 대응하는 인칭마크가 H에 붙어서 1·2인칭의 소유를 나타낸다(이 때 D자체가 표시되지 않는 경우도 흔하다) : 나나이어(nanai language)의 예, ogda-i「나의 배」. 3인칭어미의 경우는 3인칭 인물의 소유도 나타내지만 일반명사와 일반명사의 결합관계도 나타내며, 그 경우에는 복합어표식에 가까운 역할을 한다 : 윌타어(Uilta Language)의 예, eekteputte-ni「(그)그녀의 아이」(cf. eekteputte「딸, 소녀」), gasaomo-ni「새의 둥지」, ulaaulise-ni「순록의 고기」.

일본어와 한국어에서는 이러한 주요부 표시형(主要部標示型) 구조가 인정되지 않는다. 그러나 이케가미(池上 1980)는 상기의 (2)와 같이 모음 교체가 일어나는 일본어 단어 중 이른바 노출형의 경우는 피복형에 *-i가 붙은 상태이며, sake2<saka-*i, kami2<kamu-*i ; ke2, mi2는 상대 특수가나(上代特殊仮名)법 가운데 을(乙)류의 가나(仮名)이고, 이 *-i가 퉁구스제어 등의 3인칭어미처럼 한정의 기능을 가지고 있다고 가정한다.

게다가 원시일본어에는 명사 2개를 열거하고서 뒤에 오는 명사에다가 한정을 나타내는 부속적 요소 *-i를 붙이는 구조(뿐만 아니라 필시 뒤의 명사에 *-i를 붙이면서 앞의 명사에는 ノ[no]와 같은 부속적 요소를 붙이는 구조), 즉 위에서 기술한 제언어[터키어, 윌타어, 아이누어]에서 보여지는 구조와 같은 종류의 소속 (혹은 한정) 구조가 있었다고

가정하고 싶다. 더구나 *-i가 붙은 명사는 그 앞에 다른 명사가 오지 않더라도 사용될 수 있었을 것이다(이케가미(池上) 1980 : 101).

덧붙여서 말하면, Ramstedt(1939 : 37-38)는 한국어의 주격어미 －i가 원래는 「한정어미」이며 알타이제어의 인칭어미와 연결시키기는 힘들다고 기술하고 있다. 몽골제어와 통구스제어에서 원래의 3인칭어미가 주제표식(主題標識)처럼 용법 변화된 예가 존재한다는 점도 상기해 주기 바란다.

2.6 위에서 기술한 공기(共起)와 그 밖의 예

마지막으로 일부 중복되기는 하지만 (1)～(5)에서 공기(共起) 결합한 예들을 일본어를 중심으로 다시 한번 정리해 보고자 한다.

　a. 모음교체＋연탁현상 : saka-daru 「酒樽(술통)」, ko-dati 「木立(나무숲)」

　b. 모음교체＋속격 : ko-no-ha 「木の葉(나뭇잎)」(ki-no-ha도 가능), ma-no-atari 「目のあたり(눈앞)」, uwa-no-sora 「上の空(건성, 다른데 정신이 팔려 주의를 기울이지 않는다는 뜻의 관용구)」

　c. 모음교체＋속격＋연탁현상 : ma-tu-ge 「まつ毛(속눈썹)」

　d. 모음교체＋자음삽입 : uwa-Q-tura 「上っ面(표면)」(uwa-tura도 가능)

　e. 속격＋인칭표식(일부 통구스어) : 윌타어의 min-iŋaala-bi 「나의 손」

이케가미(池上)의 주장에 따라 일본어 노출형이 일종의 인칭표시를 포함하고 있다고 본다면, wa-gamune (<muna-*i)「我が胸(내 마음)」과 같은 구도 역사적으로는 마지막 타입에 속하게 된다.

3. 결합도의 차이

위와 같은 방법으로 결합된 구조의 결합도(혹은 어휘화의 정도)는 언어마다 혹은 각각의 사례마다 다양하다. 일본어에 입각해서 말하자면, (2)모음교체와 (3)연탁에 의한 결합은 각각 결합형식(비자립형식)을 취하고 있다는 점이 복합어 결합임을 보증한다. 어휘화의 정도는 サカナ「생선」처럼 공시적 단일어(화학적 복합어)를 위시하여 サカヅキ「술잔」와 같이 분석하기에는 약간 애매할 정도로 단일어에 가까워져 버린 것, サカダル「sakadaru(술통)」처럼 복합어임에 분명해서 사전에도 등록되기까지 한 것, ワインダル「ワイン樽(와인통)」처럼 일반 사전에는 등록되어 있지 않은 것까지 매우 다양하다(연탁이 모음교체보다 생산성이 더 높다). 어쨌든 구(句)에서는 통상적으로 이러한 모음교체나 연탁현상이 일어나지 않는다(예외는 (6)b의 관용구를 참조). (4)에서 촉음이나 발음의 삽입은 역시 복합(과 파생)에 동반되는 현상인데, 속격조사의 삽입은 일반적으로는 구(句)를 구성한다. キノコ「kinoko(버섯)」과 같은 화학적 복합어나 オトコノコ「otokonoko(남자아이)」처럼 어휘화 된 것을 제외하고). 동식물 이름의 경우는 긴 전체를 한 단어로 봐야 하는 것도 있다 : タツノオトシゴ「tatunootosigo(해마)」, オオバナノエンレイソウ「Ōbananoenreisō(연령초에 속하는 꽃)」.

한국어에서는 위에서 기술한 음의 변화, 첨가, 탈락이 구에서는 일반적으로 일어나지 않으며「복합어 고유의 현상」으로 여겨지고 있다(李翊燮 外 2004 : 119). 단, 일정한 음운조건 하에서 자동적으로 발생하는 경우가 많다고 여겨진다. 그러한 점에서「사이시옷」은 현상적으로는 일본어의 촉음삽입에 가깝고, 기능과 불규칙성이라는 측면에서 보면 연탁현상과도 비교할 수 있을 것이다.

니브흐어의 자음교체는 결합도나 어휘화 정도의 면에서 볼 때 복합보다는 느슨하고 구보다는 구속이 강한 이른바 [포합]에 가깝다는 주장을 이미 위에서도 기술한 바 있다.

통구스제어의 인칭표시를 통한 결합(D+H-pers)은 대개의 경우 구에 속하지만, 3인칭의 경우는 사실상 복합어로 보여지는 것들도 있다. 우데게어(Udege language)의 예 : udiekeje-ni 「우데게 말」. 단, udiekeje-we-ni 「우데게 말을」와 같이 격어미가 인칭어미 앞에 끼어든다는 점에서 볼 때, 인칭어미를 포함한 전체가 완전한 복합어를 이루고 있다고는 말하기는 어렵다. 덧붙여, 터키어에서는 이 같은 구조가 기본적으로 복합어를 이루고 있으며, 격어미도 그 뒤에 붙는다 : kahvefıncan-ı 「커피주전자」, kahvefıncan-ı-nı 「커피주전자를(대격(對格))」. 이것만 봐서는 [kahvefıncan-ı]-nı라는 구조를 가정할 수도 있겠지만, 인칭형의 격변화에서는 격어미와의 사이에 -n이 출현한다는 점에서 통상적인 명사 격변화와는 다르다. 또, 복수접미사가 인칭어미 앞에 삽입된다는 점과 소유형식이 되면 복합어표식으로써 3인칭어미가 사라진다는 점을 볼 때, 역시 어(語)로서의 완결성에 의문이 든다 : kahvefıncan-lar-ı 「커피주전자들」, kahvefıncan-ım 「내 커피주전자」. 이러한 점에서 볼 때 인칭표식에 의한 [복합어]라는 문제에 대해서는 앞으로 더욱 검토가 필요하다고 생각된다(하야시(林) 1995는 이 문제를 논하고 있다).

참고문헌

服部 健(1988), 「ギリヤーク語」, 龜井孝・河野六郎・千野榮一 編著, 『言語學大辭典　第
　　1卷世界言語編(上)』, 三省堂：1408-1414

林　徹(1995), 「現代トルコ語のPossessive Compoundについて」, 『東京大學言語學論集』 1
　　4：463-479.

李翊燮・李相億・蔡琬／前田眞彦 譯(2004), 『韓國語槪說』, 大修館書店.

池上二良(1980), 「日本語の名詞語根にあらわれる一種の母音交替の由來について」, 『京都
　　産業大學國際言語科學研究所所報』 1/3：99-103. [池上二良(2004), 『北方言語叢
　　考』, 北海道大學図書刊行會：239-243に再錄]

龜井孝・河野六郎・千野榮一 編著(1996), 『言語學大辭典 第6卷述語編』, 三省堂.

風間伸次郎(2003), 「アルタイ諸言語の3グループ(チュルク、モンゴル、ツングース)、及
　　び朝鮮語、日本語の文法は本当に似ているのか―對照文法の試み」, A.ボビン・長
　　田俊樹共編, 『日本語系統論の現在』國際日本文化研究センター：249-340.

風間伸次郎(2009), 「ニブフ語と近隣諸言語との類型的異同・言語接触について」, 津曲
　　敏郎編, 『サハリンの言語世界』, 北海道大學大學院文學研究科北方研究教育セ
　　ンター：127-144.

津曲敏郎(1992), 「所有構造と讓渡可能性：ツングース語と近隣の言語」, 宮岡伯人編, 『北の
　　言語：類型と歷史』, 三省堂：261-278.

Ramstedt, G. J.(1939), *A Korean Grammar*, Mémoires de la SociétéFinno-Ougrienne
　　82(rpt., Anthropological Publications, Oosterhout N. B., 1968).

Sohn, Ho-Min(1999), *The Korean Language*, Cambridge Univ. Press.

한국어를 기타 트랜스 유라시아 언어와 이어주는 동사 형태론

마르티네 로베츠

1. 들어가며

한국어학에 있어서의 오래된 문제 중 하나는 계통상의 기원과 관계된 의문(problem)이다. 특히 한국어가 일본어, 퉁구스어, 몽골어, 그리고 다른 투르크 어족의 언어들과 관계가 있는지 없는지에 관한 쟁점(issue)은 거의 두 세기에 걸친 논의의 주제가 되어 왔다. 그러나 그 논란이 해결되어 왔다고 하는 지지자들과 비판자들의 최근 주장에도 불구하고(Starostin et al. 2003 : 7; Vovin 2005 : 71), 유라시아 대륙의 논쟁(debate)은 쉽게 합의를 보지 못했다.1) 이 논쟁은 주로 유사성의 부족에 의한 것이 아니라, 그들의 유사성에 대한 설명의 어려움 때문이었다. 그 설명

---

1) 이 논쟁사에 관한 개관으로 Robbeets(2005 : 18-29)를 참조하라. "트랜스유라시아(transeurasian)"라는 표현은 Johanson & Robbeets(2010 : 1-2)에서 고안한 것으로, 전통적으로 "알타이어(Altaic)"로 알려진 다섯 개의 서로 다른 어족, 즉 일본어, 한국어, 퉁구스어, 몽골어, 투르크어 등 지리적으로 인접한 이 언어들의 큰 그룹을 가리키기 위한 것이다.

의 어려움은 공유 형식들(forms) 전부가 차용의 결과인지, 아니면 그들 중 일부는 (상속된) 본유의 것인지에 관한 것이다. 그럼에도 불구하고 학자들은 적어도 한 가지 지점, 즉 계열적(paradigmatic) 형태론이 관련성을 증명하는 데에 상당히 도움을 줄 수 있을 것이라는 데에는 동의하는 것으로 보인다(Vovin 2005 : 73; Dybo & Starostin 2008 : 125).

나는 이러한 상대적인 합의(relative consensus)를 출발점으로 삼아, 한국어 형태론에 관한 세 가지 사항을 유라시아 언어들과 비교할 것이다. 명사 형태론의 차용보다 동사 형태론의 차용에 대한 상대적인 저항, 그리고 파생 형태론의 차용보다 굴절 형태론의 차용에 대한 상대적인 저항을 고려해 볼 때(Weinrich 1953 : 35; Moravcsik 1978; Thomason과 Kaufman 1988 : 74-75; Wilkins 1996; Matras 2009 : 153-165), 이 논문은 굴절 동사 형태론에서의 대응에 초점을 맞추게 될 것이고, 파생과 굴절 사이의 접면(interface)에 놓여 있는 몇몇 항목들, 즉 어휘적 명사화소와 절 명사화소(lexical and clausal nominalizers), 관계화소(relativizers), 그리고 정형 형식(finite forms)에 초점을 맞추게 될 것이다.

본고의 형태론에 관한 기본개념(underlying conceptualization)은 연속체적 접근이며, 이는 파생과 굴절을 두 개의 구별되는 부류로서가 아니라, 형태론의 척도(scale)에서 반대되는 양 끝점으로 간주한다(Bybee 1985; Dressler 1989; Plank 1994). 파생과 굴절을 구별하는 데 도움이 되는 많은 기준들이, 이른바 의미 내용(구체적인 것부터 추상적인 것까지), 기본 의미와의 의미적 관련성(높은 것부터 낮은 것까지), 의미적 투명성(낮은 것부터 높은 것까지), 통사적 관련성(낮은 것부터 높은 것까지), 계열적 구조화(느슨한 것부터 빡빡한 것까지), 어근으로부터의 형태소의 거리(가까운 것부터 먼 것까지) 등과 같은 비분리적인 속성들을 포함하기 때문에, 파생과 굴절에 대한 연속체적 접근은 거의 필연적이다.

비록 이 논문이 기본적인 도구로서 전통적인 비교 방법론을 사용하고는 있지만, 거기에 통시적 유형론과 문법화 이론을 통합시켰기 때문에 고전적인 비교를 뛰어넘는 것이다. 여기 제시된 어원에 대한 논의(어원론)의 몇몇은 개선되기도 했지만, 개별 표지들의 형식-기능 비교에 국한되어 있었고, 해당 예들에서 공통되는 문법화나 계열적 응결성(cohesion)과 같은 상관관계를 참작하지 않았다.

원시 투르크어, 원시 몽골어, 원시 퉁구스어, 원시 한국어, 그리고 원시 일본어에서의 접미사 재구(reconstruction)는 고대 일본어, 후기 중세 한국어, 만주어, 중세 몽골어, 몽골 문어(Written Mongolian), 그리고 고대 투르크어의 초기 역사 시기(written stages) 자료와, 또 상당히 관련되는 현대의 각종 자료들에 기반한다. 즉 후기 중세 한국어의 자료가 현대 한국어에 의해 보충되는 것이다. 고대 일본어의 자료는, 일본 본토의 다양성을 대표하는 것인데도 류큐 열도의 자료로 보충된다. 만주어의 자료는, 퉁구스 어족의 만주 지파(branch)를 대표하는 것인데도, 현대의 다른 언어들, 즉 어웡어(Even)와 어웡키어(Evenki)와 같은 북퉁구스 언어를 대표하는 언어나 우디히어(Udehe)와 나나이어(Nanai)와 같은 남퉁구스 언어를 대표하는 언어들의 자료로 보충된다. 고대 투르크어의 자료는 추바시어(Chuvash)의 자료에 의해 보충되는데, 이는 서투르크 언어 중 유일하게 살아남은 언어이다. 몽골어의 재구에는, 지금은 사라졌지만, 원시 몽골어의 자매어인 거란어(Khitan)가 가끔 참조되기도 한다.

이 논문의 구성은 다음과 같다. 다음 절에는 세계 언어들에서 정형 기능(finite function)의 발달 기제(mechanisms)에 관해 간단히 다룰 것이다. 3절에서는 유라시아 언어들에서 어원이 같은 명사화소(nominalizer) 혹은 관형사화소(adnominalizer)로부터 공히 정형 형식이 발달하는 것에 대해 논의할 것이다. 그 과정에서 한국어의 명사화소 K -(u)m, 관형사화소 K -(u)n과 전망(prospective) 관형사화소 -(u)l의 어원을 제안한다. 4절에서는 형식, 기능, 문법화 경로, 조합적 속성, 그리고 계열적 일관성(coherence)의 관점에서 이들 셋의 상관관계를 분석할 것이다. 결론적으로 5절에서는 이 셋의 대응(correspondences)에 관한 한 가지 가능한 설명으로서 상속(inheritance)과 차용(borrowing)을 견주어 볼 것이다.

2. 정형성(finiteness)의 통시적 발달

유라시아 언어에서 형태통사적 변화를 이끄는 힘 중의 하나는 비정형적 접미사가 정형적 접미사로 문법화하는 경향성이다. 세계 여러 언어들을 보면, 비정형적 형식에서 정형기능이 발달하는 데에 다양한 기제가 사용되는데(Mithun 2008; Robbeets 근간), 다음과 같은 것들이 있다. (i) 해당 정형 동사가 형식적 감쇄를 겪어 기존의 의존 동사에 결합하는 접사가 됨, (ii) 명사 술어에 정형적 계사가 결합한 연쇄에서 계사가 소실될 때, (iii) 주절 서술어가 생략되는 동시에 정형 형식의 보충어는 유지될 때, (iv) 비정형적 동사가 정형적 동사로 직접 재분석될 때. (iv)와 같은 발달은 Barbareno Chumash어의 예 (1)에 나와 있는데, 이와 같은 것은 유라시아의 여러 언어들에 걸쳐 특히 자주 발견된다.

    (1) 바바레노 추마시 어, 비정형적 동사 형식의 직접적 재분석
        (Mithun 근간)

(1a) K-e-ča'min   ʔal-asnes-waš
      1-NEG-know   NML-do-PST
      'I don't know how he did it'
(1b) No'no   ʔal-ʔitaxmayšis   hi=heʔ=l=maliwana.
      very   NML-be.wonderful   EP=PROX=ART=marijuana
      'Marijuana is really wonderful'

문법적 지위의 강화 및 의미 내용, 음성 형식, 범주 속성, 통사적 자유의 감소로 문법화를 설명하는 Kurylowicz(1965 : 52), Heine & Reh(1984 : 15) 등의 문법화에 대한 고전적 정의에 따르면, 비정형적 접사가 주절 요소를 유지하지 않고서 정형기능을 획득하는 발달은 문법화의 표준적 과정으로 볼 수 있다. 첫째, 파생에서 굴절로의 점진적 이동(transition)은 문법적 지위의 강화를 반영한다. 이러한 변화의 연속체는 동사에서 명사를 파생시키는 접사(deverbal noun affixes)로부터 분사적 접사를 넘어 정형적 접사에 이르는 것이다. 둘째, 의미 내용은 점진적으로 상실된다. 비정형적 접미사는 정형적 표지와는 달리 어기의(base) 의미를 변화시킬 수 있다. 셋째, 관계화소와 정형적 접미사는 그 원천과 비교해 보면 음운론적으로 감쇄됐을 수 있다. 넷째, 이러한 발달은 Malchukov(2004 : 88-93)의 관점에서 탈명사화의 점진적 과정으로 이해될 수 있으므로 '범주적 속성의 상실'도 포함한다. 다섯째, 통사적 자유도는 상실된다. 동사에서 명사를 파생시키는 접미사의 사용은 문장에서 수의적인 반면에 정형적 표지의 사용은 의무적이기 때문이다.

2.1 pTEA *-rA-[2)]

2.1.1 pK *-(o-)l

현대 한국어 관형사화소 K -(u)l은 보통 "전망을 나타내는(prospective)" 것으로 불리지만, 중세 한국어에서 -(·u/o)l은 보통 시간 중립적인 표지로서 기능한다(Martin 2002 : 376). (2a)의 예는 pK *-l이 어휘적 명사화소로서 동사 어간에 붙어서 'to stop' -> 'cessation'과 같이 명사를 만들어냈다는 것을 시사한다. 점진적으로, 이것은 (2b)에서처럼 절 명사화소로, (2c)에서처럼 관계화소로 사용되기 시작했다. 이른바 "조절사(modulator)" MK -·wu/o-는, Martin(1996 : 13, 83; 2006 : 222)에 따르면 기원적 계사 pK *o- 'to be'로부터 파생된 것인데, (2c)의 예에서처럼 수식받는 명사가 의미적으로 관형사화된 동사의 대상인 경우에 MK -(·u/o)l 앞에 나타난다. 다른 경우에는 조절사는 의무적이지 않다. 이는 기원적으로 절 명사화는 계사 *o- 'to be'를 포함하고 있는 반면에, 어휘적 명사는 동사 어간에 접미사 *-l을 직접 첨가함으로써 파생되었다는 것을 시사한다. pK *-(wo)-l로 표지된 관계절은, 질문(예를 들어 MK -(·u/o)l-·kwo 정형적 의문문), 진술/설명(예를 들어 MK -(·u/o)·l-i 정형적 진술문), 감탄 MK -(·u/o)·l-a(정형적 가정법 경청(attentive))와 같은 담화에서 보충적인 정보를 첨가한, 통사적으로 독립적인 문장을 표지하는 것으로 한 단계 더 발달되었다. (2d)에 예시되었듯이 가정법 경청은 미완망상

---

2) 이 주제에 관한 선행연구로는 Ramstedt(1952 : 86-89, 94-100, 104- 107); Lee(197 7 : 23-24); Martin(1968 : 406; 1991 : 285-286; 2002 : 378); Miller (1980 : 91-92); Baskakov(1981 : 73); Menges(1984 : 258, 261); Vovin(1998; 2001 : 189-190), 2008 a : 82-83); Choi(2002 : 32-33); Starostin *et al.* (2003 : 227)과 Robbeets(2009; 근간) 을 참조하라.

(imperfective) 관형사화소와, 보통은 명사 뒤에 오는 호격 불변화사 a(예를 들어, K palk-un tal-a(shine-ADN moon-VOC) 'Oh shining moon!')로 형태론 분절이 가능하다.

(2) 중세 국어에서 동사로부터 명사를 파생시키는 요소(deverbal nominalizer) pK *-l의 반영(reflexes)

(2a) 어휘적 명사화소

    MK kuch- 'to stop'　　　　→ ku·chul 'cessation'

    MK hhoyng ho- 'to travel'　→ hhoyng hol 'traveler'

    MK ciž- 'to make, buid, compose, manifacture'

       → MK ·cil 'procedure' (< *cižul).

(2b) 절 명사화소

    ¨se ·twoy tu·li-l-s　　HHWA-PPYENG-·ul nwo-·khwo

    three measure contain-NML-GEN　　vase-ACC place-CONV

    'Placing a vase with a capacity of three cupfuls'

    (1459 Wel 10 : 119a; Martin 1992 : 873)

(2c) 관계화소

    ccywung-soyng-oy　　　nip-wu-l　　　　wos

    common.people-NOM　　wear-MOD-ADN　　clothing

    'clothes that the common people wear' (1459 Wel 8 : 65; Lee & Ramsey 2011 : 206)

(2d) 정형적 표지

    ·QILQ-SIM-·u·lwo　　kwoyGwoy　　ho-·l-a

    wholehearted-ADV　　silence　　　do-FIN-VOC

    'Be utterly quiet!' (1464 Kumkang 12a; Martin 1992 : 851)

비록 MK -(·u/o)l이 일반적으로 시간 중립적인 관형사화소로 기능하더라도, K onul, MK wo・nol 'today'와 K wolhay, MK wol・hoy 'this year'과 같은 몇몇 시간 표현에서의 특이한 행동에 주목하는 것은 흥미롭다. 이들 어휘화는 *o-[l]・nal(come-ADN day)와 *o-l・hoy(come-ADN year)에서 각각 유래하여, 동사 K o-, MK wo- 'to come'의 관형적 형식을 포함한다.3) '오늘(today)'과 '올해(this year)'는 '올 날(the coming day)'과 '올 해(the coming year)'와 동등하지 않고, 오히려 '곧 다가올 날(the day that has (just) come)', '곧 다가올 해(the year that has (just) come)'로 해석되어야 하기 때문에, 이들 표현은 pK *-l이 후행하는 종결(telic) 동사의 기원적인 근-완망상(recent perfective) 해석을 시사한다. '다음해(next year)', 즉 '다가오고 있는 해(the year that is coming)'에 대한 MK ・wo-no-n・hoy(come-PROC-ADN year), '지난해(last year)', 즉 '떠나간 해(the year that has departed)'에 대한 MK ・ni-・ke-n・hoy(depart-RES-ADN year)의 사용을 비교해 보라.

2.1.2 pJ *-(wo-)ra

동사에서 명사를 파생시키는 접미사 pJ *-ra는 (3a)의 예와 같이 동사적 형용사에서 명사적 형식과 관형사적 형식을 파생시킨 접미사로 재구될 수 있다. 절 명사화(관형사화)는 고대 일본어에서 -uru/-ru/ -u, 류큐 언어에서 *-uru/-ru로 반사된 접미사 pJ *-oro를 통해 만들어지는데, 이는 계사 *wo-와 명사 파생 접미사 *-ra로 구성된 복합 형식 pJ *wo-ra로 거슬러 올라갈 수 있다(Robbeets 근간b : 6.3.1.). 이는 고대 일본어 (3b)에서의 보충절과 (3c)에서의 관계절에 의해 예증된다. 한국어 합

---

3) 중세 한국어 /l/은 /n/과 여타 설첨음(apicals) /s/, /c/, /t/ 앞에서 탈락한다.

성 형식 pK *-(o-)l을 상기해보면, 이 분석은 기원적으로 절 명사화가 계사 *wo- 'to be'를 포함하는 반면, 어휘적 명사는 동사적 형용사 어간에 접미사 *-ra를 직접 붙임으로써 파생되었다는 것을 시사한다. -uru 관계절은 통사적으로 독립적인 문장을 표지하는 것으로 한 단계 더 발달되었고, 담화에서 명제에 관한 평가적 속성을 표시하게 되었다. 이런 경우에, 정형 형식은 질문, 감탄, 진술, 설명 등과 같은 화자의 반응에 관한 정확한 본성을 명세하는 초점 첨사들을 동반할 수 있는데, 이것이 일본어에서 kakari-musubi라고 알려진 현상이다.

(3) 고대 서부 일본어에서 명사 파생 접미사 pJ *-ra의 반영
  (3a) 어휘적 명사화소(관형사화소)
      OJ aka- 'to be red' → akara 'red'
      OJ sakasi- 'to be wise' → sakasira 'wisdom'
      OJ kanasi- 'to be sad' → kanasira 'sadness'
  (3b) 절 명사화소
      punapi1to2-wo   mi1-ru-ga   to2mo2si-sa
      boat.people-ACC   see-NML-GEN   enviable-NML
      'it is enviable to see the boat-people' (MYS 15 : 3658; Wrona 2008 : 206)
  (3c) 관계화소
      op-i1-k-uru   mo2no2
      pursue-CONV-come-ADN   thing
      'the things that pursue [us]' (MYS 5 : 804; Vovin 2009 : 613)
  (3d) 정형적 표지
      ide   ika-ni   kokodaku   ko1p-uru
      Oh   why-DAT   so.much   love-FIN
      'Oh, why do I love her this much?' (MYS 12 : 2889; Wrona

2008 : 206)

2.1.3 pTg *-rA

동사에서 명사를 파생시키는 접미사 pTg *-rA는 Even 어의 예 (4a)
에서와 같이 동사 어간으로부터 명사 형식과 관형사 형식을 파생시킨
접미사로 재구될 수 있다. 명사화소(관형사화소)는 만주어 예 (4b/c)에서
와 같이 보충절 및 관계절을 표지하기 위해 절 층위로 확장된다. 관계
절은 통사적으로 독립적인 문장을 표지하는 것으로 한 단계 더 발달한
다. 처음에 이 구성은 추가적인 보충적 정보를 가질 수 있었지만, (4d)
의 만주어 예에서처럼 점점 직설법 어미로 일반화 되었다. pTg *-rA를
반영하는 형식들은 모든 퉁구스 어의 정형적 패러다임(어형변화)에 유지
되었지만 만주어 외의 다른 언어들은 보충절과 관계절에서 좀 더 최근
의 명사 파생 접미사 pTg *-ri : 를 오래된 형식 *-ra 대신 가지고 있다.

(4) 퉁구스어에서 명사 파생 접미사 *-rA의 반영
  (4a) 어웡어의 어휘적 명사화소(관형사화소)

Even da : l- 'to be sweet, pleasant, light' → dalra 'sweet, tasty'

Even eden-   'to be windy, to blow (of wind)' → edenre 'windy'

Even eman-   'to snow, fall (of snow)' → emanra 'snow, snow-, snowy'

  (4b) 만주어의 절 명사화소

mama-de	ala-ra-de,	mama	hendu-me...
old.woman-DAT	tell-NML-DAT	old.woman	say-CONV

'When [he] tells [it] to the old woman, the old woman says :
"…"'

(Gorelova 2002 : 257)

(4c) 만주어의 관계화소

bargiyata-ra   niyalma

protect-ADN   people

'people who protect [him]' (Gorelova 2002 : 485)

(4d) 만주어의 정형적 표지

si   nene-me   isinji-ci   uthai   sin-de   bu-re

you   be.first-CONV come-CONV   at.once you-DAT   give-FIN

'If you come first, I shall give [it] to you straight away' (Gorelova
2002 : 256)

Even 어와 Evenki 어 같은 몇몇 북퉁구스 언어들에서 정형적 시간
해석이 동사의 행위적 의미(actional semantics)에 좌우된다는 것을 주목할
필요가 있다. 종결성 동사로부터 파생되면 -rA는 근접 과거를 지시하
고, 반면 비종결성 동사에서 파생되면 -rA는 현재를 나타낸다. 그 예
로 Even 어 em-re-n(come-FIN-3SG) '(he) has just come'와
hong-ra-n(weep- FIN-3SG) 'he weeps'(Malchukov 2000 : 443)를 들 수 있
다. 이는 원시 퉁구스어의 절 관형사화소 pTg *-rA가 동사 어기의 종결
성에 따라서 미완망상 또는 완망상으로 해석된다는 것을 시사하며, 한
국어의 '오늘(today)'과 '올해(this year)'의 어원에 대한 논의를 상기시킨다.

2.1.4 pMo *-r

동사에서 명사를 파생시키는 접미사 pMo *-r는 중세 몽골어(MMo.)

와 몽골 문어(WMo.)의 -(U)r를 반영하는 것인데, (5a)의 예에서와 같이 동사 어간으로부터 명사 형식 및 관형사 형식을 파생하는 접사에서 비롯되었다. (5b)에는 -rA 부동사(converb)에 절 명사화소의 흔적이 있는데, 이는 보충절을 표지하는 *-r과 여격 접미사 *-A의 결합으로 이루어진 것이다. 비슷하게, '예비'의(preparative) 부동사 -run은 *-r와 속격 접미사 *-un이 결합한 것이다(Poppe 1954 : 59, 98, 180). pMo *-r가 표준 몽골어에서 정형적 표지로 발달되었다는 증거는 없지만 (5c)에서 볼 수 있듯이 거란어의 과거 시제 접미사 -r가 아마도 관련이 있는 듯하다. 한국어와 퉁구스어의 상황을 상기해 보면, 거란어에서 과거 시제의 사용은 'become', 'become appointed', 'become awarded', 'compose an edict', 'write this text'와 같이 종결적(telic)인 경우에서만 유지된다(Kane 2009 : 145-146).

(5) 몽골 문어와 거란어에서 명사 파생 접미사 pMo *-r의 반영

   (5a) 몽골 문어의 어휘적 명사화소(관형사화소)

      WMo. amu-   'to rest, relax; be relieved (intr.)' → amur 'peace, rest; easy'

      WMo. belčige-   'to pasture, graze (tr.)' → belčiger 'pasture, grazing grounds'

      WMo. irüge-   'bless, pray, wish well (tr. /intr.)' → irüger 'prayer, blessing'

   (5b) 몽골 문어의 절 명사화소

      eke-yügen   eri-re   od-bai

      mother-ACC   search-CONV go-PST

      'He went to find her mother' (Sárközi 2004 : 47)

   (5c) 거란어의 정형적 표지

puu	giuuŋ	shï	po-or
fu	gong	shi	become-PST.FIN

'He was appointed a fu gong shi' (Kane 2009 : 146)

2.1.5 pTk *-rV

동사에서 명사를 파생시키는 접미사 pTk *rV는, (6a)의 예에서처럼 고대 투르크어에서 명사 형식 및 관형사 형식을 파생시키던 접미사로 반사된다. 이 접미사는 대부분의 단순 자음 어간 뒤에서 -Ar가 되고 특정 자음 어간 뒤에서 -Ur 또는 -Ir가 되고, 모음 어간 뒤에서 -yUr 또는 -r가 된다.4) 명사화소(관형사화소)는 (6b)에서처럼 절 명사화소(관형사화소)를 표지하기 위해 절 층위로 확장된다. 이러한 관계절은 "aorist" 라고 알려진 현재 진행의 통사적으로 독립된 문장을 표지하는 것으로 한 단계 더 발달되었다. (6c)를 보라.

(6) 고대 투르크어에서 명사 파생 접미사 pTk *-rV의 반영
  (6a) 어휘적 명사화소
    OTk. kïs- 'to compress, squeeze, pinch'
    → kïsïr 'having the sexual organs constricted, sterile, barren (of

---

4) 이형태 -yUr/-Ur과 -Ar은 pTk *-rV가 계사 동사 *u- 'to become'과 *a- 'to be'에 후행하면서 각각 파생된 접미사 열(suffix string)에서 파생된 것 같다. 반면 이형태 -Ir은 어간 말 -i를 반영하는 것 같다. pTk *-rV의 재구에서 끝 모음은 부정 관형 사화소(negative adnominalizer) OTk -mA-z에서 지지된다. 여기서 -z는 부정 접미 사에 후행하는 것이고, 긍정 관형사화소는 모음 뒤에 -r을 갖는다. 종성(coda) 위치 에서, 고대 동부 투르크어에서 pTk *-r이 -z가 되지만 고대 서부 투르크어와 이의 현대적 대표격인 추바시어(Chuvash)에서 -r이 유지된다는 가정은, 접미사가 기원 적으로 추가적인 모음을 가졌다고 가정하면, OTk -mA-z의 발달에 아주 잘 적용 된다(Erdal 2004 : 84-85).

woman, animal)'

OTk. tug- 'to be born, to rise (of sun) (intr.)' → tugar 'sunrise, east'

OTk. yat- 'to lie down (intr.)' → yatar / yatur '(something) lying down, invalid'

(6b) 관계화소

ak-ïp   kel-ir   sogïk   suv
flow-CONV   come-ADN   cold   water
'cold water flowing forth (or coming up)' (Erdal 2004 : 284-285)

(6c) 정형적 표지

Ölüm-tä   oz-upan   ögir-ä   savin-ü   yorï-r.
death-ABL   escape-CONV   rejoice-CONV   be.happy-CONV   go.on-FIN
'Having been saved from death it happily goes on with its life.'
(Erdal 2004 : 325)

예문 (7)과 같이, 어휘적 명사화에서도 쓰이고, 정형적 과거 형식 및 완망상 관계화소로서도 나타나는 추바시어의 –r와 이 접미사가 어원이 같다는 점에 주목하라. 추바시어와 고대 투르크어의 공통 조어에서, 관형사화소의 정형적 시간 해석은 동사 어기의 행위적 의미(actional semantics)에 좌우된다. 종결성을 갖는 동사로부터 도출된 것은 도출된 완망상 형식과 도출된 과거 형식을 갖는 반면, 비종결성을 갖는 동사로부터 도출된 것은 도출된 미완망상 형식과 도출된 현재 진행 형식을 갖는다. 본래의 추바시어에서의 기능적 변별은 완망상 의미 및 과거 의미로의 변화 과정에서 사라졌고, 고대 투르크어에서는 미완망상 의미와 현재 진행 의미로의 변화과정에서 사라졌다.

(7) 추바시어에서 명사 파생 접미사 pTk *-rV의 반영

  (7a) 어휘적 명사화소

    Chu. xĕs- 'to compress, squeeze, pinch (tr.)' → xĕsĕr 'sterile, barren'

  (7b) 관계화소

xura	vărman	vitĕr	tux-r-ăm	čux-ne
black	forest	through	go.out-PFV.NML-POSS.1SG	

time-DAT

'When I went out through the black forest' (Benzing 1959 : 742)

  (7c) 정형적 표지

văl	sirĕ	palla-r-ĕ
he	you.OBL	recognize-PST.FIN-POSS.3SG

'He recognized you' (Krüger 1961 : 146)

2.2 pTEA *-n[5)]

2.2.1 pK *-(o-)-n

한국어 관형사화소 K -(u)n, MK -(·u/o)n은 (8b)의 예에서처럼 동사적 형용사와 계사, 그리고 현재 미완망(processive) MK -(·)no-에 붙었을 때 미완망상을 표시한다. 반면 MK anc-on cek-uy (sit.down-ADN time-DAT) 'when seated'의 예에서처럼 이것은 다른 동사들에 붙었을 때 완망상을 표시한다. (8a)의 예에서처럼 이 접미사는 동사 어간에 붙어서 어휘적 명사화소로서 명사를 만들어내는 데 사용되기 시작했다. 이

---

5) 이 주제에 관한 선행 연구는 Ramstedt(1952 : 94-100); Poppe(1955 : 262-263; 1972 b : 45-46); Lee(1977 : 23-24); Martin(1968 : 406; 1991 : 285-286; 2002 : 378); Menges(1984 : 258, 261)과 Robbeets(2009; 근간)을 보라.

사용은 (8b/c)의 예에서처럼 보충절과 관계절을 표지하기 위해 절 층위로까지 확장되었다. 16세기까지, 조절사 MK -·wⁿ/o-는 (8c)에서처럼 수식받는 명사가 의미적으로 관형사화된 동사의 대상일 경우에 첨가되었다. 하지만 이 구별은 곧 사라졌다. 이것은 기원적으로 어휘적 명사가 동사 어간에 접미사 *-n을 직접 붙임으로써 파생되었다는 것을 시사한다. 반면에 절 명사화는 계사 *o- 'to be'를 포함했다. pK *-(wo)-n으로 표지되는 관계절은 담화에서 보충적인 정보가 추가된, 의미적으로 독립적인 문장을 표지하기 위한 것으로 한 단계 더 발달되었다. (8d)에서 예시된 것처럼 MK -(·u/o)n은 정형성의 표지로서 접어 명사 MK ·i 'fact'에 항상 선행해야만 한다. 하지만 현대 한국어는 K to : n-i iss-nun? 'He has money [you said]?'과 같은 간접발화(reported speech)의 경우에 정형적 용법을 갖고 있다(Martin 1992 : 722).

(8) 중세 한국어에서 동사로부터 명사를 파생시키는 요소 pK *-n
　　의 반영

　(8a) 어휘적 명사화소

　　　MK ·ppyeng ho- 'to be ill' -> ·ppyeng hon 'ill person'

　(8b) 중세 한국어의 절 명사화

　　　QWUY-HWA　　CIN-LYE　　　　ho-si-**n**-olwo　　YE-MANG-i

　　　Wihwa　　　　victorious.return　make-HON-**NML**-INSTR

　　　public.support-NOM

　　　ta　　　　　　　mwot-coW-ona

　　　all　　　　　　gather-HUM-CONV

　　　'By making a victorius return from Wihwa, all public support came together [for him], but...' (1445 Yong; Lee & Ramsey 2011 : 214)

　(8c) 중세 한국어의 절 관형사화

tut-n-**wo**-**n**   swoli

hear-PROC-**MOD**-**ADN**   sound

'the sound that one hears' (1459 Wel 2 : 53a; Lee & Ramsey 2011 : 206)

(8d) 중세 한국어의 정형적 표지

MK ¨manh-i   tut- · tolwok   ¨etwuk   · sin-thi   a · ni

be.many-ADV   hear-extent   more   believe-NML   NEG

· ho-no- · n-i.

do-PROC-**ADN**-fact

'The more I hear, the less I believe.' (1482 Nam 1 : 36 b; ; Martin 1992 : 719)

2.2.2 pJ *-(wo)-n

류큐 언어는 *-un/*-an 형식의 명사화소를 사용하는데, 쇼돈어 (Shodon)의 -un/-an과 우라어(Ura)의 -uN/-aN의 사례로 확인된다. 이형 태 -un은 미완망상의 동사 어기의 부동사형에 붙는데 비해, -an은 완 망상 어기의 부동사형에 붙는다. 이는 각각 *wo- 'to sit, be'와 *a- 'to be, exist'라는 계사 조동사로부터 온 합성 요소 -u-와 -a-의 파생을 지 지한다(support). (9)에서 예시되었듯이, 접미사는 절 명사화, 관계화, 그 리고 정형성 표지로서 사용된다.

(9) 우라어에서 동사로부터 명사를 파생시키는 요소 pJ *-n의 반영 (Shibatani 2011)

(9a) 절 명사화소

ʔama-zyi   taccy-**uN**-ga   wakya-N   ʔkwa-kkwa

there-LOC   stand.CONV-**NML**-NOM   we-GEN

DIM-child

'The one standing there is our child'

(9b) 관계화소

?ama-zyi   taccy-**uN**   ?kwa-kkwa

there-LOC   stand.CONV-**ADN**   DIM-child

'the child who is standing there'

(9c) 정형적 표지

?kwaa-ga   ?ama-zyi   taccy-**uN**

child   there-LOC   stand.CONV-FIN

'A child is standing there'

본토 일본에는 류큐어 관형사화소 -un에 대응하는 직접적인 동일 어원의 단어가 없다. 그러나 명사화소의 흔적인 pJ *(-wo)-n이 고대 동부 일본어의 '불확실함'(tentative) 접미사 -unam- (? < pJ *wo-n am- (be-ADN TENT)), '필수적임'(necessitive) 접미사 OJ -ube2- (? < *[w]o-n pa yi- (be-ADN place be.good)), 조건(conditional) 부동사 OJ -(a)ba (? < *..a-n-pa (go-ADN place))에서 보이고, 형용사와 명사를 합성할 때 나타나는 순행적 유성음화(예. MJ wakagimi < pJ *waka-n kimi (be.young-ADN nobleman))에서도 제시될 수 있다.

2.2.3 pTg *-n

동사에서 명사를 파생시키는 접미사 pTg *n은, Evenki 어의 예 (10a)에서처럼, 대부분의 퉁구스어에서 동사 어간으로부터 명사 형식과 관형사 형식을 파생시키는 접미사로 재구될 수 있다. 동시에 이것의 사용은 (10b)에 예시되었듯이 Evenki 어 -dyAnmA의 부동사에 흔적을 남

겨두고 절 층위로 확장되었다. 부동사적 절은 미완망상 -dyA-, 명사화
소 -n, 그리고 대격 -mA로 구성되는 기원적인 보충절로 거슬러 올라
갈 수 있다(Nedjalkov 1995 : 451). pTg *-n의 정형적 사용의 흔적은 1·2인
칭 단수 인칭 어미에 반영되었는데, 이는 -n-이 1·2인칭 단수 어미에
첨가된 것이다(Menges 1943 : 239, 241-243; 1968 : 80, Benzing 1955 : 1080).

(10) Evenki 어에서 동사로부터 명사를 파생시키는 요소 pTg *-n의
     반영
   (10a) 어휘적 명사화소
       Evk. ala- 'to cross (a mountain)' → alan 'mountain pass'
       Evk. kusi- 'to fight' → kusin 'fight'
       Evk. ngene- 'to go' → ngenen 'motion, moving ahead, walk'
   (10b) 절 명사화소
       bi   tang-**dyanma**-v   ekin-mi   sune   uli-dyenge-n
       I   read-**CONV**-POSS.1SG   sister-POSS.1SG
       you.PL.ACC   feed-FUT-3SG
       'While I read my sister will give you food' (Nedjalkov 1995 :
       451)
   (10c) 정형적 표지
       wa : -m (kill.FIN-1SG) < pTg *wa : -rA n-bi (kill-ADN
       n-1SG)
       wa : -nni (kill.FIN-2SG) < pTg *wa : -rA n-si (kill-ADN
       n-2SG)

2.3.4 pMo *-n

동사에서 명사를 파생시키는 접미사 pMo *-n은, (11a)의 예에서처럼

MMo/WMo -(U)n에 반영되어 동사 어간으로부터 명사 형식과 관형사 형식을 파생시키는 접미사로 쓰였다. 절 명사화의 흔적은 현재 미완망상 어미 WMo/MMo -nam, -nAi, -nA에서 확인되는데, 이들은 공통적으로 명사화소 *-n과 계사 a- 'be'의 현재형의 연쇄에서 도출된 것이다 (Poppe 1955 : 262-263; Weiers 1966 : 151). (11b)의 MMo -nam이 pMo *-n a-m(NML be-PRS.FIN)으로부터 형서된 것을 예로 들 수 있다. (11c)에 예시되었듯이, 명사 파생 접미사 -n의 복수형 -t는 중세 몽골어에서 정형 형식으로 사용된다. 몽골어는 또한 동사 활용 패러다임에서 *-n의 정형적 사용의 흔적을 유지하고 있다. irambi < *ire- 'come' + *-n FIN + *bi 1SG 'I come', irantši < *ire- 'come' + *-n FIN + *ci 2SG 'you come', 등을 예로 들 수 있다.

(11) 중세 몽골어에서 동사로부터 명사를 파생시키는 요소 pMo
    *-n의 반영
  (11a) 어휘적 명사화소
        MMo. ayu- 'to be afraid' → ayun 'fear'
        MMo. hice- 'to be ashamed' → hicen 'shame'
        MMo. kökö- 'to suck, nurse' → kökön 'breast'
  (11b) 절 명사화소

adu'u	ire-ge	kerey	bayi-**nam**
horse	come-NML	legal.case	be-**FIN**

        'The horse must be delivered' (Weiers 1966 : 152)
  (11c) 정형적 표지

ba	ulus	irgen	ulu	temece-**t**
we	land	people	NEG	strive.for-**FIN.PL**

        'we do not strive for land and people' (SH 64; Weiers 1966 : 151)

2.2.5 pTk *-n

동사에서 명사를 파생시키는 접미사 pTk *-n은, (12)의 예에서처럼
고대 투르크어에서 명사 형식 및 관형사 형식을 파생시키는 접미사로
반사된다.

(12) 고대 투르크어에서 동사로부터 명사를 파생시키는 요소 pTk
    *-n의 반영
    OTk. ek- 'to sow (tr.)' → ekin 'sown land, the crop growing on it'
    OTk. sa- 'to count (tr.)' → san 'number, set of things counted'
    OTk. yak- 'to be near, to approach (intr.)' → yakïn 'near'

추바시어 쪽일 동일 어원어는 "nomen perfecti"라고 불리는 -nă ~
-nĕ인데, 이는 (13a/b/c)에 예시된 것처럼 완망상의 명사화소(관형사화소)
와 완료의 정형 형식으로 기능한다.6)

(13) 추바시어 명사화소(관형사화소) -nĂ의 사용
  (13a) 절 명사화소
        Kaχal   kay-nă-ne   kur-sassăn
        Lazybones   come-NML-ACC   see-PFV.CONV
        'When they saw Lazybones coming' (Krüger 1961 : 154)
  (13b) 관계화소
        esĕ   kur-nă   etem

---

6) 접미사 끝의 -Ă의 발달은 아마도 추바시어에서 Chu. külĕ 'lake' (OTk köl 'large
   body of water, pool, lake' 참조), Chu. ută 'straw' (OTk ot 'grass, vegetation' 참조),
   Chu. yïtă 'dog' (OTk it 'dog' 참조) 등과 같이 기원적으로 자음으로 끝나는 단어에
   마지막 이완모음을 첨가했기 때문인 것 같다.

you   see-ADN   person

'the man whom you saw' (Krüger 1961 : 153)

(13c) 정형적 표지

šïn   kur-nǎ

person   see-FIN

'The person saw' (Krüger 1961 : 153)

2.3 pTEA *-mA[7]

2.3.1 pK *-(o)-m

현대 한국어에서처럼, 중세 한국어의 명사 파생 접미사 MK -(·u/o)m은 어휘적 명사를 파생시키는 데, 그리고 문장을 명사화시키는 데 쓰였다. 하지만 중세 한국어에서 이 두 가지의 사용에 관한 형태론은 달랐다. (14a)에 예시한 것처럼 어휘적 명사는 일반적으로 동사 어간에 직접 접미사를 첨가함으로써 파생되지만, 반면에 절 명사화는 조절사 MK -·wu/o-를 포함한다. 이 조절사의 기원은 계사 pK *o- 'to be'로 올라갈 수 있다. 명사적 수식이 무표적인 속격으로 해석될 수 있는 K wul-um swori(cry-NML voice) 'a tearful voice'와 같은 몇몇 표현을 제외하면, 이 접미사는 관형형에서는 사용되지 않았고, 대신 (14b)에서 볼 수 있듯이 호격 첨사에 항상 선행하는 자리에서 정형성의 표지로 발달해 왔다. 현대 한국어 문어체에서 K -(u)m은 종종 onul-un swuep-i

---

7) 이 주제에 관한 선행연구로는 Ramstedt(1952 : 104~107); Poppe(1955 : 262); Lee (1977 : 23-24); Martin(1968 : 406; 1991 : 285~286; 2002 : 378); Miller(1975 : 137); Baskakov(1981 : 73); Menges(1984 : 258, 261); Choi(2002 : 33~34)와 Robbeets(2009; 근간)을 보라.

eps-um(today-TOP class-NOM not.exist- NML) 'No class today'에서처럼 비인칭(impersonal) 명제를 표현할 때 호격 없이 주절에서 나타난다.

(14) 한국어에서 명사 파생 접미사 pK *-m의 반영

(14a) 중세 한국어에서 어휘적 명사화 대 절 명사화

tywoh-on yel-um yel-wu-m-i

be.good-ADN bear.fruit-NML bear.fruit-MOD-NML-NOM

'the bearing of good fruit' (1459 Wel 1 : 12; Lee & Ramsey 201

1 : 177)

(14b) 중세 한국어에서 독립적인 문장

· na-y ne to · ly-e nil · G-wo- · m-a

I-NOM you accompany-CONV say-MOD-FIN-VOC

'I will tell you.' (1517 Pak 1 : 32b; Martin 1992 : 932)

2.3.2 pJ *(-wo)-m

동사에서 명사를 파생시키는 접미사 pJ *-m은, (15a)에 예시된 것처럼 동사적 형용사에서 명사형과 관형사형을 파생시키던 접미사로 재구될 수 있다. 그 증거는 간사이(關西) 방언에 국한되는, 고유한 저조 하강의 음조(unique low falling pitch)를 가지는 2음절 명사의 강세 부류(accent class) 2.5로부터 찾을 수 있다. Polivanov(1924 : 126)는 이러한 강세 부류의 기원과 어말 자음 pJ *-m의 상실(loss)을 연결시킨 최초의 인물이다. Vovin(2008b : 142-150)은 주로 색채를 표현하는 동사적 형용사들에서 상실된 자음이 명사화소 pre-pJ *-m임을 확인하였다. OJ kura- 'to be dark' ~ OJ kuro1 'black'과 OJ sira- ~ OJ siro1 2.5 'white'와 같은 몇몇 형용사에서 보이는 모음 교체는, 계사 *wo- 'to be'가 각각

*kura-wo-m(thick-COP-NML)과 *sira-wo-m(thick-COP-NML)을 만들어 내는 파생에 포함되었을 수 있다는 것을 시사한다. 절 명사화(관형사화)는 접미사 pJ *-om을 사용하는데, 이는 고대 일본어의 -u와 류큐 언어의 *-um에 반사되었다. 류큐 언어의 *-um은 계사 *wo-와 명사 파생 접미사 *-m으로 구성된 복합 형식 pJ *wo-m으로 거슬러 올라갈 수 있다(Robbeets 근간b : 6.4.1절). (15c)에서처럼 비록 WOJ -u와 류큐어 *-um의 표준적 사용이 정형적이라 할지라도, 우리는 절 명사화의 몇 가지 흔적의 예를 찾을 수 있다. 그 위치는 바로 부정 명사화소 -(a)zu 가 결여된 계사 n-의 부동사형 ni 앞이거나, 동사 se- 'to do'의 부동사형 site 앞에 나타나는 구성에서 부정 접미사 OJ -(a)z-의 뒤에서이다. (15b) 를 보라.

(15) 고대 일본어에서 명사 파생 접미사 pJ *-m의 반영

  (15a) 어휘적 명사화소

      OJ awo- B 'to be blue/green' → awo 2.5 'blue/green (n.)'

      (< *awo-m blue-NML)

      OJ kura- B 'to be dark' ~ OJ kuro1 2.5 'black'

      (< *kura-wo-m thick-be-NML)

      OJ sira- B 'to be white' ~ OJ siro1 2.5. 'white'

      (< *sira-wo-m thick-be-NML)

  (15b) 절 명사화소

amata	pa	ne-z-**u**		n-i	tada
pi1to2	yo1	no2mi2			
many	TOP	sleep-NEG-**NML**	be-CONV		only
	one	night		PT	

'not sleeping [with her] many [nights], only one night' (NK 66;

Vovin 2009 : 761)

(15c) 정형적 표지

| aki1-no2 | no1-ni | sawosika | nak-i1-t-u. |
| autumn-GEN | field-LOC | male.deer | cry-CONV-PERF-**FIN** |

'Male deer cried in the autumn field.' (MYS 25 : 3678; Vovin 2009 : 602)

2.3.3 pTg *-mA

동사에서 명사를 파생시키는 접미사 pTg *-mA는, Evenki 어의 예 (16)와 같이, 동사 어간으로부터 명사형과 관형사형을 파생시키던 접미사로 재구될 수 있다. 이것은 색채 명사와 색채 형용사의 파생에서 특히 빈도가 높은데, 이 점은 일본어의 색채어 파생을 상기시킨다. 부동사 접미사에는 절 명사화의 흔적이 있는데, 이는 (16b)에서처럼 보충절에 사용된 것이다. 대다수의 퉁구스어들이 단수형과 복수형을 구별하는 것으로 보이는데, Evenki 어 -mi/-mil, Nanai 어 -mi/ -mari/-meri, Udihe 어 -mi/-mei, Olč 어 -mi/-mari/-meri, Oroč 어 -mi/-mai 등이 그 예이다. 이러한 數의 구별은 기원적인 절 명사화소 pTg *-mA가 소유격-재귀 접미사 단수형 pTg *-wi 및 복수형 pTg *-wari와 결합한 것의 축약형을 각각 반영하는 것이다(Benzing 1955 : 1090; Menges 1968 : 212). 만주어를 잇고 있는 현재의 Sibe 어에서, 명사화소 -m의 대응은 (16c)에서처럼 독립적인 절을 표시하는 데에 여전히 생산적으로 쓰인다.

(16) 퉁구스어에서 명사 파생 접미사 pTg *-mA의 반영

(16a) Evenki 어의 어휘적 명사화소

Evk. bagda- 'to become white, freeze' → bagdama 'white

(adj. and n.)'

Evk. girku- 'to walk' → girkuma 'pedestrian'

Evk. koŋno- 'to be black' → koŋnomo 'black (adj. and n.)'

(16b) Evenki 어의 절 명사화소

Bejetken　　　alba-ra-n　　　bira-va　　　elbesce-mi

boy　　　　can.not-FIN-3SG river-ACC　　swim-NML

'The boy could not swim across the river' (Nedjalkov 1995 : 457)

(16c) Sibe 어의 정형적 표지

am　　　　nane-ni　　　gel　　　　xia-ve-mak

niumku　　　bahe-m.

big　　　　person-DEF　　also　　　　ite-PASS-CONV

　　　　　disease　　　get-IPF.FIN

'Even adults get bitten and get disease.' (Jang, Jang & Payne (in prep.))

2.3.4 pMo *-m(A)

동사에서 명사를 파생시키는 접미사 pMo *-mA는 *-m과 교체되며, (17a)의 예에서와 같이 동사 어간으로부터 명사형과 관형사형을 파생시키던 접미사로 재구될 수 있다. Wmo degerem ~ degerme 'robbery, robber'와 toɣum ~ toɣuma 'sensibleness, good behavior'와 같은 쌍들 (doublets)이 있는데, 이는 명사화소(관형사화소) *-ma와 *-m이 공통 기원임을 나타낸다. Janhunen(2010 : 166-167)은 중부 몽골어들의 sour-maa/n (study-CONV) 'only if you study'과 같은 예에서 전제조건의 부동사 표지 -mAA/n이 명사 파생 접미사 -m과 재귀적 소유격 표지 -AA/n의 연쇄에서 도출될 수 있다고 언급했다. 2.3.3절에서의 퉁구스어 부동사와 비슷하게, 절 부사화는 절 명사화에서 도출될 수 있다. 13세기와 14세기의 중세 몽골어 문헌에서, -m은 현재 미완망상 직설법에 쓰이던 일반적 어미였다(Poppe 1955 : 261; Weiers 1966 : 143-150). (17b)를 보라.

   (17) 몽골어에서 명사 파생 접미사 pMo *-mA ～ *-m의 반영
    (17a) 어휘적 명사화(관형사화)

        WMo ulayi- 'to get red-hot, become red (intr.)' → ulayima 'red, red-hot'

        MMo. daqa- 'to follow (tr.)' → daqama 'menses'

        WMo. toqo- 'to saddle (tr.)' → toqom 'saddle cloth'

        MMo. quri- 'to come together (intr.)' → qurim 'feast'

        WMo. toɣu- 'to esteem, value' → toɣum ～ toɣuma 'sensibleness, good behavior'

        pMo *degere- 'to lift (tr.)' in degerede- 'to be lifted' → degerem ～ degerme 'robbery, robber'

    (17b) Finite marker

        MMo. udurit-basu   ber   ulu   busire-m.
        guide-COND   PT   NEG   believe-IPF.FIN
        'Even if you guide them, they don't believe' (HY; Weiers 1966 : 144)

2.3.5 pTk *-m(A)

동사에서 명사를 파생시키던 접미사 pTk *-mA는 *-m과 교체되며, (18a)의 고대 투르크어의 예와 같이 동사 어간에서 명사 형식과 관형사 형식을 파생시키던 접미사로 재구될 수 있다. OTk -mA와 -(X)m이 비슷한 기능을 가지고 OTk örüm 'something knitted' ～ örma 'plaited'와 같은 인접대응쌍(near doublets)을 만들어내기 때문에, 이것들은 동일한 기

원으로 거슬러 올라갈 수 있다. 아래 (18b)와 같이 명사 but 'leg'가 -mA 형식에 의해 지배되는 아주 드문 관계절의 경우가 있지만, 이 접미사가 정형기능을 가지게 되었다는 것을 보여주는 지표는 없다.

(18) 고대 투르크어에서 명사 파생 접미사 pTk *-mA ~ *-m의 반영
　　(18a) 어휘적 명사화(관형사화)
　　　　　OTk. tut- 'to hold, grasp, seize (tr.)' → tutma 'chest, coffer' ~ tutum 'handful'
　　　　　OTk. yar- 'to split (open) (tr.)' → yarma 'crack'
　　　　　OTk. yar- 'to split (open) (tr.)' → yarïm 'half'
　　　　　OTk. yil- 'to catch on to something, to hang, to fasten (tr.)' → yilim yï 'creeper plant'
　　　　　OTk. ör- 'to plait, knit' → OTk. örüm 'something knitted' ~ örma 'plaited'
　　(18b) 관계절
　　　　　but kötür-me　　　　　　tïnlïg
　　　　　leg lift.up　　　　　　　living.being
　　　　　'a living being lifted up by [its] legs' (Erdal 1991 : 319)

3. 이러한 상관관계의 본질

한국어에서 삼지적(triad) (비)정형적 표지 K -(u)m, K -(u)n, K -(u)l 은 여타 유라시아 언어의 삼지적 등가물(triple equvalents)과 비교될 수 있다. <표 1>을 보라.

<표 1> 한국어 (비)정형적 표지 K –(u)m, K –(u)n, K –(u)l과
여타 유라시아 언어의 등가물 비교

pTEA	pK	pJ	pTg	pMo/ pKMo	pTk
*-rA lexical NML	*-l lexical NML *-wo-l clausal NML clausal ADN FIN	*-ra lexical NML *-wo-ra clausal NML clausal ADN FIN	*-rA lexical NML clausal NML clausal ADN FIN	*-r lexical NML clausal NML - FIN	*-rV lexical NML - clausal ADN FIN
*-n lexical NML	*-n lexical NML *-wo-n clausal NML clausal ADN FIN	*-n lexical NML *-wo-n clausal NML clausal ADN FIN	*-n lexical NML clausal NML - FIN	*-n lexical NML clausal NML - FIN	-n lexical NML clausal NML clausal ADN FIN
*-mA lexical NML	*-m lexical NML *-wo-m clausal NML FIN	*-m lexical NML *-wo-m clausal NML FIN	*-mA lexical NML clausal NML FIN	*-mA ~ *-m lexical NML clausal NML FIN	*-mA ~ *-m lexical NML

3.1 형식

위 표의 자음들은 Robbeets(2005 : 373-377; 근간 : 2.3.1절)에서 설정한 pTEA *-r-, *-m-, *(-)n-의 대응과 체계적으로 대응한다. Robbeets(상동)에 제시된 pTEA *-a-와 *-e-의 대응을 따르면, 이러한 pTEA *-a-와 *-e- 사이의 모음조화는 pJ *-a-로 규칙적으로 병합된다. 원시 한국어-일본어에 해당 모음이 반사되어 있지 않다는 점 및 몽골어와 투르크어에서의 교체 모음이 상실된 점을 고려해 볼 때, pTEA *-mA에서 끝 모음은 이미 원시-유라시아어 층위에서 산발적으로 탈락했을지도 모른다. 대조적으로 pETA *-rA의 한국어 및 몽골어 반영사형은 그 끝 모음이 각 언어의 개별적 발달 과정에서 탈락한 것 같다. 어말의 접미사에서 보이는 모음의 약화(erosion)는 문법화 과정에서 예측가능하고, 특히 /m/과 /r/ 같은 공명음에 후행할 때 더욱 그렇다. 왜냐하면 이들의 높은 공명성이 어말 모음 없이도 조음을 가능하게 하기 때문이다.

3.2 기능

여기서 논의된 어원에 대한 세 가지 논의는 모두 기원적인 동사파생명사(deverbal noun) 접미사 pTEA *-rA, *-mA, *-n으로 거슬러 올라갈 수 있다. 이들 접미사는 타동사 및 자동사로부터 각각 행위 명사(예를 들어 to write → writing), 또는 행위주 명사(subject nouns)(예를 들어 to write → writer)를 만들어낸다. 그러나 접미사가 타동사로부터 파생시킨 대상 명사의 뜻을 볼 때, 종결성을 갖는 동사에서 파생된 명사는 결과 상태의 의미를 보여주기도 한다(예를 들어 to write → written (material)).

3.3 문법화의 유형론

3.3.1 정형성의 발달

여기서 비교되고 있는, 어휘 층위에서 동사파생명사 접미사에서 출발한 표지들은 통사 층위에서는 의존 절의 명사화소(관형사화소)로 그 기능이 확장되었고, 마침내는 담화 층위에서 화용론적 기능을 갖게 되면서 독립적 절에서 정형 형식을 표시하는 데까지 그 기능이 확장되었다. 이러한 발달 과정의 공유는 접미사의 문법화가 이미 원시 유라시아 언어에서 완료되었고, 그 자손 언어들에 정형/비정형의 다의성이 상속되었다는 것을 필연적으로 함의하지는 않는다. 대신 이는 원시 유라시아어에서 그 자손 언어들이 분기한 후에 이들이 개별적으로 그러한 발달을 겪었음을 시사한다. 첫째, 명사 파생 접미사의 반사형이 원시 일본어—한국어 지파에서 개신(innovation)을 겪었다. 절 명사화가 동사파생명사 접미사와 pJK *wo- 'to be'를 결합시킨 구문을 요구한다는 점에서 그러하다. 정형적 용법은 그러한 부차적 계사 구문을 기반으로 발달하였다. 둘째, 정형적 용법은 역사적으로 입증된 몇몇 단계에서는 여전히 발달 과정에 있는 것으로 보인다. 예를 들면, MK -(·u/o)l, -(·u/o)m, MK -(·u/o)n은 정형적 위치에서 여전히 호격 첨사 또는 접어 명사의 첨가를 요구했다. 반면 현대 한국어 K -(u)n과 -(u)m은 그렇지 않다. 셋째, pTEA *-mA의 투르크어 반사형은 명사 파생 접미사로서만 기능한다. 이 맥락에서 투르크어에 반사된 해당 접미사가 절 명사화소 및 정형 형식으로서의 기능을 상실했다고 보는 시나리오는, 단순히 투르크어에서 이들 기능이 발달된 적이 없다고 하는 가정보다 더 복잡하다. 이러한 관찰은 어원이 같은 명사화소에 절 명사화(관형사화) 용법과 그에 이어 정형적 용법이 각각의 지파마다 독립적으로 발달해 왔음을 시사하는 것이다.

3.3.2 시간적 구분의 등장

정형적 용법의 발달 과정에서, pTEA *-rA, *-mA, *-n에 의해 파생된 행위 명사와 행위주 명사는 미완망상의 관형사적 용법과 정형적 비

과거 용법으로 발달된 반면, 결과상 파생은 완망상의 관형사적 용법과 과거 용법으로 발달하였다.

pTEA *-rA에 대해, 북퉁구스어, 몽골어, 고대 투르크어, 추바시어에는 타동사로부터 파생된 대상 명사가 있다. 한국어, 북퉁구스어, 추바시어는 종결(telic) 동사에 후행하는 완망상의 관형적 용법을 보여준다. 정형적 과거 용법의 증거(indications)는 거란어와 추바시어에서 발견된다.

pTEA *-n에 대해, 퉁구스어, 몽골어, 고대 투르크어에는 타동사로부터 파생된 대상 명사가 있다. 한국어와 퉁구스어는 비종결(atelic) 동사를 제외하면 완망상의 관형적 용법을 보여주는 반면, 추바시어는 모든 동사에 대해 완망상의 용법이 일반화되었다. 추바시어도 정형적 과거 용법을 보여준다.

pTEA *-mA에 대해, 퉁구스어, 몽골어, 투르크어에는 타동사로부터 파생된 대상 명사가 있고, 퉁구스어에는 종결 동사에 후행하여 완망상의 절 명사화가 있다. 결과상태는 퉁구스어 상태 동사에서 발달한 색채 명사 및 색채 형용사 파생어에도 포함되어 있다는 점에 주목하자. 'to become a colour' → 'colour(n./adj.)'가 그 예이다. 이 기능은 일본어의 어휘적 명사화소(관형사화소) pJ *-m에서도 자주 발견되는 것이다.

명사화소가 결과상태 의미를 발달시키는 것이 어기 동사의 종결성에 좌우되는 것 같다는 관찰은, Bybee(1985 : 147)의 "언어는 어떤 한 상(aspect)을 명백하게 무표적인 것으로 표시하는 동시에 그 외의 다른 상을 유표적으로 표시하지는 않는데, 몇몇 동사들(특히, 행위 동사와 상태 동사)은 미완망상이 개념적으로 무표적인 구성원인 반면에, 다른 동사들(특히, 종결성 또는 사건 동사)은 완망상이 개념적으로 무표적인 구성원이다"라는 관찰에 의해 설명될 수 있다. 그러므로 상적으로 중립적인 명사화소는 종결성을 갖는 동사 어기에 후행하여 결과상태로서 재해석될 수 있다고 예상할 수 있다. 동사로부터 파생된 결과상태의 명사에서 완망상의 관형형을 거쳐, 정형적 과거 표지로의 문법화는 범언어학적으로 잘 입증되었다(Comrie 1976 : 99-191; Bybee 1985 : 196; Bybee et al. 1994 : 86; Johanson 2000; Malchukov 2000 : 447).

3.4 조합적 속성

명사화소와 계사 동사 pTEA *bɔ : l- 'to sit, be(come)'의 반사형의 조합은 원시 한국어-일본어에서 일반적인 개신이었던 것으로 보인다.8) 그러므로 절 명사화(관형사화)의 형성에서 계사 pKJ *wo- 'to sit,

---

8) (저자 주8) 어근 pTEA *bɔ : l- 'to sit, be(come)'은 다음과 같은 여러 언어들의 예를 기반으로 재구된 것이다. OJ wi- 'to sit, be' (< *wo + *-(C)i-), J oru A, OJ wor- 'to be, exist', pJ *wo- 'to sit, be' ; MK -.wu/o- modulator, MK -.wu/o adverbializer, pK *[w]o- 'to be'; Evk. o : -, Even o : -, Neg. o : -, Ma. o : -, Sibe o : -, Jur. o-fia, Olch. o-, Orok o-, Na. o-, Ud. o- / o : -, Solon o : -, pTg *[w]o : - 'to become, make; WMo./ MMo. bol- 'become, take place, be, exist; be able, be possible', Khal. bol-, Bur. bolo-, Kalm. bol-, Ordos bol-, Dag. bol-, Bao. ol-, Dong. bolu-, olu- 'to be possible, be proper', Mog. bol-, pMo *bo(:)l- 'to become', Kitan *po- 'to become, promote'; OTk. bol- 'to become', Karakh. bol- 'to become', ol- 'to be', MTk. bol- 'to become', ol- 'to be', Khalaj ôl-, Tk. ol-, Az. ol-, Gag. ol- 'to become', Tkm. bol-, Tat. bul-, Uzb. bul-, Uig. bo(l)-, Khak. pol-, Shor pol-, Oyr. bol-, Chu. pol-, Yak. buol-, Dol. buol-, Tuva bol-, Kirg. bol-, Kaz. bol-, Nog. bol-, Bash. bul-, Balk. bol-, Krm. bol-, KKalp. bol-, Sal. vol-, vo : -, bo : -, Kum. bol- 'to become', pTk *bo : l- 'to become' and OTk. olur-, oltur- 'to sit', Karakh. oltur-, Tk. otur-, Tat. utir-, MTk. oltur-, Uzb. utir-, Uig. oltur-, Az. otur-, Tkm. otur-, Khak. odir-, Oyr. otur-, Chu. lar-, Yak. olor-, Dol. olor-, Tuva olur-, Tof. olir-, Kirg. otur-, Kaz. otir-, Nog. oltir-, Bash. ultir-, Balk. oltur-, Gag. otur-, Krm. otur-, KKalp. otir-, Sal. oht(ir)-, pTk *olur- 'to sit'

be(come)'의 삽입은 한국어와 일본어의 공통 조어에서 이미 완성된 것인 듯하다.

3.5 계열적 일관성

형태론에 관한 연속체적 접근을 고려하고 파생이 굴절과 비슷하게 계열적인 원리로써 규정된다고 하는 관점에서 보면(예로는 Bauer 1997; Booij 1997; Stump 2001), "공통 어기 또는 어근으로부터 특정한 의미 범주 또는 형태·통사 범주를 형성하는, 파생·굴절적으로 관계된 항목들의 조직화된 집합"이라고 패러다임을 특성화하는 것은 타당한 것 같다. 이러한 정의에 의거하여, 중세 한국어 절 명사화소 MK ‑(·u/o)m, ‑(·u/o)n, MK ‑(·u/o)l을 굴절적 패러다임의 구성원으로 간주할 수 있다. 이들은 현대 한국어에서는 이분화된 관계화소의 패러다임 K ‑(u)n과 K ‑(u)l으로 차차 재형성되어 왔다. 비교언어학적 증거는 계열적으로 나타난다. 즉 유라시아 언어들에 두루 걸쳐, 절 명사화소에 있어 형식·기능적으로 유사한 삼지적 짝이 존재한다. 그런데 계열적 일관성(coherence)은 절 명사화 패러다임을 이루는 이 세 항목 간의 내적 응결성(cohesion)마저 넘어선다. 즉, 계열적 일관성은 동사로부터의 명사의 파생, 절의 관계화, 절의 정형성 표현이라는 세 가지 패러다임과도 일치한다. 달리 말하면, 다섯 유라시아 언어 지파에 걸쳐 두루 보이는 삼지적 명사화소 짝들의 패턴화된 대응은 이들 지파들에 걸친 동사파생명사 접미사, 관계화소, 정형적 표지의 대응물과 평행하다. 이들은 문법화의 과정을 공유함으로 서로 관련되어 있다. 개별적 패러다임 사이의 문법적 패턴화에 관한 다중적 관련성은, 공유된 "다차원적 계열성"을 만들어내는데(Nichols 1996 : 46), 이것은 계통상의 관련성을 진단하는 데 유용한 현상이다.

3.6 특이한 점(Quirks)

파생 명사화소, 절 명사화소, 관계화소, 그리고 정형적 표지에 관한 한국어 패러다임은 다소 특이한 점이 있다. 이들은 언어 내적 분석만으로는 설명되기 어려운 얼마간의 이상한 점을 보여준다. 이 특이한 점들 가운데에서, 우리는 수식받는 명사가 의미적으로 관형형으로 활용한 동사의 대상일 경우에 절 명사화(관형사화)에 조절사(modulator)가 삽입되는 현상을 찾았다. 또한 명사화소(관형사화소) K -(u)n, MK -(・u/o)n의 미완망상/완망상 교체도 독특하며, pK *-l이 완망상 해석을 갖는 K onul, MK wo・nol 'today'이나 K wolhay, MK wol・hoy 'this year'에서처럼 시간 표현에서의 특이성도 있다. pK *-n과 *-l의 특이한 완망상 교체는 유라시아어에서 동일 어원어를 참조함으로써 설명될 수 있다. (i) 동사파생명사 접미사(명사화소)에 결과상태 의미가 발달함은 어기 동사의 종결성에 좌우된다. (ii) 동사파생명사 접미사(명사화소)는 절 명사화소 및 관계화소로 문법화하는 경향이 있다. (iii) 동사파생명사 접미사(명사화소)는 파생 의미의 문법화를 촉발시켜 시간적 구분을 낳게 된다. 수식받는 명사가 의미적으로 관형사화된 동사의 대상일 때, 절 명사화(관형사화)에 조절사를 삽입시키는 것은, 일본어 계사 *wo-와 어원이 동일한 기원적인 계사 pK *(w)o-로부터 조절사가 발달한 것으로 설명할 수 있다. 조절사가 삽입된 구성은 일본어 동사 굴절과 평행하지만 형용사 굴절은 그렇지 않다. 왜냐하면 형용사 굴절에서 수식받는 명사는 논리적으로 관형사화된 동사적 형용사의 대상이 될 수 없기 때문이다. 따라서 우리는 다음과 같은 내용을 추론할 수 있다. 원시 한국어-일본어는 수식받는 명사가 의미적으로 관형사화된 동사의 대상일 때 계사를 포함하는 우언적 관계 구성을 사용했다. 이러한 재구는 한국어 조절사의 특이한 행동을 설명한다.

4. 결론 : 차용인가 상속인가

한국어는, 유라시아어들과 공통된 특이점 및 다중적 계열성을 보여주면서 이들과 계열적인 굴절적 동사 형태론을 공유한다고 볼 수 있다. 명사 형태론의 차용에 비해 동사 형태론의 차용이 더 심하게 저항을 받는다는 점, 파생 형태론의 차용보다 굴절 형태론의 차용이 더 심하게 저항을 받는다는 점, 공통된 특이점 및 다중적 계열성에서 추론되는 가능성을 종합적으로 고려하면, 우리가 차용된 형태소를 다루고 있을 가능성은 매우 낮다.

차용의 가능성을 희박하게 또 다른 고려사항은 (1) 유라시아 언어들 전반에 걸쳐 두로 공유된 문법화 과정, (2) 형태·통사론의 여러 하위 체계에 두루 퍼져 있는 동일 어원어의 분포, (3) 기본 어휘를 포함한 어휘적 동일 어원어의 존재, (4) 다중의 비교언어학적 맥락 등이다. 먼저 상속을 지지하는 중요한 증거는, 정형성과 시제의 문법화가 공통되는 형식들인 *-rA, *-n, *-mA에서 공유된다는 점이다. Robbeets(2013)에서 나는 이른바 "유라시아어 전반에 공유된 문법화", 즉, 계통적 관련성을 강하게 암시하는, 문법화 과정의 원천과 목표가 공통 형식들에 두루 공유되고 있다는 주장을 제기했다.

차용을 반대하게 되는 둘째 증거는, 공유된 패러다임이 특정한 형태 통사적 하위 체계에서 무리를 이루고 있지 않다는 점이다. 계열적 차용에 관해 문서로 기록된 Resígaro(Seifart 2012), Michif(Thomason & Kaufman 1988 : 228-233; Bakker 1997 : 97-102; Comrie 2008 : 21-22) or Copper Island Aleut(Thomason & Kaufman 1988, 233-238; Sekerina 1994; Thomason 1997; Comrie 2008, 24-31; 2010, 28-30)와 같은 많은 경우들에서, 우리는 특정한 형태론적 하위 체계가 통째로 차용되는 반면에 다른 부분은 거의 영향 받지 않는 것과 같은 불균형을 찾아낼 수 있다. 이 논문에서 밝힌 상호관련성들은 명사화소의 집합뿐만 아니라 관계화소와 정형 형식의 패러다임에까지 작용되고 있다. 게다가, 이전의 연구에서 (Robbeets 2012) 나는 한국어를 유라시아 언어들에 이어주는 18개 동사 접미사들을 확인했다. 접미사들은 파생 표지와 굴절 표지, 정형 형식과 비정형적 형식, 그리고 행위성, 태(diathesis), 부정, 시제, 일치 같은 다양한 범주들로 구성되어 있었다. 그러므로 형태통사적 하위체계에 걸쳐 있는 불균형성은 관찰되지 않는 것 같다.

셋째, 모음과 자음의 규칙적인 음운 대응을 반영하는 약 350여 동일 어원어의 집합(기본어휘 포함)이 상속을 지지하는 근거가 된다.

마지막으로, 모델 언어(model language)로부터 수령 언어(recipient language)로 대응하는 형태론적 차용은 전형적으로 이지적 상관관계를 만들어 낸다는 점에 주목할 수 있다. 보통 다른 언어에 동일한 형태소가 차용되는 경우는 드물다. 여기서 논의된 어원론은 유라시아 어족의 다섯 개별 지파들 각각이 구성원을 갖는다는 것이었다. 접촉의 시나리오에서는, 형태소가 투르크어에서 몽골어로, 몽골어에서 퉁구스어로, 그렇게 일본어에 닿을 때까지 네 개의 언어적 경계를 넘었다고 해야 한다. 의존 형태소의 비교에 더 많은 어족이 포함될수록, 차용의 시나리오는 성립하기 어려워진다.

요약하면, 한국어와 여타의 유라시아 언어들 사이에 공유되는 계열적 동사 굴절을 설명하는 데에 언어학적으로 보다 더 합리적인 방법은 차용보다는 상속이다. 그러므로 한국어는 명백하게 논증가능한 방식으로 일본어, 퉁구스어, 몽골어, 투르크어에 관련되어 있다.

참고문헌

Bakker, Peter(1997), *A language of our own : the genesis of Michif, the mixed Cree-French language of the Canadian Métis.* New York : Oxford University Press.

Baskakov, Nikolaj A.(1981), *Altaiskaja sem'ja jazykov i ee izučenie.* Moscow : Nauk.

Benzing, Johannes(1955), Die tungusischen Sprachen. Versuch einer vergleichenden Grammatik. *Abhandlungen der geistes- und sozialwissenschaftlichen Klasse* 11, 949-1099.

Benzing, Johannes(1959), Das Tschuwaschische. In Jean Deny and Kaare Groenbech and Helmut Scheel and Zeki Velidi Togan (eds.), *Philologiae Turcicae Fundamenta*, 695-751.

Bybee, Joan L.(1985), *Morphology : A study of the relation between meaning and form.* (Typological studies in language 9.) Amsterdam : Benjamins.

Bybee, Joan L.; Perkins, Revere & Pagliuca, William(1994), *The evolution of grammar. Tense, aspect and modality in the languages of the world.* Chicago : The University of Chicago Press.

Comrie, Bernard(1976), *Aspect : an introduction to the study of verbal aspect and related problems.* Cambridge : Cambridge University Press.

Comrie, Bernard(2008), Inflectional morphology and language contact, with special reference to mixed languages. In : Siemund, Peter & Kintana, Noemi (eds.) 2008. *Language contact and contact languages.* (Hamburg studies on multilingualism.) Amsterdam : Benjamins, 15-32.

Comrie, Bernard(2010), The role of verbal morphology in establishing genealogical relations among languages. In : Johanson, Lars & Robbeets, Martine (eds.) 2009. *Transeurasian verbal morphology in a comparative perspective : genealogy, contact, chance.*

Choi, Han-Woo(2002), A comparative morphology of Altaic languages : Deverbal noun suffixes. *International Journal of Central Asian Studies* 7, 23-40.

Dressler, Wolfgang U.(1989), Prototypical differences between inflection and derivation. *Zeitschrift für Phonetik, Sprachwissenschaft und Kommunikationsforschung* 42,

3-10.

Erdal, Marcel(1991), Old Turkic word formation. *A functional approach to the lexicon.* (Turcologica 7.) Wiesbaden : Harrassowitz.

Erdal, Marcel(2004), *A grammar of Old Turkic.* Leiden : Brill.

Heine, Bernd & Mechthild Reh. 1984. *Grammaticalization and reanalysis in African languages.* Hamburg : Helmut Buske.

Dybo, Anna & Starostin, George(2008), In defense of the comparative method, or the end of the Vovin controversy. *Aspects of comparative linguistics* 3, 119-258.

Gorelova, Liliya M.(2002), *Manchu grammar.* Leiden : Brill.

Janhunen, Juha Antero.(2010), *Mongolian* (London Oriental and African Language Library 19). Amsterdam : John Benjamins.

Johanson, Lars(2000), Traces of a Turkic copula verb. *Turkic Languages* 4, 235-238.

Kane, Daniel.(2009), *The Kitan language and script.* Leiden : Brill.

Krüger, John(1961), *Chuvash manual. Introduction, grammar, reader and vocabulary.* (Uralic and Altaic series 7.) The Hague : Mouton.

Kurylowicz, Jerzy(1965), Zur Vorgeschichte des germanischen Verbalsystems. In : *Beiträge zur Sprachwissenschaft, Volkskunde und Literaturforschung : Wolfgang Steinitz zum 60. Geburtstag.* Berlin : Akademie-Verlag, 242-247.

Lee, Ki-Mun(1977), *Geschichte der Koreanischen Sprache.* Wiesbaden : Dr. Ludwig Reichert Verlag.

Lee, Ki-Mun & Ramsey, Robert(2011), *A history of the Korean Language.* Cambridge : Cambridge University Press.

Malchukov, Andrej(2000), Perfect, evidentiality and related categories in Tungusic languages. In : Johanson, Lars & Utas, Bo (eds.) 2000. *Evidentials. Turkic, Iranian and neighbouring languages.* Berlin : Mouton de Gruyter, 441-469.

Malchukov, Andrej.(2004), *Nominalization / verbalization : constraining a typology of transcategorial operations.* München : Lincom.

Malchukov, Andrej(2013), Verbalization and insubordination in Siberian languages. In Martine Robbeets & Hubert Cuyckens (eds.). *Shared grammaticalization with special focus on the Transeurasian languages* (Studies in Language Companion Series 132). Amsterdam : John Benjamins, 177-208.

Martin, Samuel Elmo(1968), Grammatical Elements Relating Korean to Japanese. *Proceedings of the VIIIth International Congress of Anthropological and*

Ethnological Sciences 2, 405-407.

Martin, Samuel Elmo(1991b), *A reference grammar of Japanese.* Tokyo : Tuttle.

Martin, Samuel Elmo(1992), *A reference grammar of Korean.* Tokyo : Tuttle.

Martin, Samuel Elmo(1996), *Consonant lenition in Korean and the Macro-Altaic question.* Honolulu : University of Hawaii Press.

Martin, Samuel Elmo(2002), Coming and going : deictic verbs in Korean and Japanese. In : Lee, Sang-Oak and Iverson, Gregory K. (eds.) 2002. *Pathways into Korean language and culture : essays in honor of Young-Key Kim-Renaud.* Seoul : Pagijong Press, 373-381.

Martin, Samuel Elmo(2006), What do Japanese and Korean have in common? : The history of certain grammaticalizations. *Korean linguistics* 13, 219-234.

Matras, Yaron 2009. *Language contact.* Cambridge : University Press.

Menges, Karl Heinrich(1943), The function and origin of the Tungusic tense in -ra, and some related questions of Tungus grammar. *Language* 19, 237-51.

Menges, Karl Heinrich(1968), *Die Tungusischen Sprachen.* (Handbuch der Orientalistik 1. Der Nahe und der Mittlere Osten 5. Altaistik 3. Tungusologie.) Leiden : Brill.

Menges, Karl Heinrich(1984), Korean and Altaic. A Preliminary Sketch. *Central Asiatic Journal* 28, 234-295.

Miller, Roy Andrew(1980), *Origins of the Japanese Language.* Seattle : University of Washington Press.

Mithun, Marianne.(2008), The extension of dependency beyond the sentence. *Language* 84(1).69-119.

Mithun, Marianne. (forthcoming). Shifting finiteness in nominalization : From definitization to refinitization. *Finiteness and nominalization.* In Claudine Chamoreau (ed.). Amsterdam : John Benjamins.

Moravcsik, Edith A.(1978), Universals of language contact. In : Greenberg, Joseph (ed.) 1978. *Universals of human language.* Stanford : University Press, 93-122.

Nedjalkov, Igor(1995), Converbs in Evenki. In : Haspelmath, Martin & König, Ekkehard (eds.) 1995, *Converbs in cross-linguistic perspective. Structure and meaning of adverbial verb forms - adverbial participles, gerunds -* (Empirical Approaches to Language Typology 13.) Berlin : Mouton de Gruyter, 97-136.

Nichols, Johanna(1996), The comparative method as heuristic. In : Durie, Mark & Ross, Malcolm (eds.) 1996. *The comparative method reviewed : regularity and irregularity in language change*. Oxford : Oxford University Press, 39-71.

Polivanov, Evgenij Dmitrvič(1924), K rabote o muzykal'noj akcentuacii v japonskom jazyke (v svjazi s malajskim). *Bjulleten' 1-go Sredne-Aziatskogo gosudarstvennogo universiteta* 4, 101-108.

Poppe, Nicholas(1955), *Introduction to Mongolian comparative studies*. (Mémoires de la société Finno-Ougrienne 110.) Helsinki : Suomalais-Ugrilainen Seura.

Ramstedt, Gustaf John(1952), *Einführung in die altaische Sprachwissenschaft, II, Formenlehre*. (Mémoires de la Société finno-ougrienne 104, 2.) Helsinki : Suomalai-Ugrilainen Seura.

Robbeets, Martine(2005), *Is Japanese related to Korean, Tungusic, Mongolic and Turkic?* (Turcologica 64.) Wiesbaden : Harrassowitz.

Robbeets, Martine(2009), Insubordination in Altaic. *Journal of Philology* 31. Ural-Altaic Studies 1, 61-79.

Robbeets, Martine(2010), Transeurasian : Can verbal morphology end the controversy? In : Johanson, Lars & Robbeets, Martine (eds.) 2010. *Transeurasian verbal morphology in a comparative perspective : genealogy, contact, chance*. (Turcologica 78.) Wiesbaden : Harrassowitz, 81-114.

Robbeets, Martine(2012), Shared verb morphology in the Transeurasian languages : copy or cognate? In : Johanson, Lars & Robbeets, Martine (eds.) 2012. *Copies vs. cognates in bound morphology*. (Brill's Studies in Language, Cognition and Culture 3.) Leiden : Brill, 427-446.

Robbeets, Martine(2013), Genealogically motivated grammaticalization. In : Robbeets, Martine & Cuyckens, Hubert (eds.) 2013. *Shared Grammaticalization : with special focus on the Transeurasian languages* (Studies in Language Companion Series 132.) Amsterdam : Benjamins, 147-175.

Robbeets, Martine. forthcoming a. Insubordination and the establishment of genealogical relationship. In : Evans, Nicholas & Watanabe, Honore (eds.) *Dynamics of insubordination*. (Typological Studies in Language.) Amsterdam : Benjamins.

Robbeets, Martine. forthcoming b. *Diachrony of verb morphology in Japanese and the other Transeurasian languages*. (Typological Studies in Language) Berlin : Mouton-De Gruyter.

Sárközi, Alice(2004), *Classical Mongolian*. München : LINCOM.

Seifart, Frank(2012), The morphosyntactic-subsystem-integrity constraint in morphological borrowing : Evidence from Resígaro (Arawakan). *Diachronica* 29.4

Shibatani, Masayoshi(2011), Ryukyuan nominalization : Diachrony in a cross-dialectical perspective. Paper presented at the International Conference of Historical linguistics in Osaka, July 2011.

Starostin, Sergej, Dybo, Anna & Mudrak, Oleg(2003), *Etymological dictionary of the Altaic languages.* Leiden : Brill.

Stump, Gregory T.(2001), *Inflectional morphology : A theory of paradigm structure* (Cambridge Studies in Linguistics 93). Cambridge : Cambridge University Press.

Thomason, Sarah Grey(1997), Mednyi Aleut. In : Thomason, Sarah Grey (ed.) 1997. *Contact languages. A wider perspective.* Amsterdam, Benjamins, 449-468.

Thomason, Sarah Grey and Kaufman, Terrence 1988. *Language contact, creolization, and genetic Linguistics.* Berkeley : University of California Press.

Vovin, Alexander(1998), Altaic so far? *Migracijske Teme* 15, 155-213.

Vovin, Alexander(2001), Japanese, Korean and Tungusic. Evidence for genetic relationship from verbal morphology. In : Honey, David B. & Wright, David C. (eds.) 2001. *Altaic affinities* (Proceedings of the 40th meeting of the PIAC, Provo, Utah 1997.) Indiana University : Research Institute for Inner Asian Studies, 183-202.

Vovin, Alexander(2005a), The end of the Altaic controversy. *Central Asiatic Journal* 49, 71-132.

Vovin, Alexander(2008a), *Koreo-Japonica : A re-evaluation of a common genetic origin.* (Center for Korean Studies Monograph.) Honolulu : University of Hawai'i Press.

Vovin, Alexander(2008b), Proto-Japanese beyond the accent system. In : Frellesvig, Bjarke & Whitman, John (eds.) 2008. *Proto-Japanese. Issues and prospects.* (Current Issues in Linguistic Theory 294.) Amsterdam : Benjamins, 141-156.

Vovin, Alexander(2009), *A descriptive and comparative grammar of Western Old Japanese. Part 2 : adjectives, verbs, adverbs, conjunctions, particles, postpositions.* (Languages of Asia 8.) Folkestone : Global Oriental.

Weiers, Michael(1966), Untersuchungen zu einer historischen Grammatik des präklassischen Schriftmongolisch. Bonn : Rheinischen Friedrich-Wilhelms- Universität Ph.D dissertation.

Weinrich, Uriel(1953), *Languages in contact. Findings and problems.* New York : Publications of the linguistic circle of New York.

Wilkins, David P.(1996), Morphology. In ː Goebl, Hans; Nelde, Peter H.; Starý, Zdeněk & Wölck, Wolfgang (eds) 1996. *Contact linguistics*. An international handbook of contemporary research. Berlin ː Walter de Gruyter, 109-117.

Wrona, Janick(2008), The nominal and adnominal forms in Old Japanese ː Consequences for a reconstruction of pre-Old Japanese syntax. In ː Frellesvig, Bjarke & Whitman, John (eds.) 2008. *Proto-Japanese. Issues and prospects.* (Current Issues in Linguistic Theory 294.) Amsterdam ː Benjamins, 193-215.

▌저자소개 (집필순)

● **도수희**

충남대학교 명예교수. 충남대학교 문학박사. 충남대학교 문과대학장, 한국지명학회 초대회장 등 역임. *Who's Who in the World* 세계인명사전 등재.
논저 : 『백제어 연구』, 아세아문화사, 1977; 『백제어 어휘 연구』, 제이앤씨, 2005 외 다수.

● **김양진**

경희대학교 문과대학 교수. 고려대학교 문학박사. 박사논문 : 「국어 형태정보 연구」, 1999.8. 한국알타이학회 선임연구원, 고려대학교 민족문화연구원 선임연구원 등 역임.
논저 : 「중세국어 '이어긔, 그어긔, 뎌어긔'에 대하여」, 『진단학보』 92, 2001 외 다수.

● **블라디미르 베르홀랴크**

러시아 국립 극동 대학교 한국학과 교수. 소비에트연방 Leningrad State University 졸업. 평양 김일성종합대학에서 한국어의 계통에 대한 연구로 박사학위 취득.

● **바츨라프 블라제크**

체코 Masaryk University at Bruno 문과대학 교수. 프라하 Charles 대학에서 수사에 대한 연구로 Habilitation 학위취득.
논저 : 「The Sino-Tibetan etymology of the Tocharian A mkow-, B moko "monkey"?」 *Archív orientální*, Praha : Academia, 1984 외 다수.

● **정광**

고려대학교 명예교수. 서울대학교 문리대학 졸업. 국민대학교 문학박사. 미국 컬럼비아 대학 방문 교수. 일본 교토대학 초빙 외국인학자, 역학서학회 초대 회장 등 역임.
논저 : 『역학서 연구』, J&C, 서울, 2002; 『原本 노걸대』, 김영사, 서울, 2004 외 다수.

● **알렉산더 보빈**

University of Hawai'i at Manoa, 동아시아어문학과 교수. 소비에트연방 Leningrad State University 졸업(석 · 박사).
논저 : *A Reference Grammar of Classical Japanese Prose*. London: Routledge/Curzon Press, 2003 외 다수.

● **쓰마가리 도시로**

일본 홋카이도 대학 문학부 교수. 홋카이도 대학 졸업 및 동대학원 졸업(문학박사).
논저 : 「A note on Udihe phonology from an areal-typological perspective」, Malchukov and

Whaley (eds.) *Recent Advances in Tungusic Linguistics* (Turcologica 89): 79-86. Harrassowitz Verlag, Wiesbaden. 2012 외 다수.

● 마르티네 로베츠
독일 Johannes Gutenberg University Mainz, '트랜스유라시아어 : 그 언어들의 접촉' 연구 프로젝트 책임연구자. 네덜란드 라이덴 대학 언어학박사.
논저 : *Diachrony of verb morphology in Japanese and the other Transeurasian languages.* (Typological Studies in Language) Berlin : Mouton-De Gruyter(근간) 외 다수.